安徽 2024
调查年鉴
Anhui Survey Yearbook

国家统计局安徽调查总队　编

中国统计出版社
China Statistics Press

图书在版编目（CIP）数据

安徽调查年鉴. 2024 = Anhui Survey Yearbook 2024 : 汉英对照 / 国家统计局安徽调查总队编. 北京 ： 中国统计出版社, 2024. 9. -- ISBN 978-7-5230-0463-0

Ⅰ. C832.54-54

中国国家版本馆 CIP 数据核字第 2024J47F95 号

安徽调查年鉴 2024

作　　者/ 国家统计局安徽调查总队编
责任编辑/ 冯诗萌
封面设计/ 李雪燕
出版发行/ 中国统计出版社有限公司
地　　址/ 北京市丰台区西三环南路甲 6 号　邮政编码/100073
发行电话/ 邮购（010）63376909　书店（010）68783171
网　　址/ http://www.zgtjcbs.com
印　　刷/ 河北鑫兆源印刷有限公司
经　　销/ 新华书店
开　　本/ 890mm×1240mm　1/16
字　　数/ 432 千字
印　　张/ 12.75　0.75 彩页
版　　别/ 2024 年 9 月第 1 版
版　　次/ 2024 年 9 月第 1 次印刷
定　　价/ 380.00 元

2023年安徽省及各市城镇居民人均可支配收入情况（元）

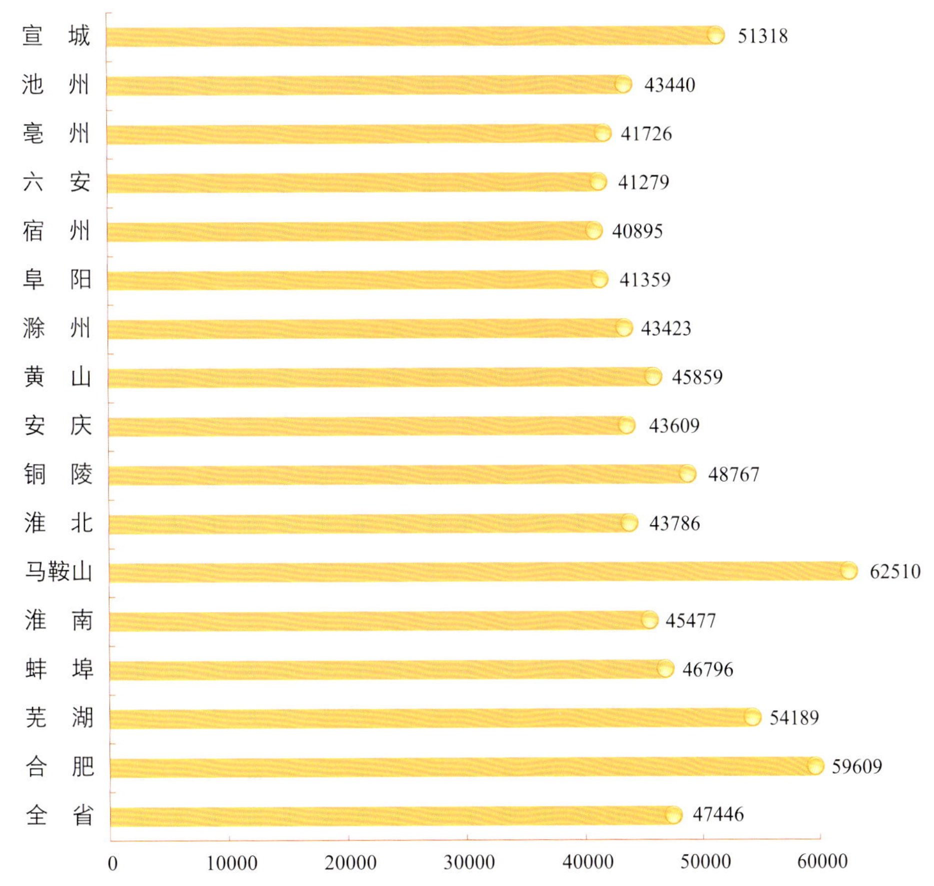

2023 年安徽省及各市农村居民人均可支配收入情况（元）

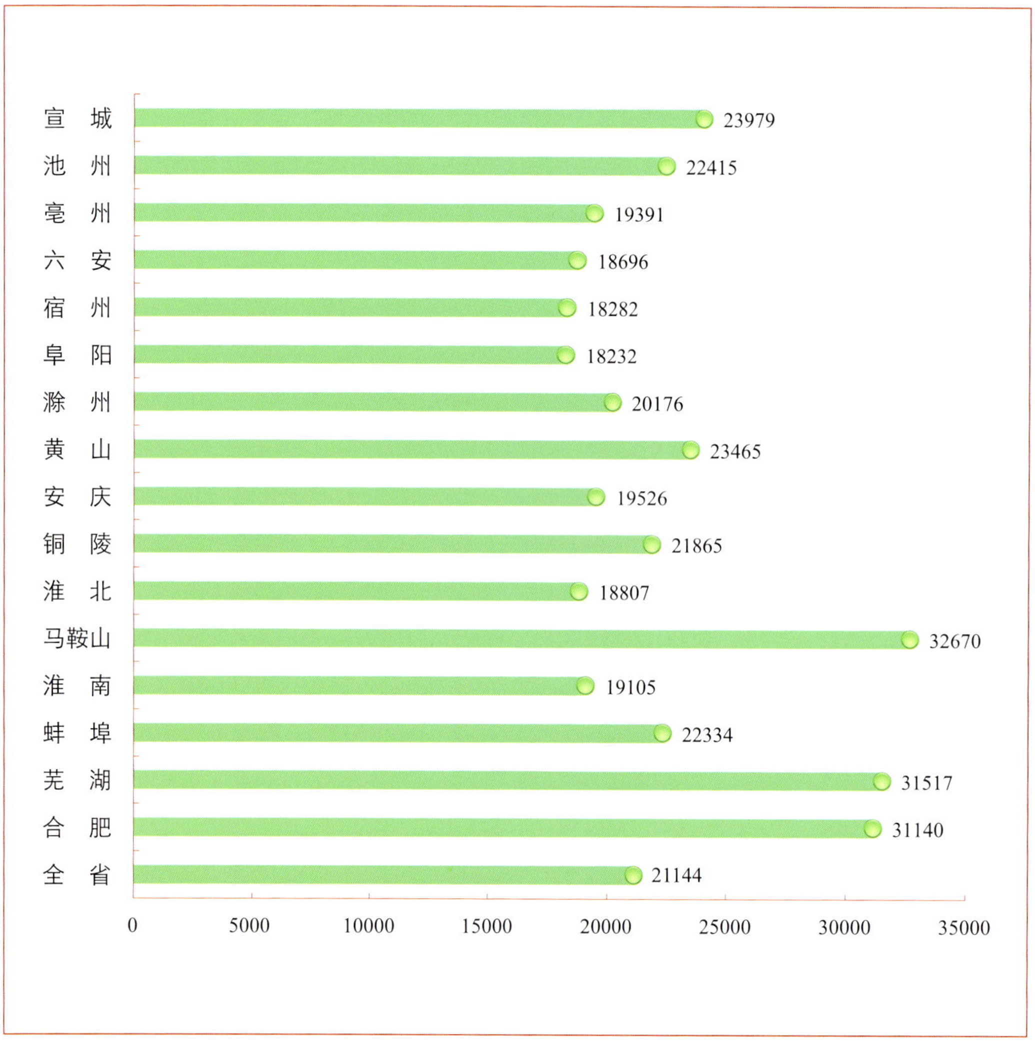

主要年份全省粮食产量及增幅

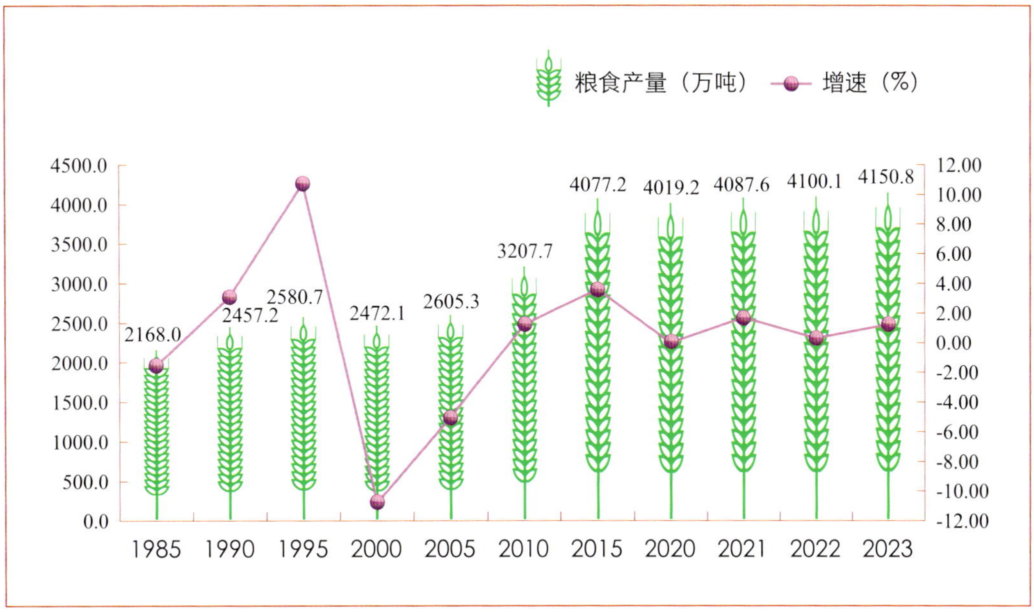

2005-2023 年全省猪肉产量及增幅

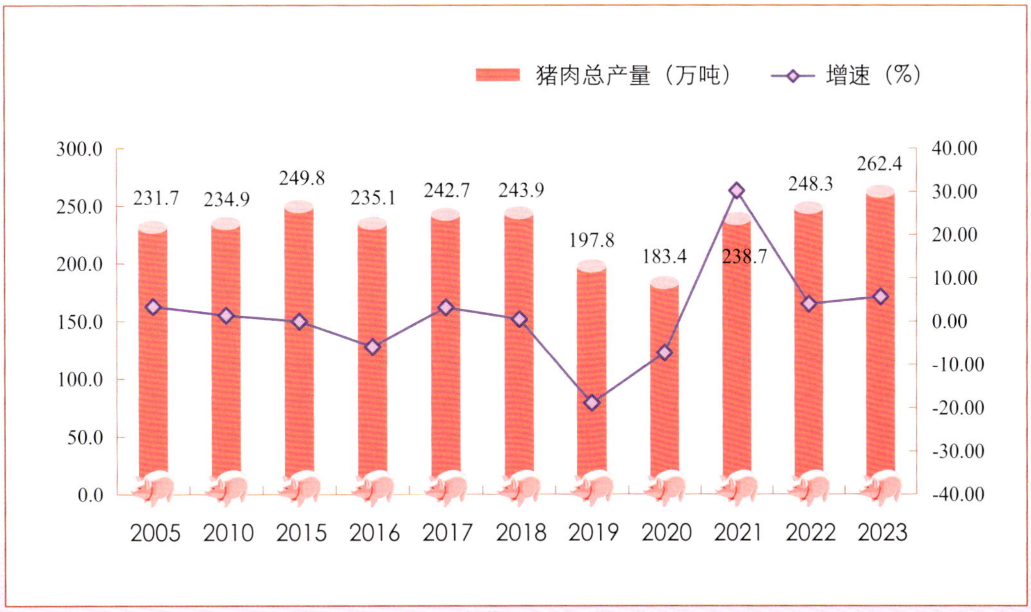

2023 年安徽城镇居民人均可支配收入构成（%）

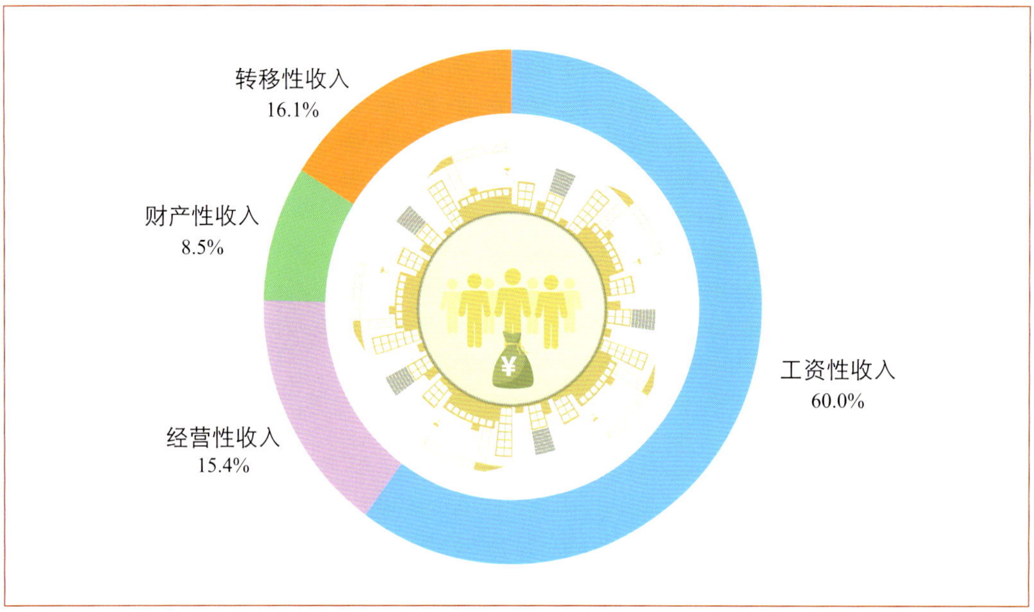

2023 年安徽农村居民人均可支配收入构成（%）

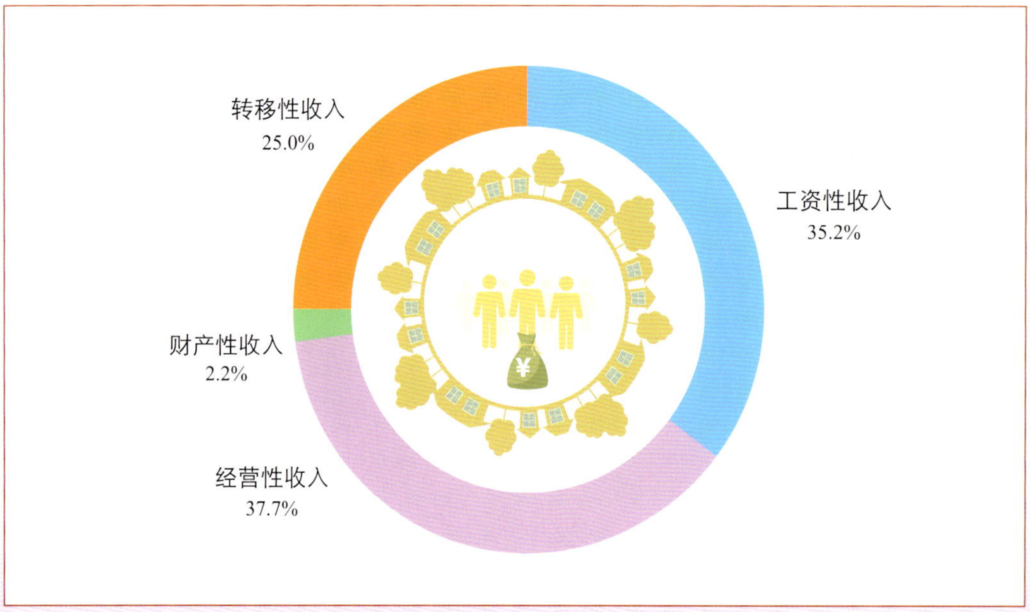

城镇居民恩格尔系数（%）

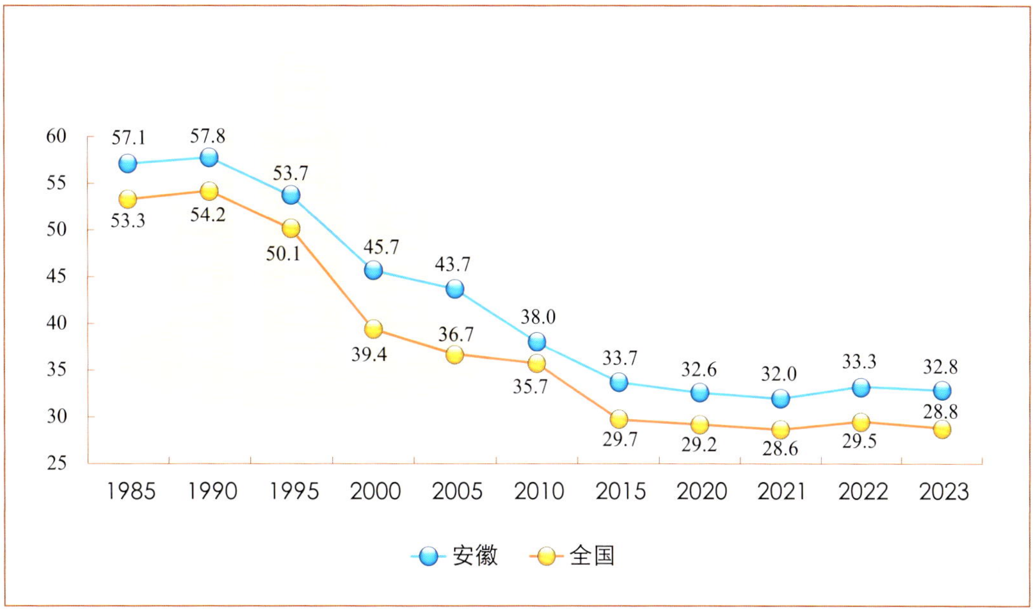

注：全国城乡居民恩格尔系数，按“食品烟酒消费占居民人均消费支出比重”进行推算。

农村居民恩格尔系数（%）

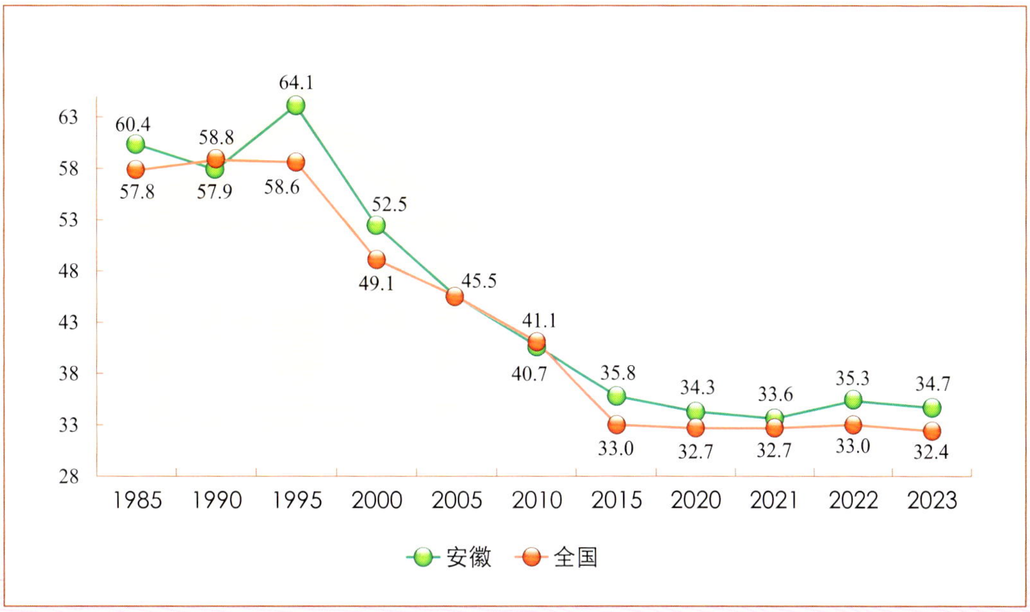

居民消费价格指数（上年 =100）

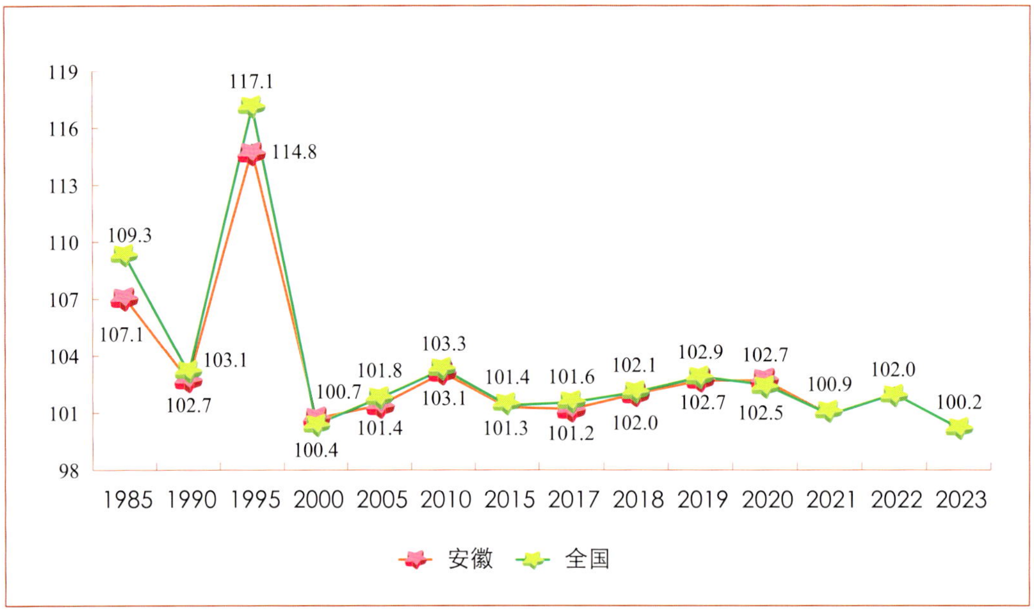

城市居民消费价格指数（上年 =100）

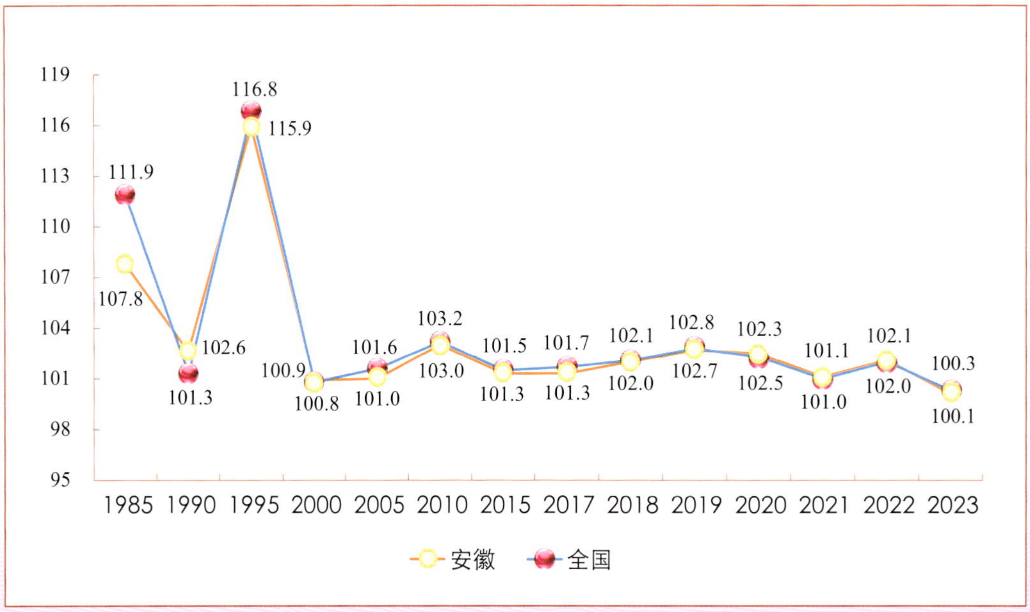

2023 年全国各省城镇居民人均可支配收入（元）

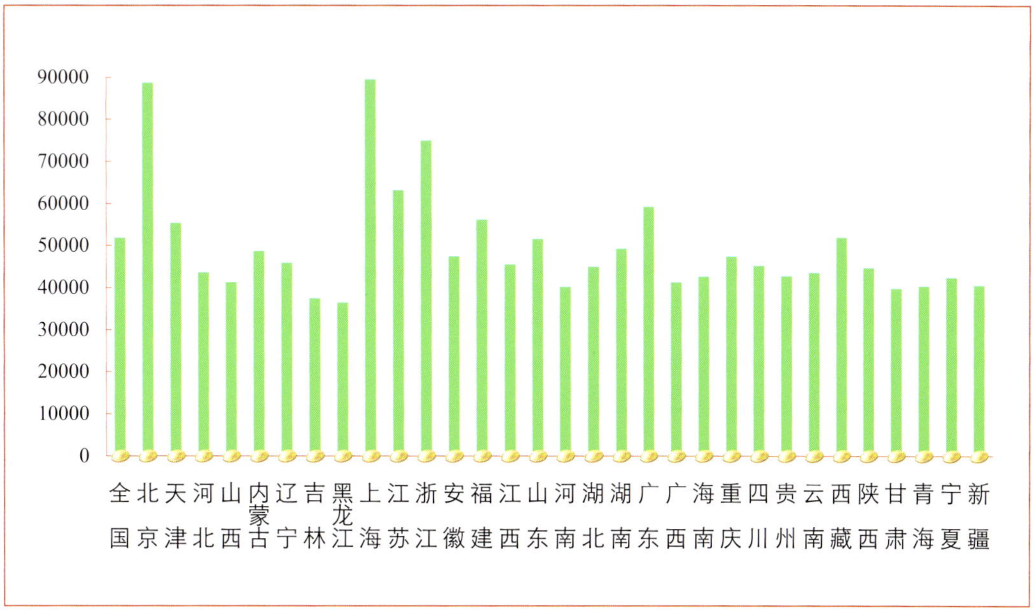

2023 年全国各省农村居民人均可支配收入（元）

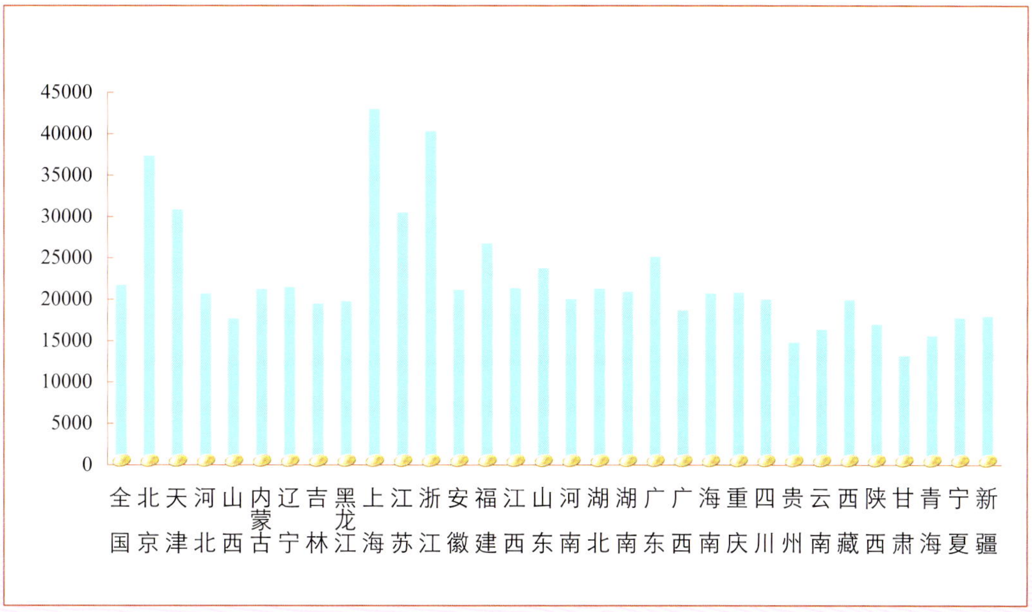

2023 年安徽城镇居民人均消费支出构成（%）

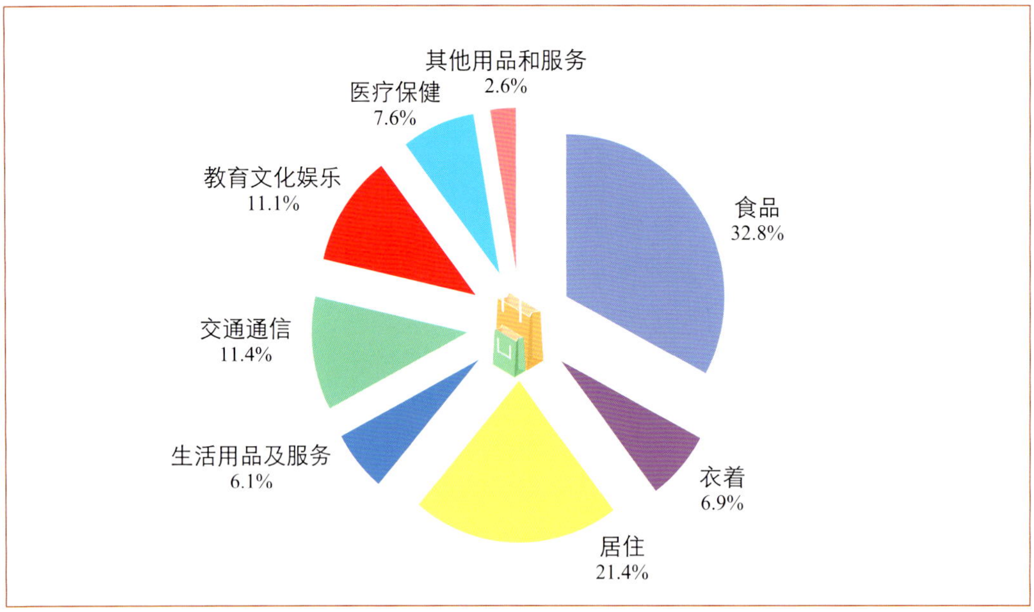

2023 年安徽农村居民人均消费支出构成（%）

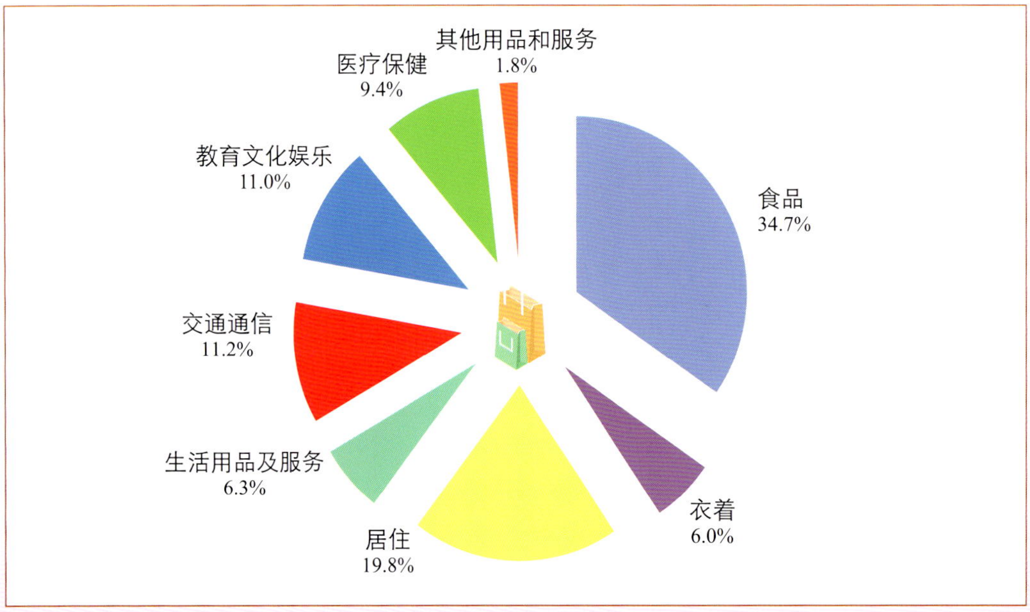

农村居民消费价格指数（上年 =100）

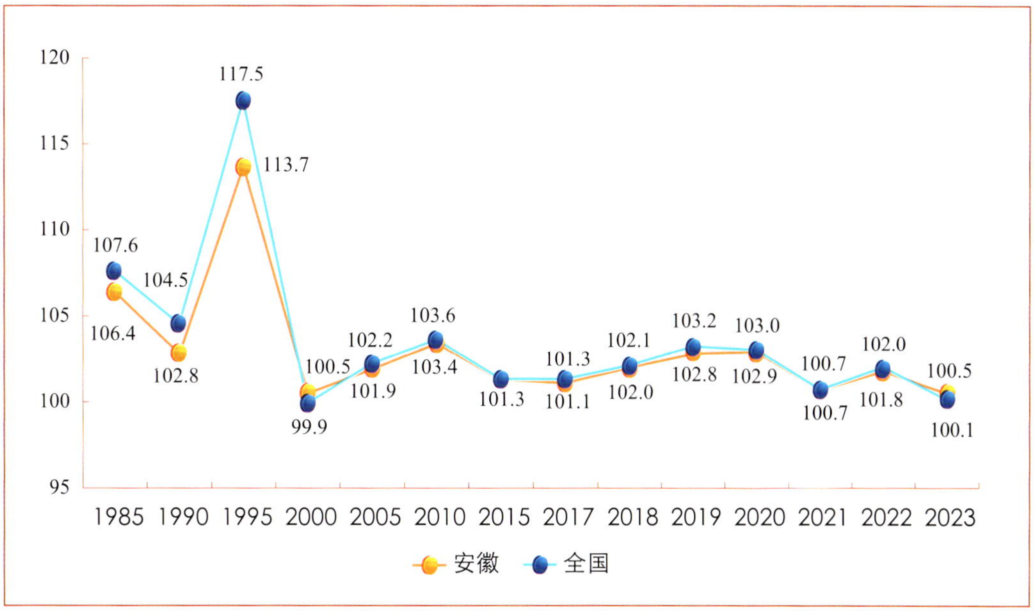

工业生产者出厂价格指数（上年 =100）

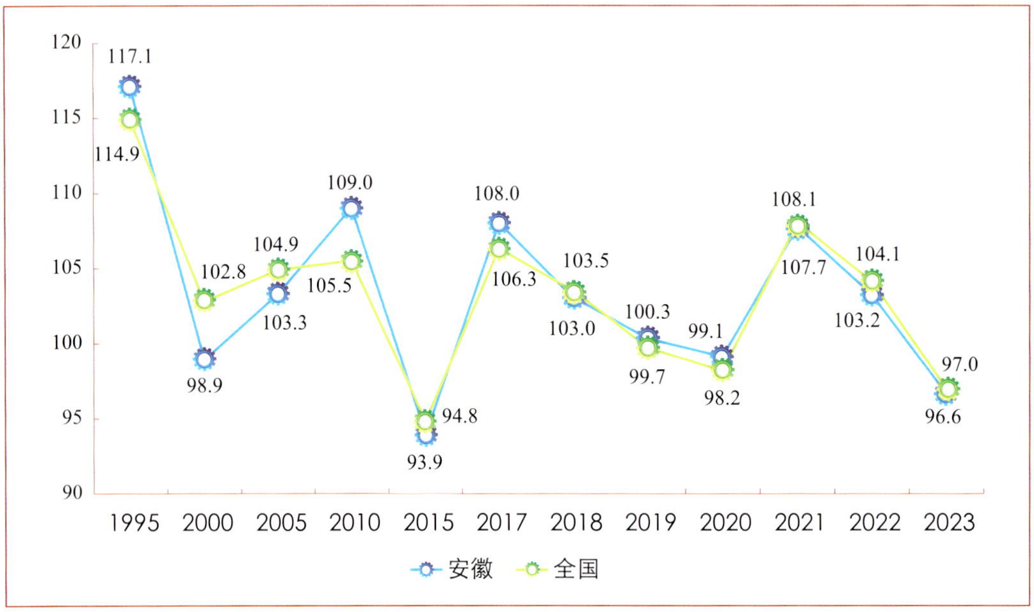

工业生产者购进价格指数（上年 =100）

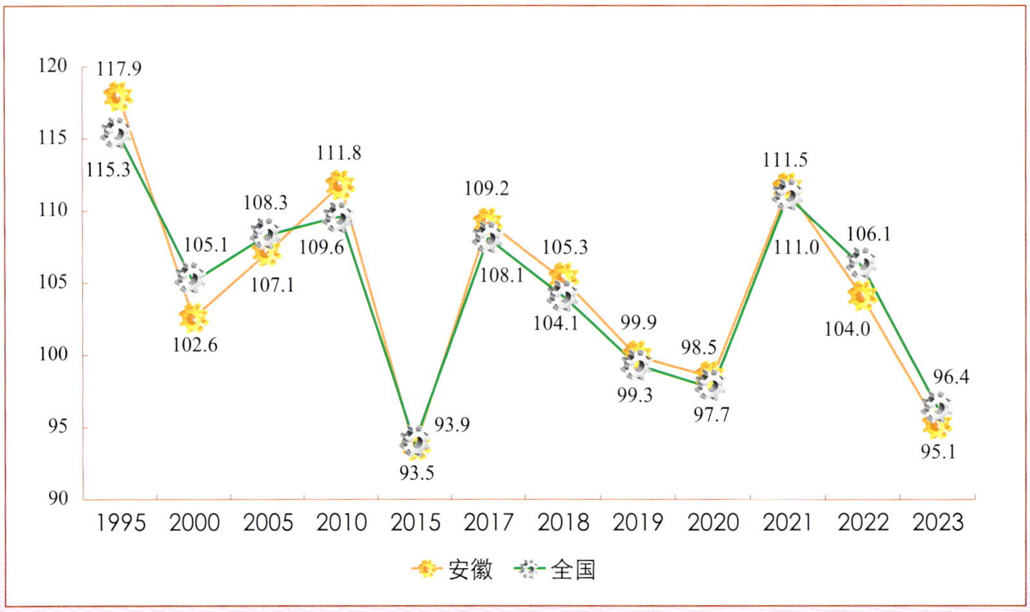

《安徽调查年鉴2024》

编委会和编辑人员

编 委 会

主　　任：隆筑丰

副 主 任：周德同　陈美文　许善军　贾春华　童晓莉　章　勤

编　　委：（以姓氏笔画为序）

马伟民　王　丹　王　宁　邓　泓　邓炜炜　刘玉如
刘丽娟　孙　悦　李　燕　李振中　吴　艳　张尚豪
陈　军　郑福林　赵东霞　侯亮亮　郭玲玲　章　健
潘兴汉

编辑人员

主　　编：孙　悦　陆露露　毛方友　周雯雯　王传龙　李　茂

编　　辑：（以姓氏笔画为序）

王　方　王　澜　刘玉如　关向明　张军锋　张雅平
武曼琪　赵亚鹏　郝　黎　彭　吟

英文翻译：周雯雯

ANHUI SURVEY YEARBOOK 2024
EDITORIAL BOARD AND EDITORIAL STAFF

编者说明

一、《安徽调查年鉴 2024》由国家统计局安徽调查总队独立编辑出版，是一部全面反映安徽省农村社会经济、城市社会经济发展情况的资料性年刊。本书收录了全省和市、县（区）2023 年经济和社会发展各有关方面的调查统计数据，以及全国和各省（区、市）重要历史年份主要统计调查数据。

二、本年鉴统计调查数据分为五个篇章，即：1. 综合；2. 农业调查；3. 人民生活；4. 价格调查；5. 专项调查。为方便读者理解和使用有关数据，各篇章前设有简要说明，对本篇章的主要内容、资料来源、统计范围、统计方法以及历史变动情况予以简要概述，篇末附有主要指标解释，介绍了统计指标的含义、统计范围和统计方法。

三、本年鉴所涉及的全国性统计数据，除特殊注明外，均未包括香港、澳门特别行政区和台湾省数据。

四、本年鉴中所使用的度量衡单位均采用国际统一标准计量单位。

五、本年鉴部分数据合计数或相对数，由于单位取舍不同产生的计算误差未作机械调整。

六、本年鉴凡带有续表的资料，有关注解均列在最后一张续表的下方。

七、本年鉴符号使用说明：“…”表示该数据不足本表最小计量单位数；“空格”表示该项无统计数据；“#”表示其中的主要项；“*”或“①”表示本表下有注解。

Editor's Notes

I. *Anhui Survey Yearbook 2024* is an annual statistical publication, which reflects comprehensively the rural and urban economic and social development of Anhui. It covers data for 2023 and key statistical and survey data in recent years and some historically important years at provincial, city and county level and the local levels of province, autonomous region and municipality directly under the Central Government.

II. The Yearbook contains five chapters: 1. General Survey; 2 Agricultural Survey; 3 People's Living Conditions; 4 Price Survey; 5. Special Survey. To facilitate readers, the Brief Introduction at the beginning of each chapter provides a summary of the main contents of the chapter, data sources, statistical scope, statistical methods and historical changes. At the end of each chapter, Explanatory Notes on Main Statistical Indicators are included.

III. The national data in this yearbook do not include those of the Hong Kong Special Administrative Region, the Macao Special Administrative Region and Taiwan Province, except for otherwise specified.

IV. The units of measurement used in this yearbook are internationally standard measurement units.

V. Statistical discrepancies on totals and relative figures due to rounding are not adjusted in the yearbook.

VI. All tables with continued ones, the footnotes are at the bottom of the last continued table.

VII. Notations used in the yearbook: "…" indicates that the figure is not large enough to be measured with the smallest unit in the table; (blank space) indicates that data are unknown, or are not available; "#" indicates a major breakdown of the total; and "*" or "①" indicates footnotes at the end of the table.

目　　录

Contents

第三篇 人民生活

People's Living Conditions

第四篇 价格调查

Price Survey

第五篇　专项调查

Special Survey

强化系统观念　坚持守正创新
团结奋斗续写统计现代化事业安徽调查篇章

——在 2024 年全省调查工作会议上的讲话

国家统计局安徽调查总队党组书记、总队长　隆筑丰

（2024 年 2 月 1 日）

同志们：

岁寒将尽，大地春回。再过三天就是二十四节气的立春。在时节一元复始、事业赓续传承的重要时刻，在全国统计工作会议暨国家统计局党建工作会议刚刚胜利闭幕的有利时机，在总队机关顺利搬迁、全省调查事业站在厚积薄发蓄势待发的新起点，我们决定在合肥召开 2024 年全省调查工作会议。开好这次会议，对于进一步深学细悟习近平总书记关于统计工作重要讲话和指示批示精神，深入贯彻落实全国统计工作会议暨国家统计局党建工作会议部署，具有十分重要的意义。

这次会议的主要任务是：以习近平新时代中国特色社会主义思想为指导，深入学习党的二十大和二十届二中全会、中央经济工作会议精神，认真贯彻全国统计工作会议暨国家统计局党建工作会议、省委十一届六次全会和省委经济工作会议部署，全面落实有关领导同志批示要求，总结回顾工作，分析把握形势，安排部署 2024 年重点任务，扎实推进全系统党的建设。

下面，我代表总队党组讲四点意见。

一、笃行不怠，接续奋斗，2023 年调查工作保持较好成绩

2023 年是全面贯彻党的二十大精神的开局之年，也是推进统计现代化事业的重要一年。过去一年，在习近平新时代中国特色社会主义思想的科学指引下，全系统牢记“国之大者”，认真落实全国统计工作会议和全省调查工作会议部署，迎难而上、积极作为，统筹发展和安全，接续推进“三项建设”，强化制度执行，推动安徽调查事业改革发展取得新进展新成效。

（一）高质量开展主题教育，在政治机关建设上走在前作表率。总队牢牢把握“学思想、强党性、重实践、建新功”总要求，成立主题教育领导小组和 8 个巡回指导组，推行“1+4”工作法，总队党组理论学习中心组共开展集中学习 11 次、专题研讨 8 次，领导班子成员讲专题党课 8 次，举办为期 7 天的读书班；深入 12 个市、33 个县（市、区）开展 13 项调研课题，机关处级干部全员参与，高质量召开调研成果交流会，推进调研成果转化；召开总队党组专题民主生活会，全面推进 28 项整改措施完成。在认真总结第一批主题教育有效做法和成功经验基础上，强化对市县队第二批主题教育指导，出台指导性文件 5 件，推送阶段性工作提示 11 期，开展“全覆盖”督促指导，系统上下有效衔接、高效协同，在以学铸魂、以学增智、以学正风、以学促干上取得扎实成效。广大党员、干部坚决做到“两个维护”的自觉性有了新提高，坚持不懈用习近平新时代中国特色社会主义思想凝心铸魂取得新实效，为民、为企、为基层办了不少实事、好事，落实 36 项“为民惠企争模范”措施，加大经费向基层一线倾斜力度，协调推动多个市县队综合保障条件加快改善等，主题教育的成效正在积极转化为推动安徽调查事业发展的生动实践，也得到了主题教育中央第 18 巡回指导组和国家统计局党组、安徽省委、省政府的充分肯定。

（二）高站位统筹重点任务，在推动改革创新上彰显时代担当。我们不折不扣坚决贯彻党中央关于统计工作重大决策部署，求真务实安排部署全年工作，责任分解 8 个方面 40 项年度重点任务，组织开展专项

督查，统筹抓好国家统计局贯彻落实党的二十大战略部署21项统计专项任务在全系统贯彻落实。牢牢把握统计现代化使命任务，开展以县为总体的农村居民收支调查试点，探索利用遥感技术开展粮食生产情况监测，持续拓展CPI网络采价、扫描数据和行政记录应用范围，启动金属加工机床和载货汽车新的采价方法试点，升级原有移动调查平台问卷调查模块功能，积极参与多个专业“统计云”程序设计和测试，是全国最先完成房价调查改革的省份。经过全系统的共同努力，我们圆满完成年度各项目标任务，在国家统计局业务考核中取得了较好成绩，多项改革创新举措获得有关司局高度认可，连续两任省委书记对总队工作给予充分肯定，并在有关会议上点名表扬。同时，总队荣获全省效能建设考核先进单位等近10项荣誉，获得系统内外多家单位来函感谢。

（三）高起点落实专项治理，在防治统计造假上取得明显成效。我们深入学习贯彻习近平法治思想和习近平总书记关于防治统计造假重要批示精神，联合省统计局制定新版《安徽省统计行政处罚裁量基准》，召开系统统计法治工作会议，出台办法对未设国家调查队的县（市、区）统计局开展国家调查业务考核，完成“八五”普法中期评估，认真组织全系统统计执法证考试，合格率位列全国调查队系统第8位。贯通开展专项治理行动，选派2批次执法人员配合省统计局开展省级统计督察和执法检查，开展2023年度系统统计执法监督检查、统计执法“双随机”抽查和住户调查点现场检查，做到主要调查专业“全覆盖”。针对当前一些县区调查工作存在的风险隐患和薄弱环节，组织开展业务提醒谈话。从国家统计局2023年对安徽省常规统计督察结果和系统各类监督检查情况来看，我省调查数据质量总体可靠，流程管控科学规范，外部环境持续优化，全省调查工作质效进一步提升。

（四）高效率推进制度建设，在完善调查治理上迈上新的台阶。我们深刻认识制度建设在推进调查改革发展中的重要地位和重大作用，将2023年定为系统“制度执行年”，以推进制度落实和强化规范管理为重点，坚持“立改废释”并举，将落实巡视和审计整改等要求融入制度机制建立完善中，先后出台落实中央八项规定实施细则若干措施、源头数据质量核查实施办法、统计数据安全管理办法等党务、政务、业务管理制度26项，推出“纪律监督+住户调查”“跨专业联动检查”“业务监督+执法监督”等一批务实管用的工作机制，并综合运用巡察、审计、统计执法、日常督导等手段，以强有力监督保障执行，及时发现和着力解决制度落实不力、执行不到位等问题，初步建成比较规范的制度管理体系和顺畅高效的系统管理机制。各市县队也都立足自身实际，定制度、立规范、抓管理，形成了一批好的制度建设成果，并积极推动制度优势转化为治理效能，系统干部职工制度意识、规矩意识明显增强，调查综合管理更具规范性和系统性，全省调查事业高质量发展的基石进一步稳固。

（五）高定位厚植基层基础，在强化要素保障上书写赋能新篇。我们积极争取国家统计局和省委、省政府等各方支持，扎实推进总队机关新办公和业务技术用房维修改造项目，打通政策堵点，优化功能设计，依规申请立项，争取资金保障，强化过程监管，安全有序高质量推进水电气暖信等10余项基础设施建设，完成高标准机房等信息化建设一期工程，面积达6400余平方米的总队新办公区投入使用，基本实现设计科学、功能完备、布局合理、高效利用的预期目标，从根本上解决了总队机关办公条件制约和业务技术用房建设空间难题，为新时代安徽调查事业高质量发展提供了基础空间。我们把抓基层打基础作为长远之策和固本之举，高效统筹发展和安全，健全安全管理制度，落实安全工作责任，推进数据分类分级保护，完成自建平台整合和等保测评，大力加强调查全流程管理，与省统计局等部门联合发文部署主要畜禽监测调查样本轮换，举办全省统计调查制度方法研究文章评选活动，建立系统专项调查骨干人员库，集中开展系统基层基础和数据质量检查，抓细抓实样本维护、业务培训、督导检查等重点环节。一年来系统未发生安全责任事件，调查基层基础得到进一步夯实，各项业务开展得到进一步规范，高质量发展和高水平安全良性互动的实践路径进一步清晰。

（六）高水平做好分析研究，在服务发展民生上打响调查品牌。我们立足调查队职能优势，围绕服务国家重大战略部署和“三地一区”战略定位、“七个强省”奋斗目标，持续加强统计分析能力建设，全年编发调查分析198篇，其中国家领导批示5篇、省领导批示58篇次，国家统计局《每日调查》采用40篇，在省政府分析信息采用得分排名中位列中央驻皖单位第 1 位，省直单位排名靠前，总队成为安徽省智库平台首批成员单位。举办第二届安徽调查队系统统计建模大赛，连续两年荣获全国统计系统建模大赛一等奖和优秀组织奖。“统计微讯”采用系统推文 14 篇，在省级统计机构月度排名首次进入全国前二十，《中国信息报》《中国统计》等多个报刊发表总队文章。积极开展长三角一体化统计监测、全面从严治党民意调查、安徽省就业需求回访调查等专项调查工作，全年共审批地方调查项目 44 项。多个市县队也获得党委政府政务信息工作先进单位等荣誉称号，统计服务结出丰硕果实，安徽调查已成为一张靓丽的名片和金字招牌，在全省的知名度和影响力持续巩固提升。

（七）高标准建强干部队伍，在锻造过硬作风上呈现崭新气象。我们始终坚持党管干部原则，树立鲜明选人用人导向，全年共选拔总队机关处长 2 名，市县队队长 14 名、其他领导班子成员 22 名，所有市县队均配有“80 后”班子成员，圆满完成《2021-2023 年安徽调查队系统领导班子建设规划》各项目标任务。有序推进系统干部职级晋升，全年共晋升二级巡视员 6 名、其他职级干部 60 余名。系统新招录 33 名公务员，遴选 13 名干部到总队机关和市队工作。举办 40 余期各类培训班，参加国家统计局线上培训近 600 人次，系统 130 余名干部参加各级党校培训，1 名干部入选全国统计高层次人才培养库。扎实开展干部教育整顿。组织开展领导干部个人有关事项报告工作，2023 年随机抽查和重点查核比对一致率首次达到 100%。干部选育管用全链条不断优化，一大批优秀年轻干部担当作为、崭露头角，一些过去相对落后的队也实现了明显进步，全系统干事创业的精气神进一步提振，奋勇争先、积极作为的生动局面正在形成。

（八）高要求强化从严治党，在推进管党治队上充分释放效能。我们始终坚持刀刃向内，深入推进党的自我革命，建立与省纪委监委对接联系机制，召开系统全面从严治党工作会议，完善政治监督台账，强化内部监督贯通协同，做好纪检干部队伍教育整顿，完成系统内 6 个单位新一轮政治巡察和 17 个市县队经济责任审计，持续加强巡视巡察和审计整改情况跟踪。强化日常监督，定期通报违规违纪典型问题，推进“每周一警”“每月一警”，开展新任职领导干部集体廉政谈话，做好廉洁家访，加强对统计执法证考试、国考面试、系统遴选、政府采购等工作的监督，赴省党风廉政教育馆、白湖监狱等开展警示教育。出台落实中央八项规定实施细则若干措施，深化“一改两为”，巩固文明创建和节约型机关建设成果。坚持严的基调，正风肃纪问责，完成“三项清理”专项治理 5 个市县队问题线索立案审查、审理和处分等工作。运用第一种形态开展谈话提醒 39 人次、批评教育 16 人次、诫勉 6 人次，运用第二种形态给予党内警告 5 人次。依规依纪做好有关问题线索核查和处置。大力弘扬新时代廉洁文化，3 件作品入选安徽廉洁文化精品工程库。全系统新风正气不断充盈,全面从严管党治队体系不断完善，讲政治、重规矩、守廉洁已成为系统广大党员、干部的习惯自觉和工作生活方式。

此外，我们在老干部服务、援藏援疆、信访维稳、档案管理、工青妇团、定点帮扶、国家安全、保密机要、综合保障等方面也做了大量工作，取得了积极成效。

同志们，成绩源于奋斗，奋斗蕴含艰辛。上述成绩的取得，是习近平新时代中国特色社会主义思想科学指引的结果，是国家统计局和安徽省委、省政府正确领导的结果，是在总队历届领导班子打下的坚实基础上，全系统各单位和广大党员、干部团结一心、拼搏进取的结果。在此，我代表总队党组和领导班子，向长期以来关心支持安徽统计调查事业的各级领导、各部门各单位和社会各界人士，表示衷心地感谢！向奋战在调查一线的系统广大党员、干部及其家属和退休老同志，表示诚挚地慰问！

二、对标对表，知势善为，在统计现代化大考中明方位应挑战育先机

习近平总书记强调，“必须把推进中国式现代化作为最大的政治”。统计工作是经济社会发展的重要综合性基础性工作。康义局长在全国统计工作会议所作的《凝心聚力 砥砺奋进 奋力谱写中国式现代化统计新篇章》工作报告，专章阐述“以统计现代化服务中国式现代化”，从政治高度对统计现代化给予前所未有的重视。推进统计现代化建设，等不得、慢不得，这既是统计部门的“国之大者”，也是调查工作面临的重大考题。我们必须在中国式现代化进程中找准定位、明确方向，敢于应挑战、育先机、抓机遇、求主动，

勇立统计现代化建设潮头，更好服务中国式现代化。

（一）党中央对发挥统计监督职能作用寄予更多期待。党的十八大以来，以习近平同志为核心的党中央高度重视统计工作，先后出台了《意见》《办法》《规定》《监督意见》等一系列事关统计事业长远发展的重要文件，对完善统计体制、加强统计调查工作、提高统计数据质量等提出明确要求。主题教育期间，习近平总书记多次强调要树牢正确政绩观，不搞华而不实、投机取巧、数据造假。党中央高度重视、殷切关注，一方面反映出党中央对统计调查立足职责定位、科学服务中国式现代化和高质量发展寄予厚望和期待，新时代需要统计调查主动站出来，承担更多责任，更加担当作为，多做发展保障；另一方面反映出统计调查自身还存在不少突出问题，如政绩观偏差、统计造假、数字腐败、指标不完善、反映不及时等，急需我们切实加以研究解决。新修订的《中国共产党纪律处分条例》，将统计造假、统计造假失察纳入违反党的工作纪律问题并作出处分规定，这在统计发展史上具有里程碑式的意义。大家一定要深刻领悟，保持清醒。从安徽调查的角度讲，我们的工作也还存在一些短板弱项，突出表现在各项改革举措的系统集成和协同配合需要加强，系统上下“一盘棋”思维树得不够牢，调查管理效能还需进一步提升等，在国家统计局业务考核中，与优秀兄弟单位相比也还有一定差距，优良率还有提升的空间。殷殷嘱托，不时响彻耳边；谆谆教诲，必须牢记心田。我们要始终坚守政治机关定位，衷心拥护“两个确立”，忠诚践行“两个维护”，将习近平总书记关于统计工作重要讲话和指示批示精神落实到具体工作中、体现在实际行动上，以统计现代化完善统计监督体系，忠诚履职尽责，不辜负党和人民的期望和重托。

（二）中国式现代化赋予统计改革创新发展更深内涵。中国式现代化，是我们党领导全国各族人民独立自主探索和成功走出的中国特色的社会主义现代化道路，是我们建设社会主义现代化强国、实现中华民族伟大复兴的光明大道。推进中国式现代化，是一项前无古人的开创性事业，是一个系统工程，其战略制定、进程监测、成就评价、国际比较和趋势预测，迫切需要高质量的统计调查数据和高水平的决策咨询服务。作为党和国家事业的重要组成部分，统计调查在推进中国式现代化建设中的独特作用不可替代，服务中国式现代化，是统计调查的使命所系、职责所在。从工作实际看，我们对以统计现代化服务中国式现代化的认识还不够全面，理解还不够深刻，把握还不够精准，在共同富裕、乡村振兴统计监测等大有可为的领域，我们缺少代表性的成果；在推动改革创新上主动意识不强，存在畏难情绪和片面认识，认为基层难以创新，忽视了一线实践对顶层设计的重要作用。我们必须深刻认识中国式现代化的重要特征、本质要求、战略安排和重大原则，牢牢把握以统计现代化服务中国式现代化的重要意义、根本要求、重大任务和实现路径，瞄准服务宏观经济治理、区域重大战略、民生改善、粮食安全等重大任务，坚持党对调查工作全面领导，秉持科学精神和法治思维，以改革创新作为推进统计现代化的第一动力，积极推进理论创新、制度创新、实践创新和技术创新，努力为中国式现代化贡献更多更好统计智慧、调查力量和安徽经验。

（三）推动高质量发展对统计服务供给产生更大需求。从全国看，当前我国经济面临的外部环境依然严峻复杂，国内有效需求不足、部分行业产能过剩、社会预期偏弱、风险隐患依然较多，经济仍处在转变发展方式、优化经济结构、转变增长动力的攻关期，进一步推动高质量发展还需要克服不少困难和挑战，需要高质量统计调查供给为党中央以及各级党委政府科学决策提供有效支撑。从安徽看，当前我省统筹推进长三角一体化发展、长江经济带发展、促进中部地区加快崛起、“一带一路”建设等国家战略落实落地，正处在加快打造“三地一区”、建设“七个强省”的关键时期，需要各类统计调查服务精准对接政策导向和工作需求。从民生看，一方面稳经济需要发挥好统计调查数据正向引导预期、增强社会信心的重要作用，另一方面统计调查民生属性也要求我们切实提升数据温度，真实反映社情民意，让人民群众从统计调查数据中真切感受发展变化。从当前工作成效看，我们在如何更好统筹利用系统力量、有效发挥“轻骑兵”职能作用上还有不小提升空间，在服务决策、服务民生等领域还有不少潜力可以挖掘。我们要坚持以服务中国式现代化为目标，牢牢把握统计现代化机遇，立足实际、精准聚焦，不断丰富和加大统计调查服务有效供给，更好满足多样化需要需求。

（四）新时代党的建设对系统建设管理提出更高要求。近年来，全系统深入学习习近平新时代中国特色社会主义思想，认真贯彻新时代党的建设总要求，立足实际，扎实推进系统“三项建设”，取得显著成效。全系统在调查能力、干部队伍、工作作风等各方面都展现出更加积极向上的精神面貌，各项工作基础也更加坚实牢固。但对标新时代新要求，我们的调查能力建设还不够系统，作风建设和干部队伍建设还需持续加力，三者良性互动、相辅相成的综合效能还未完全释放，制度建设成果也需不断巩固拓展。从巡视巡察发现及主题教育检视剖析出的问题来看，系统政治能力建设还需加强，政治监督不够具体、精准、有效，不敢监督、不会监督的问题不同程度存在，部分单位和干部不善于从政治高度看待“全面”“从严”的要求，还停留在旧思维、老观念上，与新时代新要求不相适应。这些问题都制约着安徽调查事业改革发展。我们要坚持党建引领，深入学习习近平总书记关于党的建设的重要思想和关于党的自我革命的重要思想，充分认识上述重要思想对于指导统计调查工作实践和推进统计现代化的重大意义，进一步巩固党建工作成果，尤其是主题教育取得的重要成效，推动转化，提升效能，让党建成为推进统计现代化和系统高质量发展的强大生产力、竞争力、凝聚力。

同志们，服务中国式现代化是统计部门义不容辞的使命,也是难得的改革发展机遇。事业发展的规律一再表明，错失的先机，总会变成挑战；主动抓住的先机，才是真正的机遇。我们要牢牢把握推进中国式现代化这个最大的政治，当好确保数据质量的“直属队”；牢牢把握推动高质量发展这个首要任务，当好统计抽样调查的“轻骑兵”；牢牢把握服务人民的时代要求，当好民生统计监测的“主力军”；牢牢把握干部队伍这个决定性因素，持续深入一体推进“三项建设”；牢牢把握改革创新这个重要法宝，以制度建设和技术创新护航调查事业行稳致远。

三、锚定目标，奋勇争先，推动 2024 年调查事业发展进步

2024 年是中华人民共和国成立 75 周年，是实现“十四五”规划目标任务的关键一年。全省调查工作的总体思路是：以习近平新时代中国特色社会主义思想为指导，深入学习党的二十大和二十届二中全会精神，全面落实国家统计局和省委、省政府决策部署，把高质量作为新时代安徽调查事业改革发展的硬道理，以统计现代化建设为主题，以提高调查管理服务质效为主线，树牢“一盘棋”思维，强化“六个坚持”，争先创优，狠抓落实，团结奋斗，在统计现代化事业中坚定走好新时代安徽调查高质量发展新路。

重点做好以下六个方面工作。

（一）坚持政治立队，加大决策部署落实力度。总书记有号令，党中央有部署，我们见行动。要把抓落实摆在突出位置，聚焦党中央关于统计工作重大决策部署，瞄准统计改革重点任务，立足系统工作和自身实际，不折不扣抓落实、雷厉风行抓落实、求真务实抓落实、敢作善为抓落实，推动形成全系统一体推进抓落实的好局面。全面落实党中央决策部署，深学细悟习近平新时代中国特色社会主义思想和党的二十大精神，自觉在大局下思考、在大局下行动，把贯彻党中央精神体现到谋划推动调查改革发展的全部实践中，当好“三个表率”，走好“第一方阵”。细化落实全国统计工作会议暨国家统计局党建工作会议精神，及时传达到系统每一位干部职工，深谋细研、全面对标、精准聚焦，明确任务书、时间表、路线图，结合实际创造性开展工作，做到一件一件工作落实、一项一项任务推进、一个一个目标完成，坚决不打折扣、不搞变通、不做表面文章，努力在各项工作中展树安徽调查形象，努力在国家统计局各项考核中争取更好成绩。严格落实意识形态工作责任制，加强系统内外网站、微信公众号、各类工作群等意识形态阵地建设和管理，严格履行各类文稿公开发布报批程序，强化发布内容政治把关，坚决防止“低级红”“高级黑”以及政治类错误表述。深化落实安全生产责任，认真学习贯彻习近平总书记关于安全生产重要论述和重要指示精神，统筹发展和安全，建立健全应急处置预案，强化工作组织调度，高效统筹数据安全、网络安全、保密管理、平安建设、国家安全和人民防线等工作，加强办公区域、密集场所和重点部位风险隐患排查，严格消防、机房、公车、水电气暖等安全管理，强化值班值守，做好信访维稳，全力以赴守护统计调查安全和系统干部职工生命财产安全。认真落实统计对口援藏援疆任务，坚持满怀热情、尽力而为，不断提高帮扶成效。

（二）坚持法治思维，筑牢和践行正确政绩观。要把统计数据真实准确作为统计部门最重要的政绩，把搞准搞实数据作为统计工作者第一位的职责，深刻认识统计造假的严重危害性，珍惜来之不易的调查环境。始终坚持数据质量意识，深入学习贯彻习近平法治思想和习近平总书记关于统计工作重要讲话和指示批示精神，持续推动中央《意见》《办法》《规定》《监督意见》等重要文件精神落实，全面抓好《统计法》《统计法实施条例》贯彻实施，针对调查工作中存在的风险隐患，坚持依法统计依法治统，大力加强统计法治建设。始终坚持防治造假力度不减，持续深入落实习近平总书记关于防治统计造假重要批示精神，坚守数据质量生命线，进一步巩固拓展统计造假专项治理行动成效，组织开展统计执法突出问题专项排查治理，坚持多管齐下，推进综合治理，继续在全系统集中开展统计执法检查、基层基础和数据质量检查。始终坚持落实落细防治责任，建立完善调查管理、数据管理以及防治统计造假等制度机制，进一步加强未设国家调查队的县（市、区）国家调查工作，严格数据采集、审核、评估等全流程各环节监督管理，实现基层调查队与统计局调查工作同部署、同落实、同检查、同考核。在数据质量底线问题上，大家要保持清醒、摆正位置、端正态度，敢于坚持原则、不碰红线、较真碰硬，不当“说客”“掮客”“看客”，杜绝干扰，主动发声，落实好领导干部干预统计工作记录报告有关制度，守住独立调查、独立报告、独立监督的底线。始终坚持普法先行宣教融合，以《统计法》修改为契机，强化系统联动，突出专业特点，创新手段方式，不断提高普法宣传的针对性和有效性，推动形成良好统计调查生态。

（三）坚持质量为本，提高调查工作的时度效。为国统计、为民调查，是我们的神圣职责和庄严使命。全系统要牢固树立国家队、调查队意识，综合把握时度效，处理好服务国家发展全局和地方经济社会发展、履行国家调查职责使命和争取各方支持配合的辩证统一，不断提高调查工作的系统性、协调性和有效性。着力推动国家调查任务落实，严格执行国家统计调查制度和方法，强化组织，细化目标，压实责任，把握节奏，提高质量，认真做好居民收支调查，完善价格统计调查，深化农业农村调查，加强劳动力调查，强化企业监测，认真筹备第四次全国农业普查，积极服务中国式现代化统计监测、共同富裕统计监测、乡村振兴统计监测，扎实开展好 2024 年轮国际比较项目（ICP）调查、第三次全国时间利用调查，高质量落实好全面从严治党民意调查、全国文明城市测评以及新增地方统计调查项目。着力补齐基层调查工作短板，加强改革研究探索，完善数据审核、评估等手段方法，编印操作手册或工作指南，积极将工作成果向市县队推广。优化业务工作管理模式，规范内容、流程和标准，明确目标、要求和措施，不层层加码、不过度留痕，用好定期反馈和通报机制。按照国家统计局统一部署，加强省级数据处理专区建设，扎实做好各专业统计云应用系统测试、上线、运行和管理，强化各专业网络平台运维保障，管好用好系统自建平台，确保数据链路畅通。积极利用现代信息技术手段，为数据生产赋能增效，提高调查产出效率。坚持一线工作法，加大面向基层的业务培训、工作指导、监督检查等力度。启动新一轮基期工价规格品调查目录修订和 CPI 基期轮换前期准备。做好新一轮农情观察员选用、指导、联系和管理。

（四）坚持深化改革，持续创新挖掘内生动力。改革创新是推进统计现代化、更好服务中国式现代化的必然要求。我们要在过往打下的坚实基础和形成的传统优势下，积极承接国家统计局改革或试点任务，坚持自上而下与自下而上相结合，强化工作统筹，加强顶层设计，尊重基层实践，积极营造良好创新氛围，培育持续创新能力。强化改革落实，积极融入智慧统计建设。深化长三角高质量融合发展研究。推动金属加工机床、重型载货汽车等采价方法改革，优化操作办法。贯彻百城房价指数发布要求，加强工作指导，新增发布指数的芜湖、阜阳、滁州等三市要规范做好调查工作。强化自主创新，以需求为导向，探索省级牵头、市县联动推进有关信息化项目开发的模式，在数据集中存储、异地灾备建设方面实现突破。继续加大行政记录、社会大数据等研究利用力度，拓展使用农业、社保、公积金等部门数据对调查数据进行补充或校准，注重保护个体隐私，做到合法依规使用。加快推进中等收入群体、消费基尼系数等研究测算。扩大 CPI 扫描数据应用范围，提高应用大数据规格品占比。统筹优化农业遥感监测，拓宽无人机、视频热成像等技术手段在农业农村调查中的运用，深化新型农业经营主体调查研究，推动畜牧业调查和农产品价格调查手持智能终端采集数据试点。试编民营经济采购经理指数，扩大市级采购经理指数编制范围，办好长三角采购经理指数研讨会。开展农民工监测专项试点。强化网络和信息化赋能，推动大数据、云计算、物联网、区块链、人工智能等与调查工作深度融合，不断丰富和优化数据审核、比对和核查等手段，并形成常态化机制。探索利用数字技术推进源头数据采集自动化，再造数据生产流程和调查工作体系。加强网络和数据安全保障，持续做好重要统计数据分类分级保护。启动系统新一轮信息化建设规划，总队层面加强整体统筹和一体规划，上下联动、同向发力，有序做好信息化基础设施和安全设备等替代升级，加快补齐系统信息化建设短板。今年，总队将研究安排专项资金，鼓励支持市县队开展信息化应用创新试点。

（五）坚持为民调查，发挥优势提升服务水平。优质高效提供统计分析服务，是统计现代化的应有之义。我们要立足调查队“轻骑兵”职能优势，紧紧围绕巩固和增强经济回升向好态势，聚焦统筹扩大内需和深化供给侧结构性改革、统筹新型城镇化和乡村全面振兴、统筹高质量发展和高水平安全，强化跟踪监测分析，加强预测预判预警，为持续推动经济实现质的有效提升和量的合理增长提供有力信息支撑。加强系统综合数据库建设，完善数据交换和备份机制，优化平台界面功能，推进调查数据跨专业、跨层级共享，夯实基础积厚成势。加强信息服务机制优化，拓宽数据开发利用渠道，扎实做好调查进度分析，积极提供更具时效、更深层次、更为多样的服务产品。完善经济形势分析研判机制，邀请基层人员参与情况会商。认真落实国家约稿任务，强化工作统筹，优化任务分配和考核机制。适时举办系统青年联合调研行动和政务信息技能竞赛。加强统计科研工作，坚持系统上下联动，扩大对外交流合作，持续提升统计科研能力水平，并赋能调查实践。继续举办系统统计建模大赛，积极组队参加全国统计建模大赛。加强新闻宣传报道，升级改版总队公众服务网，发挥新媒体矩阵作用，注重突出服务性和原创性。加强数据发布解读，关注和引导舆情，积极回应关切，满足不同需要。做好《中国信息报》等统计报刊组稿通联。办好“中国统计开放日”等系统特色活动。

（六）坚持先立后破，优化完善系统管理工作。系统管理是统计调查建设的重要一环，深刻影响着事业改革发展进程，我们将坚持“一盘棋”思维，既管又理，做好服务。完善工作支持体系，积极争取省政府出台支持国家调查工作的政策文件，加大调查基层基础建设和政策综合保障力度，开展全省优秀辅助调查员评选。完善市县队领导班子和调查业务考核评价体系，加强实绩考核，有效区分干与不干、干多干少、干好干差，用好考核结果。坚持预算安排向基层一线倾斜，不断提高预算编制的科学性。进一步规范资产管理，探索建立系统固定资产公物仓，提高配置使用效率。总结推广系统“三项建设”和“制度执行年”活动形成的好经验好做法，强化巩固提升。以总队机关新办公区投入使用为契机，加大政务信息化推广应用力度，加快构建更加高效的系统管理和总队机关运行新模式。完善工作监督机制，推进督查督办常态化，适时开展专项督查，持续跟踪问效，确保各项决策部署和工作要求落实落地。加强地方调查项目执行情况检查。落实财经纪律法规和内部控制要求，加大财会监督力度，细化财会业务“市管县”工作方案，严格市县队绩效奖金、津补贴核准备案制度，规范国库支出行为，加强预算执行进度管理，强化财务工作日常检查。认真做好系统审计工作。既要坚持开源节流，也要习惯过紧日子，切实把资金资源资产用在“刀刃”上。

四、勇于担当，积极作为，推动系统党的建设向纵深发展

习近平总书记指出，只有时刻保持解决大党独有难题的清醒和坚定，把党建设得更加坚强有力，才能确保中国式现代化劈波斩浪、行稳致远。推动安徽调查事业高质量发展，必须坚定不移加强系统党的建设。要认真落实二十届中央纪委三次全会部署和国家统计局党建工作要求，坚持不懈深化全面从严治党，为安徽调查事业发展提供坚实保障。

（一）强化思想统一，凝心铸魂筑牢根本。思想统一是政治统一、行动统一的基础。在政治上行动上同党中央保持高度一致，首先要在思想上同党中央保持高度一致。坚持用习近平新时代中国特色社会主义思想武装头脑、凝心铸魂，在把握科学体系、核心要义、实践要求上融会贯通，以思想理论水平的提高，促进政治能力的提升，增强“四个意识”、坚定“四个自信”、做到“两个维护”。持续巩固学习贯彻习近平

新时代中国特色社会主义思想主题教育成果，在真学真懂真信真用、深化内化转化上持续用力，不断把习近平新时代中国特色社会主义思想学习宣传引向深入。用好主题教育经验，有力有序深化理论学习、调查研究、推动发展和联系群众的长效机制，持续加强政治机关建设。严格落实“第一议题”制度，及时跟进学习贯彻习近平总书记最新重要讲话精神，强化党组理论学习中心组学习，坚持政治定位、突出理论底色，完善学习机制、拓展联学联建，加强研讨交流、增强示范效应，确保理解不偏向、落实不走样，不断厚植理论指导实践的基础，凝聚共识，团结奋斗。

（二）围绕作用发挥，聚力提升党建质量。高质量党建是推动高质量发展的“动力源”。深入贯彻新时代党的建设总要求，着力增强党的建设的系统性、协同性、创造性和实效性。加强工作指导，层层压实责任，规范市县队党组主体责任清单，更好发挥市县队党组抓党建、带队伍、促发展的职能作用，更好履行主体责任，破解“中温下冷”痼疾。认真落实民主集中制，不断提高各级调查队党组决策的科学化、规范化水平和抓落实的力度、准度。树立大抓基层鲜明导向，充分发挥党组织政治功能和组织功能，规范开展“三会一课”，推进系统党建品牌矩阵建设，以“四强”党支部创建，带动模范机关建设，推进党建与业务深度融合、相互促进。有效发挥“条块结合”机制优势，坚持抓机关带系统，完善总队基层党建联系点制度，发挥好上下联动带动作用。深入践行社会主义核心价值观，扎实推进文明单位创建，推动系统文化建设结出更多硕果。严格党员教育管理监督，规范党员言行特别是网络言行，注重在重大任务、关键时刻充分发挥共产党员先锋模范作用，始终保持党员队伍的先进性和纯洁性。

（三）建强干部队伍，勇担事业发展重任。应挑战、育新机、开新局，关键是要把全系统各级领导班子和干部队伍建设好、建设强。深入贯彻新时代党的组织路线，坚持把政治标准摆在首位，坚持人岗相适、德才兼备，统筹推进、配齐建强各级领导班子，选准用好干部，进一步优化年龄和专业结构。强化正向激励，有序推进系统干部职级晋升。抓好后继有人这个根本大计，加强年轻干部培养选拔和教育管理，强化分层分类培训。进一步拓宽人才培养途径，综合运用交流轮岗、跟班学习、专项工作等手段，为年轻干部干事创业搭建更大舞台、创造更多机会、提供更多支持。注重在工作实践中培养和考察干部，特别是重大工作、重点任务和急难险重条件下培养和考察干部，推动干部能上能下。加强系统人才培养，落实好国家统计局《关于加强和改进新时代统计人才工作的意见》，实施好《安徽调查总队中长期人才队伍建设规划》，筹建系统骨干人才库和基层后备人才库，推进统计高层次人才建设。夯实人事工作基础，做好人事统计云系统等使用管理，持续提升领导干部个人有关事项报告质量。用心用情做好老干部服务。

（四）勇于自我革命，推进全面从严治党。健全全面从严治党体系，是党的二十大提出的加强新时代党的建设的重大举措。深入学习习近平总书记关于党的自我革命的重要思想，准确把握“九个以”的实践要求，不断增强自我净化、自我完善、自我革新、自我提高能力，始终做到在党爱党、在党言党、在党忧党、在党为党。做细做实政治监督，进一步加强对贯彻落实党的二十大精神和习近平总书记关于统计工作重要讲话和指示批示精神的监督。用好政治监督评价体系，加强对全系统各级党组织履行政治监督职责的监督，持续强化巡视巡察和审计整改监督。跟进 2024 年全国统计工作会议和全省调查工作会议精神落实情况的监督。健全对“一把手”和领导班子的监督。精心筹备召开系统全面从严治党工作会议，压实各级全面从严治党主体责任。进一步规范专题研究全面从严治党会议，强化工作指导，关注问题整改。修订完善系统巡察工作制度，开展两轮政治巡察。推进监督贯通协同，细化统计监督与各类监督贯通协调机制，强化纪律监督与审计监督、执法监督等内部监督贯通协同，按季度定期召开会议，发挥联动效应，形成工作合力。协同推进业务监督，对住户、农业等重点专业开展监督检查，加强对主要调查数据生产全流程的监督检查，强化对未设国家调查队的县（市、区）统计局承担国家调查业务的监督检查。严肃纪律规矩，以学习贯彻新修订的《中国共产党纪律处分条例》为契机，按要求开展好集中性纪律教育。巩固和加强系统廉洁文化建设，加大廉政宣教力度，组织好系统党章党规党纪暨纪检业务知识竞赛，定期召开警示教育会议，坚持用身边事教育身边人。加强党员、干部特别是年轻干部教育管理，引导扣好“第一粒扣子”。深化作风建设，深入贯彻落实中央八项规定及其实施细则精神，驰而不息纠治形式主义、官僚主义，持续为基层减负，坚决防止“四风”问题反弹。大兴调查研究，狠抓机关效能，树立“马上就办”工作意识，杜绝拖沓懒散不良风气，切实增强干事创业精气神，培育树立调查工作新风。加强纪检队伍建设，完善工作制度，加强业务培训，巩固拓展教育整顿成果，坚决防治“灯下黑”，始终做到绝对忠诚、绝对可靠、绝对纯洁。

同志们，道阻且长，行则将至。让我们更加紧密地团结在以习近平同志为核心的党中央周围，坚定信心、团结进取，以实干实绩奋力谱写统计现代化事业安徽调查篇章！

2023 年安徽调查总队大事记

1 月

1 月 9 日，安徽总队联合新安晚报“大皖新闻”栏目，在合肥市蜀山区开展住户调查专题宣传活动。

1 月 31 日至 2 月 1 日，孙新占总队长陪同副省长张曙光赴淮北、亳州调研“两强一增”、农业生产等情况。

2 月

2 月 16 日，安徽总队在合肥召开全省调查工作会议。

2 月 16 日，安徽总队与省发展改革委等 10 个部门联合召开“重要民生商品保供稳价专题会商”会议。

2 月 16 日，安徽总队参加国家统计局“青春奋斗强国有我”统计青年学习贯彻党的二十大精神交流汇报视频会。

3 月

3 月 1 日，安徽总队与江苏总队交流信息化和网络安全建设工作。

3 月 9 日，安徽总队召开安徽调查队系统全面从严治党工作会议。

3 月 17 日，安徽总队召开团员大会，完成机关团委换届选举工作。

4 月

4 月 29 日，安徽总队被评为“2022 年度全省平安建设优秀单位”。

5 月

5 月 4 日，安徽总队召开总队机关青年干部座谈会。

5 月，安徽总队开展《统计法》颁布 40 周年主题征文活动。

5 月，安徽总队在 2022 年度中央驻皖单位机关党委书记抓基层党建工作综合评价中获得“好”等次。

6 月

6 月 28 日，安徽总队举办庆祝建党 102 周年党员大会暨主题教育专题党课报告会。

7 月

7 月 6 日，安徽总队开展新任职领导干部集体廉政谈话。

7 月 7 日，安徽总队召开学习贯彻习近平新时代中国特色社会主义思想主题教育调研成果交流会。

8 月

8 月，国家统计局机关党委（巡视办）印发《关于国家统计局青年理论学习小组“关键小事”调研攻关活动成果评选结果的通报》（统党建办字〔2023〕22 号），总队青年理论学习小组调研攻关活动成果《统计青年婚恋困境与破解之道——以安徽调查队系统青年为例》荣获二等奖。

9月

9月5日，安徽总队党组审议通过新一轮巡察工作方案。

9月22日，安徽总队在宿州举办全省第十四届“中国统计开放日”暨五经普入户登记倒计时100天启动仪式。

10月

10月，安徽总队获得全国统计建模大赛一等奖、三等奖和优秀组织奖。

11月

11月3日，安徽总队举行新任职领导干部宪法宣誓仪式。

11月24日，安徽总队召开全体干部大会，宣布隆筑丰同志任安徽总队党组书记、总队长，免去孙新占同志安徽总队党组书记、总队长职务。国家统计局党组成员、副局长毛盛勇出席会议并讲话。

11月，安徽总队稳步推进第二批主题教育现场督促指导工作。

11月，安徽总队获2021年轮国际比较项目（ICP） 业务考核优秀等次。

12月

12月8日，省直机关工委举办省直机关青年党（团）员调研实践成果交流展示会，安徽总队青年党团员调研实践组报送的《当前安徽汽车消费仍存在多方面制约因素》获调研报告三等奖，调研组成员撰写的心得体会文章获优秀奖。

1

综　合

Chapter 1 General Survey

简要说明

本篇资料包括文字和数据，主要反映全省主要调查指标运行情况，包括主要农产品产量、城乡居民生活及物价水平等。

本版编辑：周雯雯

稳中求进　积极恢复
2023 年安徽经济在承压中回升向好

2023 年是全面贯彻党的二十大精神的开局之年，是三年疫情防控转段后经济恢复发展的一年。安徽顶住外部压力、克服内在困难，坚持稳中求进工作总基调，扩内需、调结构、提信心、化风险，工农生产稳定向好，就业物价总体稳定，居民增收态势良好，经济整体回升向好。

一、主要调查指标运行特点

（一）农业经济形势总体良好，粮食、畜禽双双增产

2023 年安徽聚焦“千亿斤江淮粮仓建设”目标，继续深化一产“两强一增”，农业生产总体良好。省委、省政府严格落实耕地保护制度和粮食安全党政同责，加快高标准农田建设，提升农民种粮积极性，开展作物良种攻关，健全基层农技推广体系，实施“精耕细作”改革，粮食生产呈现“总产增、面积增、单产增”的良好局面。全省粮食总产量 830.2 亿斤，比上年增加 10.1 亿斤，增长 1.2%，连续 7 年保持在 800 亿斤以上；粮食播种面积 1.1 亿亩，比上年增加 30.3 万亩，增长 0.28%，连续四年增加（夏粮面积 4294.9 万亩，增长 0.47%；秋粮面积 6450 万亩，增长 0.16%）；粮食亩产 377.3 公斤，比上年增加 3.57 公斤，增长 0.96%（夏粮亩产 405.3 公斤，增长 0.6%；秋粮亩产 357.9 公斤，增长 1.23%）。

畜禽生产方面，肉蛋奶各方面均实现不同程度增长。2023 年，安徽畜产品总产量 755.7 万吨，同比增长 4.7%；猪牛羊禽肉产量 495.8 万吨，增长 4.5%；禽蛋和牛奶产量分别为 206.3 万吨和 53.6 万吨，依次增长 10.5%和 5.7%。生猪出栏增长 5.3%，与猪肉产量 4%增速保持基本同步；生猪存栏下降 6.3%，能繁母猪存栏同比下降 9.2%，去产能效果初现。在肉牛产业振兴计划引导下，全省在推进规模化、标准化养殖和肉牛全产业链发展方面取得了积极进展，肉牛养殖发展势头良好，全省牛存栏 109.3 万头，增长 2.4%。但由于养殖周期较长，产量基本平稳，牛出栏 74.1 万头，增长 0.5%；牛肉产量 11.7 万吨，增长 0.5%。

（二）制造业景气逐步回升，新旧动能加快转换

安徽贯彻新发展理念，坚持创新驱动，推动新旧动能转换。制造业采购经理指数（以下简称“PMI”）在一季度骤升骤降后于收缩区间波动缓慢回升，全年均值 49.9%，高于 2022 年均值 1 个百分点，制造业经济恢复基础继续巩固。从分项指数贡献情况来看，生产端发力较为明显，生产指数全年均值 51.2%，高于 2022 年 2.5 个百分点，高于其他四项分类指数；全年 10 个月保持线上运行，多于 2022 年 3 个月，多于其他四类分项指数。从重点监测四大行业指数变动情况来看，安徽新兴动能培育成效显著，高成长性企业稳步积蓄。高技术制造业 PMI 全年均值 51.7%，全年有 10 个月高于荣枯线且近 4 个月持续扩张，与其相关的计算机通信电子制造业、电气机械及器材制造业长期保持扩张，全年均值分别为 51.6%和 50.0%。装备制造业 PMI 全年均值 51.1%，有 8 个月处于扩张区间，与其关联较强的通用设备制造业、专用设备制造业全年 PMI 均值分别为 51.6%、50.9%。近两年，省委、省政府着力引导汽车产业高质量发展，加快建设新能源汽车强省，受益于政策和市场的双向鼓励，前三季度，汽车产量增长 45.7%，新能源汽车产量增长 76.6%，而汽车制造业 PMI 全年均值 53.5%，连续 6 个月位于 55%以上的较高扩张区间。

（三）就业总体稳定，带动城乡居民继续增收

2023 年以来，经济运行持续恢复向好，为稳就业奠定基础。随着强化岗位供给、服务保障、困难帮扶等各类稳就业促就业政策落地见效，全省城镇调查失业率呈现稳中有降、总体稳定态势。全年来看，除 2 月春节后更换工作和 6、7 月高校毕业生求职影响外，其他月份城镇调查失业率均保持在 5.3%以下水平。8

月后，市场主体活跃度提升，交通运输、住宿餐饮、旅游、建筑等行业用工需求增加，城镇调查失业率逐步回落，12 月降至 5.0%，低于全国 0.1 个百分点。全年城镇调查失业率均值 5.2%，与全国平均水平持平。就业民生保障有力，政策红利密集释放，带动居民收入继续增长。2023 年，安徽全体居民人均可支配收入 34893 元，居全国第 14 位，同比增长 6.6%，居全国第 8 位。从收入结构看，工资性收入是增收“主引擎”，全年人均 18435 元，增长 7.7%，绝对值和增速均高于经营净收入、财产净收入和转移净收入。从城乡看，农村居民收入攀升更快，全年人均可支配收入 21144 元，居全国第 13 位，同比增长 8.0%，高于全国 0.3 个百分点，增速居全国第 9 位；城镇居民人均可支配收入 47446 元，在 2022 年超过辽宁后又超重庆，连续跃升至全国第 12 位，同比增长 5.1%，居全国第 13 位，与全国增速持平。

（四）居民消费活力逐步释放，消费价格指数温和上涨

一是消费支出加快增长。2023 年全省居民人均生活消费支出同比增长 4.7%，较上年增速提高 1.8 个百分点，高于 2023 年一季度 2.2 个百分点；城、乡居民全年消费支出分别同比增长 4%、5.1%，增速依次高于一季度 2.1、2.3 个百分点，疫情后消费活力正逐步恢复。二是消费信心逐渐增强。2023 年，全体居民消费倾向逐步走高，从一季度 64.6%提高到全年 67.7%，城镇居民消费倾向也从一季度 56.3%提升到全年 58.8%，表明经济好转和收入增长赋予居民更强的消费动力。三是发展享受型消费增长较快。全体居民在医疗保健、衣着和教育文化娱乐上的消费支出增长最快，分别增长 12.2%、9.2%和 8.4%，依次高于近四年平均增速 5.0、4.8 和 3.1 个百分点。食品烟酒消费比重继续下降，全体居民恩格尔系数 33.5%，比上年下降 0.6 个百分点，城乡分别下降 0.5 和 0.6 个百分点。四是服务类消费支出水平远超疫情前水平。2023 年全体居民服务类消费支出较 2019 年增长 15%，城、乡居民在服务类消费支出上分别增长 9.5%和 21%。五是居民消费价格在消费恢复支撑下温和上涨。2023 年安徽居民消费价格总水平（以下简称“CPI”）比上年上涨 0.2%，虽然受结构性和阶段性下降影响，但总体依然保持温和上涨态势。扣除食品和能源价格指数影响，核心 CPI 比上年上涨 0.7%，较为温和。在服务消费带动下，2023 年服务项目价格较上年上涨 0.8%，涨幅较大的分别有飞机票、旅行社收费、长途汽车、宠物服务等，分别上涨 23.3%、7.0%、6.3%和 5.6%。

二、经济恢复中堵点仍存

（一）制造业需求端延续偏弱态势，工业品出厂价格始终难提

2023 年新订单指数均值 50.4%，有 8 个月低于荣枯线，与 2022 年持平。12 月指数环比回落 0.9 个百分点至 49.3%，降至 6 月以来最低点。新订单与生产指数多次形成错位，全年有 6 个月出现“生产扩张、订单收缩”现象。出口方面，新出口订单指数持续低位，全年均值 45.9%，仅 1 个月高于荣枯线。在手订单收缩更为严重，年均指数 43.7%，分别低于新订单指数和新出口订单指数 6.7、2.2 个百分点，全年有 11 个月处于收缩区间。内外需同步放缓主要由于房地产行业低迷、消费信心不足、部分行业产能过剩，叠加外部地缘政治干扰与出口订单回款难度大等因素影响，且随着其他国家经济逐渐回暖，企业经营恢复，海外市场竞争也在加剧。

受市场需求不振影响，2023 年工业品出厂价格指数（以下简称“PPI”）持续低位，比上年同期下降 3.4%，较上年回落 6.6 个百分点，2023 年 6 月降幅创 88 个月以来新低。生产资料价格下降明显，采掘、原材料、加工工业价格全面下降，分别下降 6.2%、4.6%、4.5%。分行业看，需求偏弱更加清晰。“波浪式发展、曲折式前进”的经济恢复过程中，用电增长难以快速提升，带动煤价承压下行，煤炭开采和洗选业全年价格较上年同期下降 8.2%；终端市场需求不振，智能消费设备制造、锂离子电池制造价格分别下降 8.5%、6.4%；美国、欧盟、印度调整进出口和产业政策，光伏设备及元器件制造、集成电路制造、半导体分立器件制造、半导体照明器件制造价格较上年同期分别下降 16.6%、7.6%、4.4%、2.5%。

（二）房地产市场风险犹存

疫情防控转段后，新建商品住宅销售价格一度因需求集中释放而活跃度快速提升，但后续市场转弱。虽然各地因城施策调整优化房地产调控措施，但面对市场供求关系发生的重大变化，全年还是表现为市场信心不足、土地成交放缓、去化周期普遍拉长的持续调整状态。一是价格呈现“前涨后跌”走势。一季度

房地产价格以上涨为主，9 个调查城市 3 月全面上涨，5 月转为“五涨四降”，12 月“全面下跌”。二是市场信心不足，土地成交放缓。销售端未见明显好转，融资端缺有力支持，加上个别房企债务危机冲击，多数房企拿地谨慎，土拍市场降温明显。1—11 月全省房地产开发投资累计同比下降 15.9%，商品房销售面积下降 27%，新开工面积下降 25.1%。调查 9 市的住宅土拍宗数除安庆持平、蚌埠、马鞍山微涨以外，其余 6 市均有所下降。三是去化周期不断拉长。情况相对较好的合肥市去化周期，已由 1 月份的 10 个月拉长到 12 月份的 14.9 个月，有 6 个城市 12 月份去化周期已超过 20 个月，其中六安市达 43.6 个月。四是对上下游冲击较大。钢铁、水泥等建筑材料价格大幅下跌，非金属矿物制品业、黑色金属冶炼和压延加工业全年价格同比分别下降 11.8%和 9.7%。家用电器和音像器材类商品限上零售值 1—11 月累计同比下降 4.9%。2023 年建筑业就业人口占 12.1%，较上年下降 0.1 个百分点。

（三）劳动力市场还存在各种不均衡现象

一是粮食种植业劳动力不足。从调查情况来看，当前粮食生产从业人员年龄偏大，55 岁以上人口是农业生产主力，且劳动力相对不足。二是灵活就业人员权益保护有待加强。2023 年灵活就业人员签订劳动合同占 5.4%，同比增加 0.5 个百分点，在全部单位经营活动类型中，仅高于农业专业大户经营单位（4.3%），占比倒数第二名。三是制造业用工持续减少。从采购经理调查从业人员指数看，除 2023 年 2 月受疫情集中爆发影响升至荣枯线上以外，已前后 23 个月位于收缩区间，表明制造业用工持续减少。主要由于制造业回暖较慢和数字化转型冲击带来需求端减少，以及就业倾向变化带来的供给端收缩，安徽制造业科技创新人才竞争优势偏弱也是原因之一。

三、相关建议

（一）制造业需求方面

通过精准财政政策使用，减轻企业负担；加大对制造业信贷支持，保存主体活力；通过提振消费、鼓励民营部门投资等畅通供需循环，加大智能与绿色家电销售支持力度、阶段性减免小排量汽车消费税、增加新能源汽车补贴等方式提振大宗消费，推动体育赛事、文化旅游、国货潮品、休闲娱乐、银发经济等消费领域发展；加大对地方政府专项债券发行和使用监管，推进重大工程、项目建设实际投资；建设制造业公共服务平台，提供技术转移转化、检验检测、融资担保等服务，满足企业多样化需求；加强行业协会指导，组织开展企业间交流合作活动，促进信息共享和资源整合。

（二）房地产市场方面

因城施策、一城一策，用好政策工具箱，支持刚性和改善性住房需求。持续抓好保交楼工作，稳妥处理房企风险。加大优质房企及“白名单”房企融资力度。结合城市功能品质活力提升，促进住房消费提档升级。“一楼一策”推进保交楼项目建设。推进城市更新计划，做实做细城市体验，提升城市品质，改造老旧小区，建设一批完整社区，补齐一老一幼的设施短板，加强无障碍环境建设和适老化改造。推进城市地下管网改造，提升城市排水防涝能力，推进城市生命线安全工程建设。优化住房公积金政策，发挥公积金制度在促进住房消费、恢复房地产市场活力方面的积极作用。

（三）劳动力市场方面

多方面解决农业生产中“人”的问题。实施科技特派员制度、开展农业技术培训，提升现有人员知识结构，增强每一个粮食生产者的要素生产率；推广使用农业机械，做好农机服务管理，突破新品选育、高效栽培、病虫害防治和节水灌溉等关键技术，实现“机器代人”“技术代人”；继续促进农民增收，加大财政投入，拓宽农民就业创业渠道，将人留在粮食生产行业；全面改善乡村环境，突出乡村治理，提高农村的教育文化科技建设水平，促进人口向种植业回归。进一步扩大就业容量。落实促进民营经济高质量发展的若干举措，推动惠企稳岗政策高效直达，促进数字经济与实体经济深度融合，推动产业结构转型升级，支持民营经济回暖向好，推动制造业用工环境回升向好，增加就业岗位。完善劳动权益保障机制。规范企业用工，优化劳动环境，降低工作强度，保障就业群体就业的合法权益；对部分弱势就业失业人员，适当提高失业保险金、一次性生活补助等政策保障标准；把重点群体包括低收入大学生纳入最低生活保障制度中，实施发放培训补贴、生活补助、延长失业保险金期限等举措，提升就业群体就业幸福感。

撰稿：孙　悦

2023 年安徽粮食生产实现“三增”

2023 年，安徽各地着力提升粮食综合生产能力，持续落实促进粮食稳产增效各项政策措施，有效克服冻害、台风等不利因素影响，粮食生产实现增产丰收。2023 年粮食总产量超 830 亿斤，达历史新高，呈现“总产增、单产增、面积增”的“三增”格局，连续 7 年保持在 800 亿斤以上，为端牢中国饭碗、稳定经济基本盘提供了有力支撑，为保障国家粮食安全持续贡献安徽力量。

一、全年粮食产量稳步增长

（一）粮食总产量再上新台阶

2023 年安徽全省粮食总产量 830.2 亿斤，首次突破 830 亿斤，位居全国第 5 位，增长 1.2%，较上年增加 10.1 亿斤，在 13 个粮食主产省当中增速排名第 9，粮食连续三年增产。

夏粮、早稻、秋粮均增产。夏粮总产量 348.2 亿斤，比上年增加 3.69 亿斤，增长 1.1%；早稻总产量 20.3 亿斤，比上年增加 0.08 亿斤，增长 0.4%；秋粮总产量 461.7 亿斤，比上年增加 6.36 亿斤，增长 1.4%。夏粮、早稻、秋粮占总产量的比重分别为 41.94%、2.45%和 55.61%，与上年基本持平。

（二）粮食单产继续提升

2023 年气象条件总体有利于粮食生产，病虫害发生轻，但夏粮收获期间遭遇连续降雨，对夏粮生产造成一定影响。2023 年安徽粮食亩产 377.3 公斤，连续三年提升，达历史新高，居全国第 17 位，比上年增加 3.57 公斤/亩，增长 0.96%.夏粮亩产 405.3 公斤，比上年增加 2.42 公斤/亩，增长 0.6%；早稻亩产 395.2 公斤，比上年增加 1.9 公斤/亩，增长 0.5%；秋粮亩产 357.9 公斤，比上年增加 4.35 公斤/亩，增长 1.23%。

（三）粮食播种面积持平略增

各地压紧压实粮食安全责任，严格落实耕地保护制度，积极引导种植结构调整，多方位挖掘耕地增长潜力，有力推动粮食播种面积稳中有增。2023 年全年粮食播种面积 1.1 亿亩，连续 4 年小幅回升，居全国第四位，较上年增加 30.3 万亩，增长 0.28%。

夏秋两季粮食作物面积均略增，早稻种植面积持平略减。夏粮面积 4294.9 万亩，增加 20 万亩，增长 0.47%；早稻面积 256.8 万亩，减少 0.28 万亩，下降 0.28%；秋粮面积 6449.9 万亩，增加 10.3 万亩，增长 0.16%。

二、粮食增产主要因素分析

（一）压实粮食安全责任，稳定粮食面积

安徽严格粮食安全责任制考核，启动千亿斤产能建设，提出 2030 年粮食产能达到 930 亿斤、2035 年粮食产能超过 1000 亿斤的目标，同时落实最严格的耕地保护“硬措施”，为粮食增产打下坚实基础。

（二）强化政策扶持力度，稳定种粮积极性

2023 年，安徽出台多项强有力的强农惠农政策，惠及粮食生产全过程，让农民种粮有利可图，不仅稳住了种粮面积，还稳住了农民种粮的积极性和信心，既实现了粮食增产，又实现了农民增收。

（三）播种质量较好，气象条件总体有利

2023 年气象条件总体较好，光温水匹配，能够很好满足农作物正常生长需要。春播与夏种期间，全省土壤墒情普遍适宜，播种质量高，一播全苗、壮苗。入汛后，没有发生大范围洪涝、干旱灾害，没有因为台风“泰利”“杜苏芮”造成灾害影响，苗情长势好于上年，利于单产提升。

（四）田间管理到位，病虫防控及时有效

各地结合气象预测特点，针对不同粮食作物，分类制定发布田管技术指导意见、科学施肥建议等技术方案，帮助农民将关键技术落实到位。各地政府和涉农部门通过高效组织、有效防控，控制了水稻“两迁”害虫、二化螟、草地贪夜蛾等害虫发生数量，遏制了玉米南方锈病等病虫害发生和蔓延，助力了粮食稳产增产。

三、需关注的一些问题

一是种粮成本有所增加，农资价格和农业用工价格上涨；二是粮食价格波动频繁，种粮收益难以保障；三是高标准农田建设标准不高，早期的高标准农田建设标准不高、部分地区高标准农田设计不够贴合实际、后期缺乏管护；四是粮食生产劳动力相对不足，当前粮食生产从业人员年龄偏大、劳动力相对不足。

撰稿：刘　涛

畜禽产量平稳增长　生猪价格冲高回落

——2023年安徽主要畜禽监测分析

安徽省委、省政府重视畜牧业发展，审议通过《关于实施“秸秆变肉”暨肉牛振兴计划的意见》《安徽省肉牛产业高质量发展规划（2023—2030年）》等多项有力措施，继续坚持长效政策护航生猪稳产。今年全省畜牧业生产保持增长势头，全年肉蛋奶产量平稳增长，畜产品稳产保供基础不断夯实。

一、畜禽产品稳步增长，肉产品供应充足

2023年安徽畜产品总产量755.7万吨，同比增长6.2%，其中肉产量为495.8万吨，同比增长4.5%；禽蛋和牛奶也有所增长，同比增长分别为10.5%和5.7%（详见表1）。

表1　全年主要畜禽肉产品产量

单位：万吨

年份	肉产量					禽蛋	生牛奶	畜产品总产量
		猪肉	牛肉	羊肉	禽肉			
2022年	474.3	248.3	11.7	22.5	191.8	186.7	50.7	711.7
2023年	495.8	262.4	11.7	22	199.7	206.3	53.6	755.7
增速（%）	4.5	5.7	0.5	-2.2	4.1	10.5	5.7	6.2

二、生猪市场供给平稳，全年实现小幅增长

（一）生猪存栏略有下降，出栏和猪肉产量均小幅增长

全省2023年末生猪存栏1551.7万头，同比下降6.3%，能繁母猪存栏142.8万头，同比下降9.2%，生猪存栏和能繁存栏下降之后依然超出正常年份水平，去产能效果初现；2023年生猪出栏3075.5万头，同比增长5.3%，猪肉产量262.4万吨，同比增长5.7%，猪肉产量与生猪出栏保持基本同步。

（二）原因分析

主要原因一是四季度以来生猪价格一路走低，养殖户出栏意愿不强，有一定的压栏待涨心态；二是三季度猪价上涨时一些养殖场趁机陆续出栏，间接造成了四季度出栏放缓；三是今年12月上中旬前气温高于往年，传统的腌腊期有所推迟，需求不强造成出栏速度有所放缓；四是非洲猪瘟等疫病持续影响皖北地区，对生猪的产量也造成了一定的抑制。

三、生猪价格快速回落后保持低位运行

（一）走势情况

根据生猪大县监测平台数据显示，一、二季度安徽生猪价格始终保持低位，在较小范围内震荡运行，三季度短暂快速上涨后又回落到之前的价位，继续小幅震荡。3月生猪均价15.65元/公斤，达到上半年的较高点位后，二季度猪价继续下跌，跌落至14元区间，6月生猪均价14.4元/公斤；7月下旬价格快速上涨，所以8月生猪均价涨至17元/公斤，9月后持续回落，11月价格重回14元区间。（详见图1）。

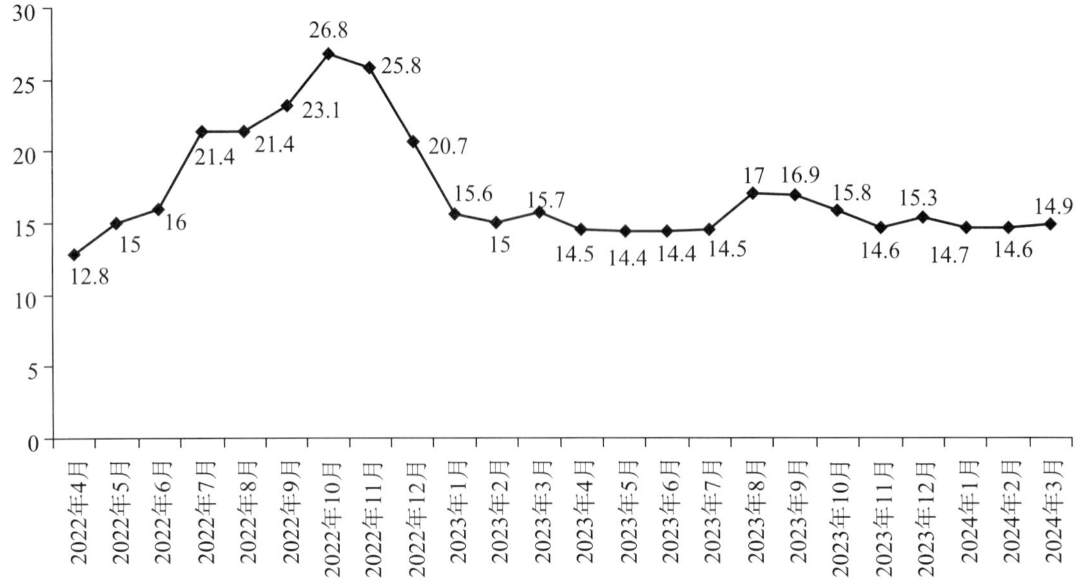

图1　生猪价格走势（元/公斤）

（二）原因分析

猪价在三季度突然上涨后又回落并低位运行主要有以下几方面原因：一是三季度的快速上涨是由于非洲猪瘟疫造成多地养殖场采取“拔牙”措施进行扑杀，叠加 7 月份国家启动收储 2 万吨，短期内提振了市场以及养殖户信心，而这两个因素都不具备持续性的影响，加之消费需求始终不旺，猪价上涨乏力，三季度下半段和四季度生猪价格又回落到上涨之前的水平；二是随着生猪养殖的逐步复苏，生猪产能得到恢复，市场供应量相对增加，使得猪肉的供应量相对充足，对猪肉价格形成一定的压制作用；三是豆粕、玉米等主要饲料价格在下半年也在持续降低，养殖户的成本压力有所缓解，对猪肉价格的低位运行起到一定的影响。

（三）价格预判

随着能繁母猪调减、散养户加速退出生猪养殖市场、去产能化完成以及消费需求回暖，收入和餐饮消费支撑消费需求逐步恢复等多重因素的影响，2024 年生猪价格将有所上涨。再加上生猪饲养成本的下降，预计明年生猪养殖行业将会实现微利。

四、肉牛养殖发展势头良好

（一）肉牛存栏量和产量均平稳增长

2023 年牛生产保持增长态势，全省牛存栏 109.3 万头，增长 2.4%，全省牛出栏 74.1 万头，增长 0.5%。牛肉产量 11.7 万吨，增长 0.5%；牛奶产量 53.6 万吨，增长 5.7%。

今年以来，安徽省在推进规模化、标准化养殖和肉牛全产业链发展方面取得了积极进展，同时注重环境的保护和资源的循环利用。随着一些大型养殖场的项目落地和政策的落实，存栏量将会有一定的增长，但由于肉牛养殖周期较长，产量会依然保持平稳增长。

（二）原因分析

主要原因一是省政府出台了一系列支持肉牛养殖的政策，包括提供养殖补贴、加强疫病防控、建设养殖基地等，这些政策有助于提高养殖户的积极性，增加肉牛存栏量；二是皖北地区的肉牛养殖场正在加强良种体系建设和全产业链发展，推动肉牛产业向规模化、标准化、产业化方向发展；三是随着消费结构的调整，市场对牛肉的需求不断增加，肉牛市场前景看好，原有的养殖户增加了肉牛饲养量。

五、羊肉产量保持稳定

（一）全年羊肉产量基本稳定

全省羊存栏 642.9 万头，增长 1.1%，全年羊出栏 1547.4 万头，下降 2.1%；羊肉产量 22 万吨，下降 2.2%。

受今年以来猪肉价格低位运行的影响，羊肉价格基本稳定，全年羊出栏和羊肉产量都将继续保持稳定的发展态势。

（二）原因分析

羊肉产量增速较小主要原因：一是羊肉价格相对偏高，消费者更愿意选择价格相对较低的肉类，今年以来猪肉的低价制约了羊肉消费的增长；二是整体市场消费不足，而羊肉价格在肉类中仍然偏高，居民消费量不多，市场行情不旺，养殖效益走低；三是由于羊肉品质参差不齐，部分消费者对羊肉的信任度降低，对于高品质羊肉的需求随之减少。

六、肉禽生产增长平稳

（一）肉禽产量继续保持平稳增长

2023年末家禽存栏3.4亿只，增长4%，家禽出栏11.9亿只，增长4.4%；全年禽肉产量199.7万吨，增长4.1%。禽蛋产量206.3万吨，增长10.5%。

（二）原因分析

主要原因一是需求端受到全省经济活动和消费不断回暖的影响，出行、外出就餐、点外卖等消费活动助推了肉禽产量的平稳增长；二是供给端现代家禽养殖业采用的新技术和设备，如自动化喂养设备、智能化温度控制系统等，这些技术的应用提高了养殖效率。

七、存在的问题

（一）肉牛养殖发展迅速，相关问题亟待解决

一是技术问题，很多新进入市场的养殖户缺乏科学的养殖技术和管理方法，无法对肉牛进行科学合理的饲养和管理，容易导致肉牛生长缓慢、抗病能力弱等问题；二是资金问题，肉牛养殖比猪和家禽的资金门槛都要高得多，包括场地建设、饲料购买、牛犊购买、疫病防治等方面的费用，若是资金不足则无法进行大规模养殖，也难以承担风险；三是市场问题，短时间内扩大肉牛养殖规模，市场竞争会更激烈，价格波动也会加大，同时消费者的需求也在不断变化，这些都给养殖户带来了市场不确定性。

（二）非洲猪瘟影响依然存在

对于养殖户来说，非洲猪瘟的存在始终是一把悬在头上的利剑，虽然养殖户防控非洲猪瘟的水平有所提高，但是仍然不能完全杜绝。今年在合肥、六安以及皖北地区均有发生非瘟疫情。在非瘟疫苗问世之前，如何做好非洲猪瘟的防控工作仍是生猪养殖面临的重大考验。

（三）猪价大起大落养殖户心态受损

近两年猪价大起大落的情况时有发生，猪价的频繁涨跌，导致养殖户一旦没有把握好生产规律就可能高进低出，面临亏损，部分养殖户不敢贸然扩大生产，市场信心不足。

（四）资金投入压力较大

近年来，家禽养殖的新技术和新设备，如自动化喂养设备、智能化温度控制系统等逐渐进入市场，而部分养殖户由于资金不足，难以跟上技术进步以改善生产条件；此外，政府对养殖业的环保要求也越来越高，这给养殖户带来了额外的成本压力。

八、意见和建议

（一）加强对肉牛养殖的政府引导、布局

一是出台相关政策，鼓励和引导肉牛养殖业的发展，包括提供资金支持、建立标准化养殖场、推广科学养殖技术等；二是组织专业的技术培训，提高养殖户的养殖技术和管理水平，帮助他们更好地掌握肉牛的生长规律和饲养管理要点；三是通过建立产业联盟等方式实现资源共享、信息共享和技术共享，积极拓展销售渠道，建立稳定的销售网络和合作伙伴关系，确保产品销售的稳定性和市场竞争力。

（二）加强动物疫病防控，提升养殖防护水平

有关部门要深刻把握当前重大动物疫病特别是非洲猪瘟防控面临的新形势，扎实做好重大动物疫病防控工作，积极开展口蹄疫、小反刍兽疫、布鲁氏菌病、结核病、结节性皮肤病等危害牛羊健康的动物疫病和人畜共患病防控。强化产地检疫和调运监管，落实和完善免疫、扑杀及无害化处理机制。加强疫病防控技术培训和分类指导，提升养殖场生物安全防护水平。

（三）加强生猪养殖端调控，化解生猪市场供需矛盾

一是加强对地方生猪养殖项目引进、建设和投产的监管，避免地方政府部门为了完成考核任务，不顾地方实际发展情况盲目招投生猪养殖项目；二是地方政府部门通过政策和补贴方式引导本地大型生猪养殖企业根据市场行情变化，控制育肥猪出栏节奏，减轻大规模集中出栏育肥猪对市场的冲击，稳定生猪市场价格；三是通过政策奖励积极引导肉食品加工企业加大对市场库存猪肉的采购，帮助生猪屠宰企业去库存。

（四）多措并举，减轻养殖企业资金压力

一是政府可以通过提供财政补贴、低息贷款、税收减免等政策支持家禽养殖企业的发展，降低企业的资金成本，提高企业的经济效益和市场竞争力；二是金融机构可以为家禽养殖企业提供贷款、担保、保险等金融服务，帮助企业解决资金缺口，同时，建立多元化的融资渠道，以满足企业的不同融资需求；三是家禽养殖企业可以与上下游企业合作，形成产业链整合，通过与饲料供应商、屠宰加工企业等合作实现资源共享、降低成本、提高效益。

撰稿：郝　黎

2023 年安徽城镇居民收入再上新台阶

2023 年，全省上下认真贯彻落实党中央、国务院决策部署，完整、准确、全面贯彻新发展理念，攻坚克难，开拓奋进，坚持高质量发展，推动经济持续回升向好，城镇居民收入保持稳步增长。

一、城镇居民收入变动特点

（一）工资性收入贡献居首

随着全省经济持续恢复，就业形势总体稳定，城镇居民就业机会增多，从业时间增加，工资性收入增长较快，对城镇居民增收贡献最大，拉动城镇居民收入稳步增长。分收入构成看，2023 年全省四项收入呈“三升一降”的态势。其中，工资性收入 28466 元，增长 6.3%，对城镇可支配收入的贡献率为 73.2%，拉动收入增长 3.7 个百分点；经营净收入 7306 元，增长 4.6%；财产性净收入 4038 元，下降 1.0%；转移性净收入 7636 元，增长 4.7%。（详见表 1）

表 1　2022-2023 年安徽和全国城镇居民人均可支配收入

单位：元、%

指标名称	安徽				全国			
	2023 年	2022 年	增速	贡献率	2023 年	2022 年	增速	贡献率
可支配收入	47446	45133	5.1	100.0	51821	49283	5.1	100.0
工资性收入	28466	26773	6.3	73.2	31321	29578	5.9	68.7
经营净收入	7306	6987	4.6	13.8	5903	5584	5.7	12.6
财产净收入	4038	4078	-1.0	-1.7	5392	5238	2.9	6.1
转移净收入	7636	7296	4.7	14.7	9205	8882	3.6	12.7

（二）收入位次再上新台阶

近年来，安徽城镇居民收入持续增长，收入位次再上新台阶。2023 年，安徽城镇居民人均可支配收入 47446 元，居全国第 12 位，比上年前进 1 位，自 1978 年以来，首次超过重庆。从增长速度看，城镇居民人均可支配收入增长 5.1%，比上年同期提高 0.2 个百分点，从中部地区看，安徽城镇居民增速位次居第 2 位，比上年同期前进 2 位。（详见表 2）

表 2　2023 年全国和部分省份城镇居民人均可支配收入

单位：元、%

省份	可支配收入	位次	全国位次	增速	位次	全国位次
全国	51821	-	-	5.1	-	-
山西	41327	5	24	4.5	3	18
安徽	47446	2	12	5.1	2	13
江西	45554	3	15	4.2	5	24
河南	40234	6	28	4.5	3	18
湖北	44990	4	17	5.5	1	8
湖南	49243	1	10	4.1	6	27
重庆	47435	-	13	4.2	-	24

（三）城乡收入差距缩小

近年来，随着安徽收入分配状况不断改善，农民收入较快增长，城乡收入进一步差距缩小。2023 年，全省城乡居民收入比为 2.24，比上年缩小 0.07，比 2018 年缩小 0.22，呈现逐渐缩小的态势。从全国数据看，安徽城乡居民收入比较全国平均水平 2.39 低 0.15，位次处于各省中游水平，居第 16 位。

（四）省内各市城镇居民收入普遍上涨

2023 年，全省 16 个市的城镇居民人均可支配收入均稳步增长。从绝对水平看，5 个市的城镇居民人均可支配收入超过全省平均水平，分别是马鞍山、合肥、芜湖、宣城和铜陵市，分别为 62510 元、59609 元、54189 元、51318 元和 48767 元；从增长速度看，10 个市的城镇居民人均可支配收入增速超过全省平均水平，其中增长最快的 3 个市为六安、合肥和亳州市，同比分别增长 6.2%、6.1%和 6.0%。

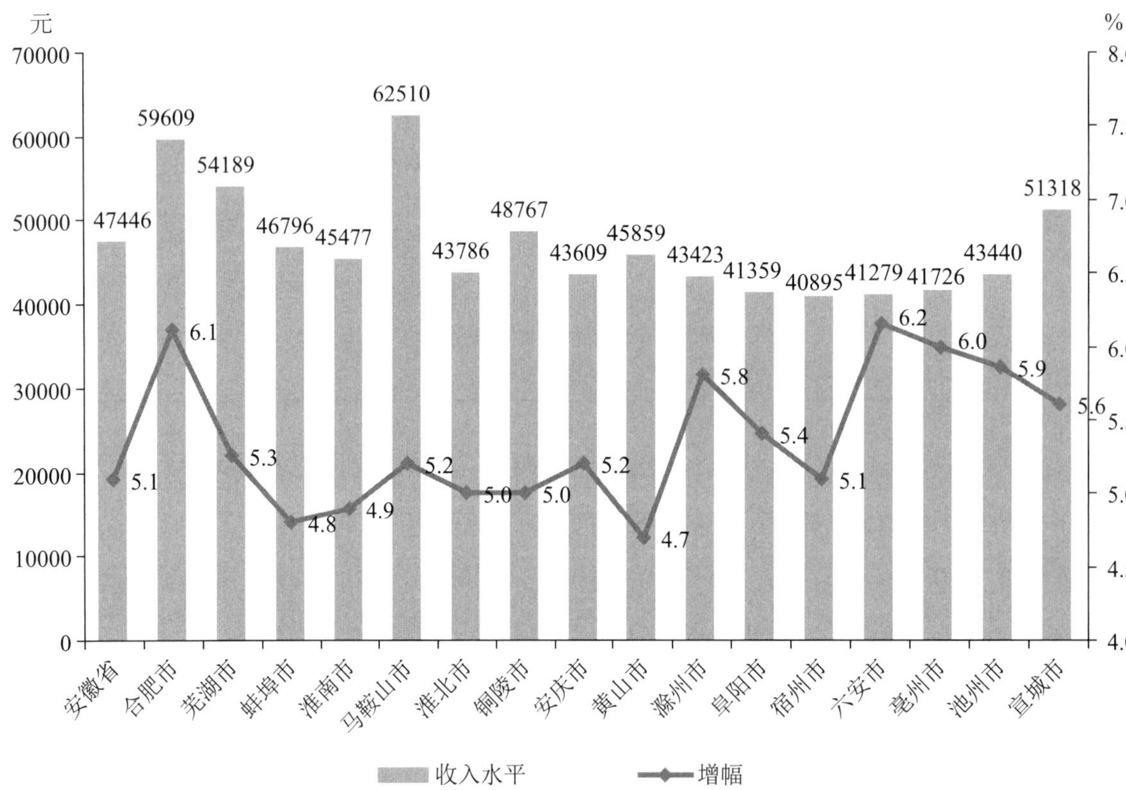

图 1　2023 年各市城镇居民人均可支配收入及增幅

二、城镇居民消费稳步回升

（一）消费支出复苏回升

随着城镇居民收入持续增长，安徽各地出台一系列促进消费政策，消费品市场规模持续扩大，消费热点接连涌现，居民消费逐渐回暖。2023 年，安徽城镇居民人均消费支出 27900 元，同比增长 4.0%，较上年同期提高 2.7 个百分点。其中，增速排前三是医疗保健、衣着和交通通信，分别增长 10.2%、9.2%和 8.9%。

（二）恩格尔系数继续下降

恩格尔系数是衡量人民生活水平的一把刻度尺，恩格尔系数继续保持下降，说明安徽城镇居民消费中非食物性支出在总体上升，体现出消费升级的变化趋势。2023 年，安徽城镇居民人均食品烟酒支出 9164 元，同比增长 2.7%，低于消费支出平均水平 1.3 个百分点，恩格尔系数为 32.8%，较上年同期下降 0.5 个百分点。但和沪苏浙等发达省相比差距明显，2023 年沪苏浙恩格尔系数分别为 24.7%、26.6%和 27.0%，分别比安徽低 8.1、6.2 和 5.8 个百分点。

（三）发展享受型消费[①]支出平稳增长

从消费类型看，安徽城镇居民发展享受型消费支出总体上呈现较快增长的态势。2023 年，城镇居民人均发展享受型消费支出比上年增长 7.7%，比消费支出平均水平高 3.7 个百分点，其中人均交通通信消费支出 3170 元，增长 8.9%；人均教育文化娱乐消费支出 3109 元，增长 8.0%；人均医疗保健消费支出 2131 元，增长 10.2%，这三类消费支出均远高于消费支出平均水平。（详见表 3）

表 3　2022-2023 年安徽城镇居民人均消费支出及增速

单位：元、%

指　标	2023 年	2022 年	构　成	增　速
生活消费支出	27900	26832	100.0	4.0
（一）食品烟酒	9164	8925	32.8	2.7
（二）衣着	1925	1762	6.9	9.2
（三）居住	5968	6079	21.4	-1.8
（四）生活用品及服务	1695	1631	6.1	3.9
（五）交通通信	3170	2910	11.4	8.9
（六）教育文化娱乐	3109	2878	11.1	8.0
（七）医疗保健	2131	1934	7.6	10.2
（八）其他用品和服务	737	714	2.6	3.3

三、影响制约因素

（一）宏观经济压力仍在

2023 年是疫情防控政策调整后的第一年，国内经济回升向好，居民生活逐渐恢复，但受国内外经济环境日趋复杂和市场需求总体疲软等因素的影响，安徽省宏观经济压力依然仍在。2023 年，全省生产总值为 47050.6 亿元，按不变价格计算，比上年增长 5.8%，比前三季度下降 0.3 个百分点。从 PPI 数据看，2023 年安徽工业生产者出厂价格持续低位运行，比上年同期下降 3.4%；安徽城镇居民消费价格指数（CPI）上涨 0.1%，比上年同期低 2.0 个百分点，反映出在企业生产和居民生活两方面均存在发展动力不足的不利局面，对从根本上有效提升居民高质量就业，促进居民增收的支撑力度不够。

（二）工资性收入增收乏力

从近年数据看，虽然工资性收入是安徽城镇居民收入的主体，但其主体地位在逐渐下降，与 2015 年相比，安徽城镇居民工资性收入占可支配收入的比重由 62.8%下降到 60.0%，累计下降 2.8 个百分点。和全国平均水平相比，安徽省工资性收入 28466 元，比全国低 2856 元，较上年扩大 51 元，工资性收入偏低是安徽城镇居民人均可支配收入低于全国的主要原因，占收入差距的 65.3%。

（三）财产性收入贡献有限

财产性收入仍然是安徽城镇居民收入的短板。2023 年，全省城镇居民人均财产净收入比全国平均水平低 1354 元，相当于全国水平的 74.9%，增速比全国平均水平低 3.9 个百分点。城镇居民财产性收入主要来源是房产，占全部财产性收入九成以上，受房地产市场低迷的影响，房价下跌、房租下降，居民通过房产获得的收入明显下降，叠加存款利率下降等因素，导致财产性收入小幅下降。

（四）消费支出意愿不强

一是收入是影响消费的直接因素，消费增长最终取决于收入的增长。近三年受疫情影响，城镇居民收入增长放缓成为制约消费增长的主要因素。二是居民教育、养老、医疗等刚性支出负担较重，挤占文旅、

① 生存型消费包括食品烟酒、衣着、居住三类消费；发展享受型消费包括生活用品及服务、交通通信、教育文化娱乐、医疗保健、其他用品及服务五类消费。

汽车和家电等其他方面的消费支出，进一步抑制居民消费意愿。

四、增收形势预判

2024 年是新中国成立 75 周年，是实现“十四五”规划目标任务的关键一年，各级党委政府积极打造新发展格局，着力推动高质量发展，扩大内需、优化结构，不断增进民生福祉。但经济回升向好的同时，也面临严峻复杂的外部环境和各种困难挑战，国内消费市场需求不足、工资性收入增长乏力、财产性收入渠道单一等因素，依然制约安徽城镇居民收入快速增长。综合预判，后期全省城镇居民人均可支配收入仍将保持稳步增长，但增速低于 2023 年同期水平的可能性较大。

撰稿：冉　地

2023 年安徽居民消费价格总水平稳中略升

——2023 年度安徽居民消费价格运行情况分析

2023 年，受国内外经济环境日趋复杂和市场需求总体疲软的双重影响，安徽居民消费价格总水平整体上呈稳中略升态势。2023 年安徽居民消费价格指数（CPI）较上年上涨 0.2%，涨幅比上年低 1.8 个百分点；扣除食品和能源价格的核心 CPI 累计上涨 0.7%，涨幅比上年低 0.3 个百分点。2024 年随着商品服务持续恢复，CPI 预计呈温和上涨态势。

一、2023 年居民消费价格总水平运行总体情况

2023 年安徽居民消费价格较上年上涨 0.2%。分城乡看，城市上涨 0.1%，农村上涨 0.5%；食品价格下降 0.6%，非食品价格上涨 0.4%；消费品价格下降 0.2%，服务价格上涨 0.8%。

（一）月度环比小幅震荡，同比整体下行

从环比看，1 月受春节效应和疫情防控政策调整等因素影响，部分食品和服务的市场需求旺盛，价格上涨明显，拉动 CPI 环比上涨 1.0%；2—6 月，随着节日因素消退、市场供求关系转变以及国际因素影响，主要食品、交通和部分服务项目价格稳中趋降，居民消费价格总水平环比连续 5 个月下降，为 2016 年 3—6 月以来最长下降时段，降幅均在 0.3%以内；7—9 月，受猪价筑底反弹、暑假消费旺盛、国际油价上涨等因素影响，居民消费价格总水平环比连续三个月上涨。10—11 月，受天气偏暖农产品供应充足、国际油价下行和出行等服务消费需求季节性回落影响，猪肉、鲜菜等主要食品和旅行社收费、在外住宿等服务价格下降明显，居民消费价格总水平环比再次连续两个月下降。12 月受到雨雪天气影响，鲜菜鲜果等食品价格上涨，居民消费价格总水平环比由降转涨。

从同比看，受多月环比下降和上年基数较高的综合影响，同比呈现整体下行态势，连续多月低位运行（见图 1）。从 1 月上涨 1.8%逐渐下滑到 4 月下降 0.1%，此后始终处于较低水平。

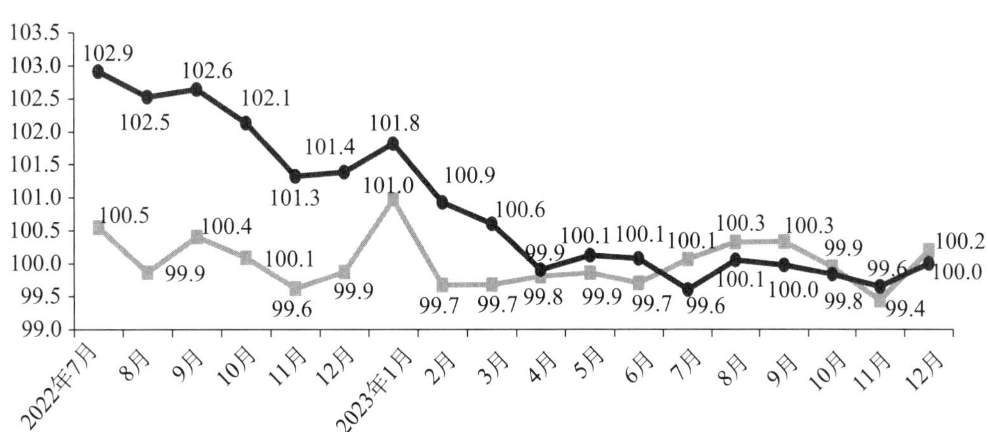

图 1　2022 年 7 月以来安徽居民消费价格环比和同比指数

（二）八大类价格“六涨两降”，核心 CPI 总体保持稳定

2023 年八大类商品及服务价格较上年呈现“六涨两降”态势。其中，教育文化娱乐价格上涨 2.0%，拉动 CPI 上涨约 0.22 个百分点；食品烟酒价格上涨 0.5%，拉动 CPI 上涨约 0.15 个百分点，上述两个类别是拉动 CPI 上涨的主要因素。受汽柴油价格同比回落和燃油小汽车、新能源小汽车降价促销活动频繁影响，

交通通信价格下降 2.5%，拉动 CPI 下降约 0.34 个百分点。

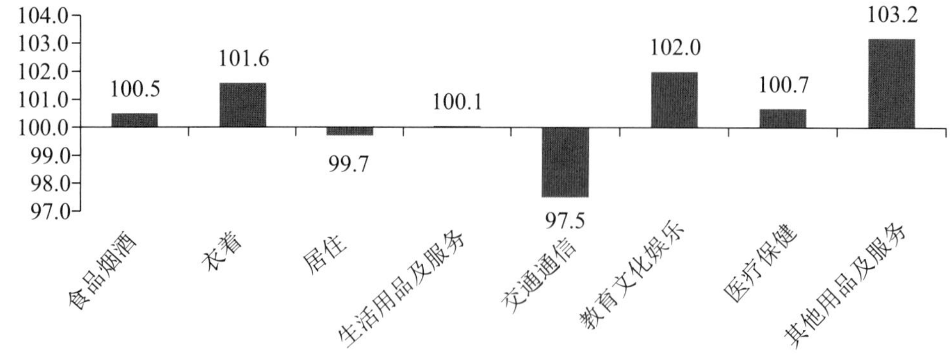

图 2　2023 年安徽八大类商品及服务价格累计指数

今年 CPI 持续低位运行，与食品和能源价格持续低位运行密切相关，而食品和能源价格受季节、天气、地缘政治等因素影响较大。剔除食品和能源价格的核心 CPI12 个月月度同比始终为正，涨幅均保持在 0.4 至 1.1 个百分点，累计上涨 0.7%，总体较为稳定，较上年略低 0.4 个百分点。

（三）走势与全国趋同，涨幅排名在全国处于中游位置

2023 年安徽居民消费价格总水平较上年上涨 0.2%，涨幅与全国平均水平相同。从月度环比、同比看，安徽与全国环同比走势基本吻合，涨跌幅度差距不大。按涨幅由高到低排序，在全国 31 个省（区、市）中，与湖南并列居第 16 位；在中部六省中，与湖南并列居第 2 位，比江西低 0.1 个百分点，比湖北、山西、河南分别高 0.1、0.3、0.4 个百分点；在长三角三省一市中，居第 4 位，比江苏、上海、浙江分别低 0.2、0.1、0.1 个百分点。

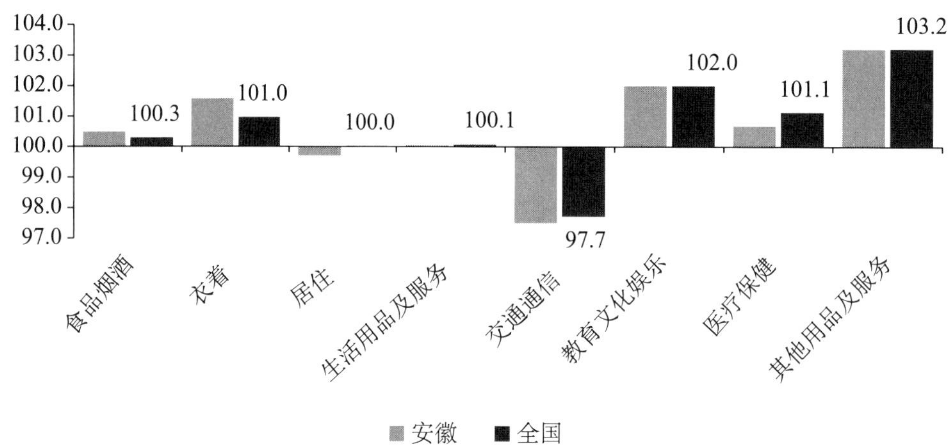

图 3　2023 年安徽与全国居民消费价格八大类商品及服务价格指数对比

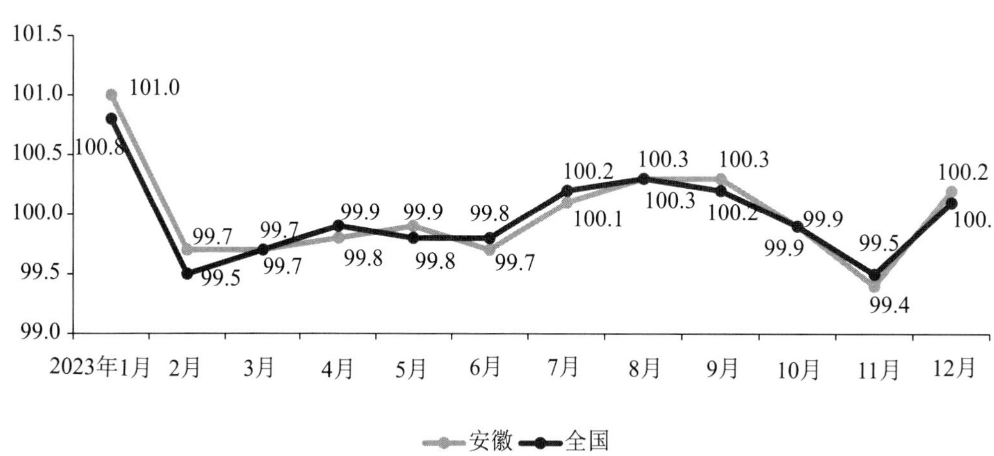

图 4　2023 年安徽与全国 CPI 环比指数对比

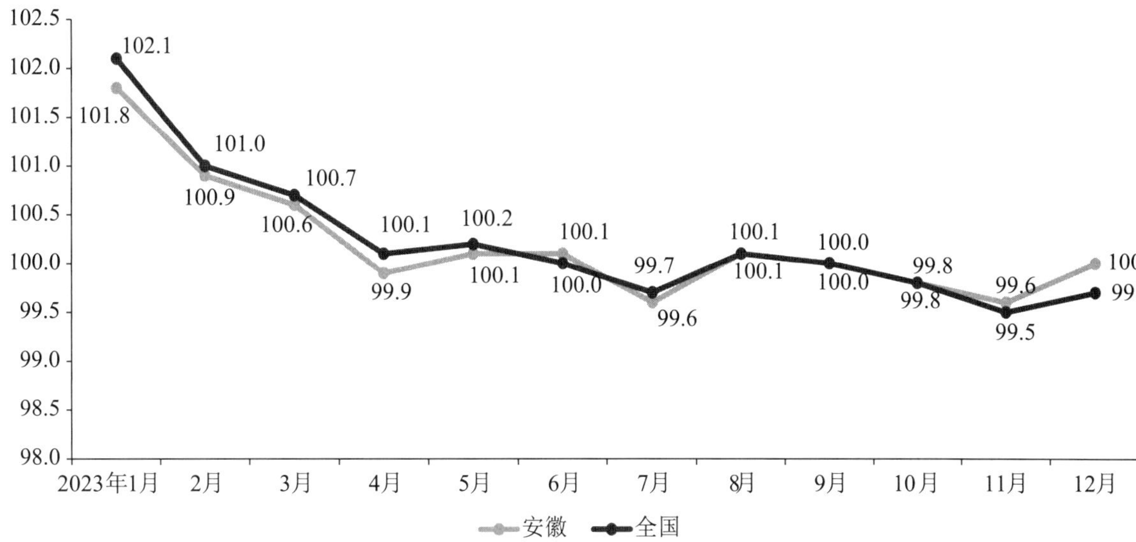

图 5　2023 年安徽与全国 CPI 同比指数对比

（四）翘尾与新涨价影响因素均较小

经测算，在今年 0.2%的涨幅中，上年价格变动的翘尾影响平均约为 0.05 个百分点，比上年低 0.64 个百分点；今年价格变动的新影响平均约为 0.16 个百分点，比上年低 1.17 个百分点。

二、重点商品和服务价格变动情况分析

（一）食品类价格涨幅总体回落

2023 年安徽食品价格较上年下降 0.6%，比上年回落 3.4 个百分点，影响 CPI 下降约 0.11 个百分点。分月来看，呈现震荡下行态势。其中，1 月同比上涨 6.0%，此后一路震荡下行，4 月同比仅上涨 0.1%，5—6 月同比涨幅略有扩大，7—12 月受主要食品供应充足和上年基数较高影响，同比再度转跌。主要食品价格变化情况如下：

1.猪肉价格连降 8 个月，稍有反弹后再度转降。上年 11 月至今，能繁母猪持续高于 4100 万头的正常保有量，繁育效率普遍明显提升，生猪存栏量及可供出栏生猪数量处于整体高位，但市场消费需求平淡，且存在明显季节性下滑特征，供过于求导致猪价持续低迷。安徽猪肉价格从 2022 年 11 月至 2023 年 6 月连续 8 个月环比下跌；7—9 月猪肉价格筑底反弹，环比分别上涨 0.8%、15.4%、0.3%；10—11 月，生猪市场需求不及预期，肉价再度转跌，环比分别下降 3.8%和 4.8%；12 月受腌腊需求上升影响，猪肉价格环比上涨 1.2%。同比由 2022 年 10 月上涨 58.1%下滑到 2023 年 6 月下降 11.4%，11 月同比降幅扩大到 33.4%，创 20 个月以来新低。2023 年安徽猪肉价格较上年下降 15.8%，降幅比上年扩大 11.4 个百分点，拉动 CPI 下降约 0.24 个百分点。

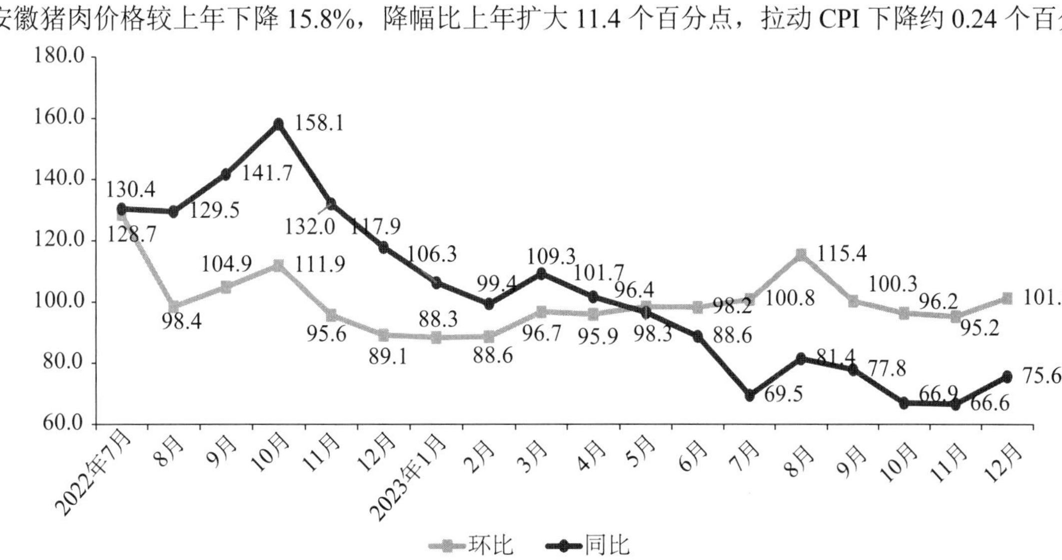

图 6　2022 年 7 月以来安徽猪肉价格环比和同比指数

2.鲜菜价格呈现季节性波动，整体小幅下降。2023 年鲜菜价格较上年下降 4.2%，拉动 CPI 下降约 0.09 个百分点。从环比看，1 月受天气及春节因素影响，价格环比上涨 30.2%；2—5 月，随着节日效应消退和气候转好，价格环比连续 4 个月下降；6 月受高温和暴雨天气影响，价格环比止跌小幅上涨；7—8 月天气适宜，安徽无明显高温、洪涝等气象灾害，本地鲜菜供应充足，价格环比连续 2 个月小幅下降；9 月连续阴雨天气导致本地蔬菜产量下降，且汽油涨价外地蔬菜运输成本增加，导致鲜菜价格略有上涨；10—11 月气温适宜，有利于蔬菜生长，菜价季节性下降；12 月受寒冷天气影响鲜菜价格有所上涨。从同比看，由于上年受疫情因素影响较大，基数较高，今年鲜菜价格同比整体下行，并随天气原因有所波动，其中，4 月份涨幅最低下降 19.3%，6 月份涨幅最高上涨 15.9%。

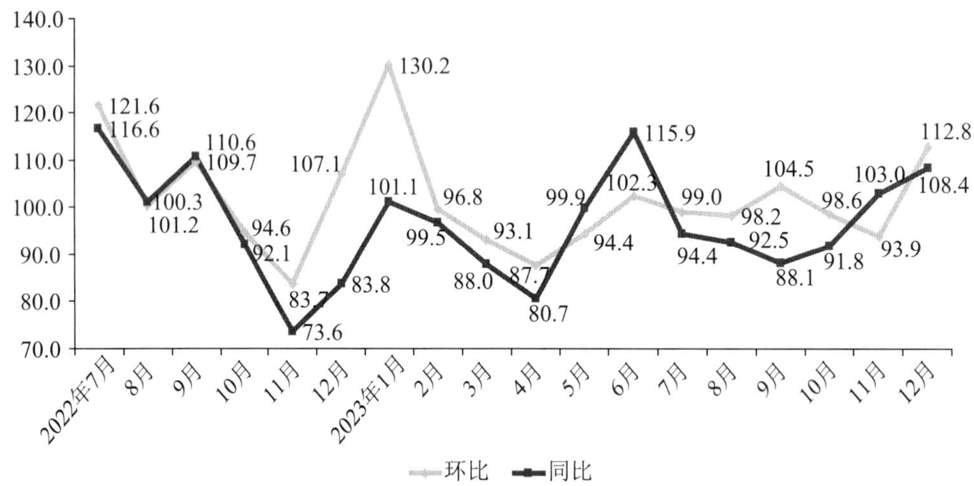

图 7　2022 年 7 月以来安徽鲜菜价格环比和同比指数

（二）工业消费品价格持续走低

2023 年工业消费品价格较上年下降 0.7%，涨幅较上年低 3.6 个百分点,拉动 CPI 下降约 0.25 个百分点。其中，受国际原油价格总体回落影响，汽、柴油价格分别下降 5.5%、6.0%，合计拉动 CPI 下降约 0.19 个百分点；受国家出台多项促汽车消费、稳行业增长措施，加之车企推出各项优惠促销活动影响，燃油小汽车价格下降 5.7%，拉动 CPI 下降约 0.15 个百分点。随着西方国家加息周期接近尾声、主权信用货币美元信誉的下降、多国央行继续增持黄金储备等影响，国际金价总体上行，带动金饰品价格高位运行，全年上涨 14.7%，拉动 CPI 上涨约 0.06 个百分点。药材质量标准提高推动种植成本上升，收益相对下降导致药农减少种植面积，叠加资本炒作人为囤货等因素，中药材价格出现大幅增长，全年上涨 19.6%，拉动 CPI 上涨约 0.02 个百分点。

（三）服务项目价格涨多跌少

随着年初经济社会全面恢复常态化运行，各类促消费政策落地显效，服务消费市场蓬勃发展，2023 年服务项目价格较上年上涨 0.8%，拉动 CPI 上涨约 0.31 个百分点。涨幅较大的类别有飞机票、旅行社收费、长途汽车、宠物服务等，涨幅分别为 23.3%、7.0%、6.3%和 5.6%。服务型行业人工成本上涨，居民出游需求持续扩大，各类服务消费场景恢复，服务需求得到较好释放，带动服务价格持续回升。

三、2024 年走势预判

从主要食品看，2023 年全国粮食总产量 13908.2 亿斤，比上年增加 177.6 亿斤，增长 1.3%，连续 9 年稳定在 1.3 万亿斤以上，再创历史新高，粮食供给保障能力稳步提升，目前我国粮食储备充足，供给稳定，粮食价格或将保持稳定。鲜菜、鲜果价格受季节性因素影响较大，冬季雨雪冰冻天气频繁，伴随春节临近等，预计价格将呈现季节性波动。受腌腊灌肠集中需求激增和春节的节日效应影响，猪肉消费进入传统旺季，肉价可能会小幅回升，但由于能繁母猪存栏量和冻品库存仍处于高位，未来半年内生猪供应相对充足，预计季节性消费回暖对猪价拉动作用有限，2024 年春节后需求回落或将导致猪价继续承压，小幅反弹不改中长期行业产能去化趋势，猪价距离真正的反转仍需时间。

从非食品项看，服务方面，随着服务消费场景进一步丰富，服务产业活力充分激发，伴随春节期间旅游探亲等出行需求激增，有望拉动服务项目价格继续小幅上涨。工业消费品方面，从国内看，居住类商品需求不振难以短期得到改善，居民消费能力和意愿仍有待提高，耐用消费品整体价格大概率维持较低水平。从国际看，美债名义利率见顶并开启回落是大概率事件，但是机构对于海外需求放缓的节奏、海外经济着陆的方式仍存在分歧，以原油为代表的大宗商品亦受到供给端的影响，特别是 OPEC+政策、地缘局势冲突，这些外在因素使得大宗商品特别是能源、黄金等价格变动的不确定性增加。

综上，结合翘尾因素和新涨价因素看，经测算安徽省 2023 年居民消费价格变动对 2024 年全年翘尾影响为-0.17 个百分点，随着输入性、周期性、季节性等因素有所改变，基数效应逐步减弱，商品服务需求持续恢复，未来新涨价动能将保持相对稳定，若无突发事件，2024 年 CPI 预计呈温和上涨态势。

撰稿：王　澜

2023 年安徽工业生产者出厂价格持续低位运行

受世界经济复苏乏力、国内有效需求不足、上年基数较高等因素影响，2023 年，安徽工业生产者出厂价格比上年下降 3.4%。

一、总体运行情况

（一）同比持续下降后有所反弹，环比以降为主

安徽工业生产者出厂价格同比自 2022 年 9 月下降后持续低位运行，上半年降幅逐月扩大，其中，6 月下降 5.3%，创 88 个月以来新低（2016 年 2 月同比下降 6.1%）。7 月环比降幅收窄，8—10 月维持上涨态势，8 月环比上涨 0.3%，创 16 个月以来环比最高涨幅；7—10 月同比降幅收窄，分别下降 4.7%、3.4%、2.9%、2.9%。11 月，受国际油价回落、部分工业品市场需求偏弱等因素影响，环比由涨转降，同比降幅扩大。12 月，部分工业品市场需求回暖，同比、环比降幅分别下降 3.1%、0.2%。

（二）在全国排位居中

2023 年，安徽工业生产者出厂价格比上年下降 3.4%，低于全国 0.4 个百分点。在全国排 18 位，与江西、辽宁并列；中部六省中第 4 位，与江西并列，低于湖南（-1.5%）、河南（-2.6%）、湖北（-2.6%），高于山西（-8.7%）；长三角中第 4 位，低于上海（-0.3%）、浙江（-2.7%）、江苏（-3.3%）。

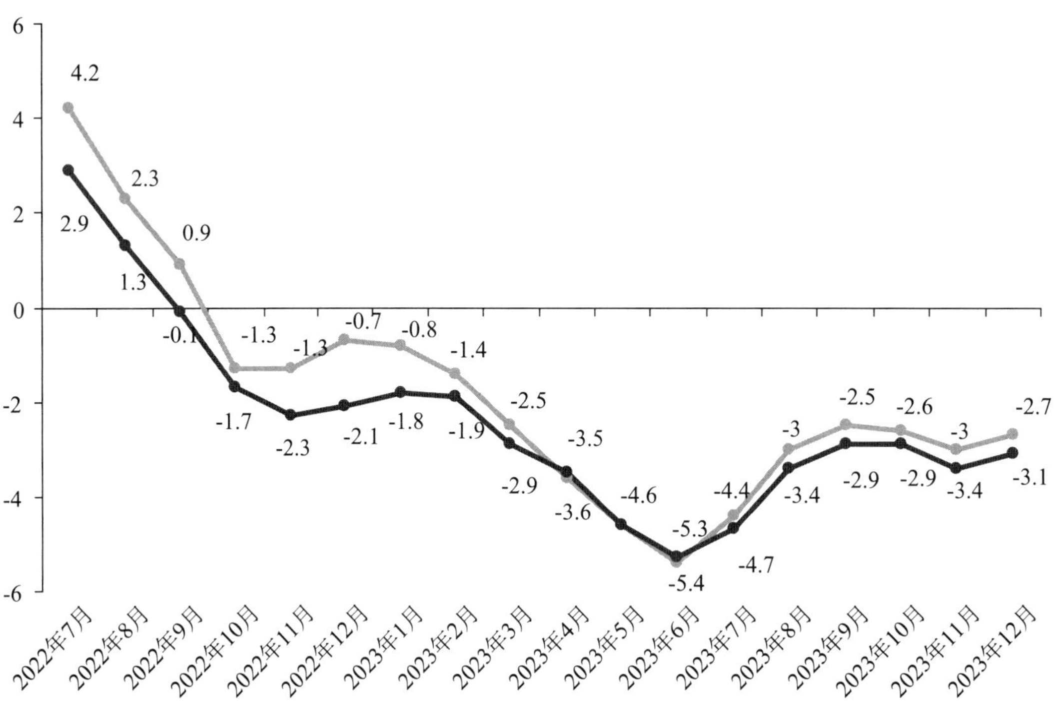

图 1　安徽与全国各月工业生产者出厂价格同比涨跌幅

（三）生产资料价格下降带动工业生产者出厂价格下行

2023 年，上游生产资料价格回落明显，比上年下降 4.6%，影响工业生产者出厂价格总水平下降约 3.33

个百分点，采掘、原材料、加工工业价格全面下降，降幅分别为6.2%、4.6%、4.5%。下游生活资料价格下降0.2%，影响工业生产者出厂价格总水平下降约0.04个百分点，其中耐用消费品价格下降3.0%，食品、衣着、一般日用品价格分别上涨0.8%、4.2%、0.1%。

（四）超六成大类行业出厂价格下降

2023年，调查的37个行业中，23个行业价格下降，下降面为62.2%。水泥等非金属矿物制品业、化学原料和化学制品制造业、“三黑一色”、电气机械和器材制造业、计算机、通信和其他电子设备制造业等价格下降较多，对工业生产者出厂价格总水平影响效果显著。电力热力生产和供应业、纺织服装服饰业等行业价格韧性较强，对工业生产者出厂价格总水平有一定程度的拉升作用（见表1）。

表1　2023年安徽工业生产者出厂价格变动主要影响行业

单位：%

代码	项目名称	价格涨跌率	对总指数影响
300000	非金属矿物制品业	-11.8	-0.90
260000	化学原料和化学制品制造业	-11.6	-0.77
380000	电气机械和器材制造业	-4.2	-0.43
310000	黑色金属冶炼和压延加工业	-9.7	-0.38
390000	计算机、通信和其他电子设备制造业	-2.7	-0.20
060000	煤炭开采和洗选业	-8.2	-0.18
250000	石油、煤炭及其他燃料加工业	-9.3	-0.18
330000	金属制品业	-4.0	-0.15
320000	有色金属冶炼和压延加工业	-2.7	-0.15
290000	橡胶和塑料制品业	-3.2	-0.12
180000	纺织服装、服饰业	4.5	0.10
440000	电力、热力生产和供应业	2.1	0.12

（五）新涨价、翘尾因素影响均为负值

上年基数相对较高，翘尾因素影响约为-1.6个百分点，今年以来各月价格环比以降为主，今年价格变动的新影响约为-1.8个百分点，对工业生产者出厂价格总水平的贡献率为52.9%。

（六）工业生产者购进价格降幅更大

2023年，安徽工业生产者购进价格比上年下降4.9%。调查的九大类购进价格全面下降，其中化工原料类、建筑材料及非金属类、燃料、动力类、黑色金属材料类价格下降明显，降幅分别为-10.0%、-9.9%、-7.9%、-7.7%。

二、影响PPI变动的主要因素分析

工业生产者出厂价格持续低位运行，除上年同期对比基数较高外，主要受三方面因素影响。

（一）全球经济复苏动力不足，贸易壁垒加大出口压力

全球通货膨胀持续、金融市场动荡、债务压力上升，世界经济复苏乏力，海外市场需求不足，出口低迷。截至2023年12月，全国工业出口交货值已连续8个月同比下降，中国制造业PMI新出口订单指数已连续9个月位于荣枯线以下。另一方面，贸易壁垒高筑。美国加大对华遏制，欧盟抬高国内电池入欧门槛，印度等对产业链供应链“就近化”“多元化”“属地化”调整，部分行业出口压力加大。2023年，安徽光伏设备及元器件制造、集成电路制造、半导体分立器件制造、半导体照明器件制造价格比上年分别下降16.6%、7.6%、4.4%、2.5%。

（二）国际大宗商品价格下行，带动国内相关行业价格走低

今年以来，国际原油、部分有色金属、橡胶等大宗商品价格震荡下行，带动国内石油加工、有色金属以及化工等行业价格走低。2023 年，安徽化学原料和化学制品制造业、石油、煤炭及其他燃料加工业、橡胶和塑料制品业、化学纤维制造业、有色金属冶炼和压延加工业价格比上年分别下降 11.6%、9.3%、3.2%、2.9%、2.7%。

（三）国内有效需求不足，房地产尚在筑底徘徊

市场有效需求不足、部分行业产能过剩、社会预期偏弱，国内经济大循环存在堵点，经济回升向好基础尚不牢固。经济弱复苏拖累用电增长，电煤需求不足，煤价承压持续下行，2023 年，安徽煤炭开采和洗选业价格比上年下降 8.2%。原材料价格走低，终端市场需求不振，安徽智能消费设备制造、锂离子电池制造价格比上年分别下降 8.5%、6.4%。房地产销售和资金到位情况依然严峻，影响下游多个行业发展，钢铁、水泥等建筑材料价格大幅下跌，安徽非金属矿物制品业、黑色金属冶炼和压延加工业价格比上年分别下降 11.8%、9.7%。

三、2024 年走势预判

国内经济逐步回升向好，下游消费有望持续恢复，政府加大对基础设施和重点领域投资，将一定程度拉动建筑、采矿、上游基础原材料等市场需求，相关行业价格存在回升的动力。但 2024 年的全球经济增长动能偏弱，国内经济内生动力仍显不足，经济回升向好仍存在一些困难和挑战，有效需求不足问题将长期存在。2023 年 12 月，我国制造业采购经理指数、新订单指数已连续三个月位于荣枯线以下，说明市场需求依然不足。从翘尾因素看，负向拉动作用仍强，2024 年全年受 2023 年翘尾因素影响约为-1.3 个百分点。综合来看，2024 年工业生产者出厂价格总水平仍将保持低位运行态势，但降幅较 2023 年可能会有所收窄。

撰稿：伍曼琪

2023 年四季度安徽四大类农产品生产价格指数“三降一涨”

四季度，安徽农产品生产者价格总指数为 95.71，价格总水平同比下降 4.29%。农、林、牧、渔四大类农产品生产价格指数“三降一涨”，其中，农业产品价格下降 2.34%，林业产品价格下降 2.71%，饲养动物及产品价格下降 15.94%，渔业产品价格上涨 1.22%。

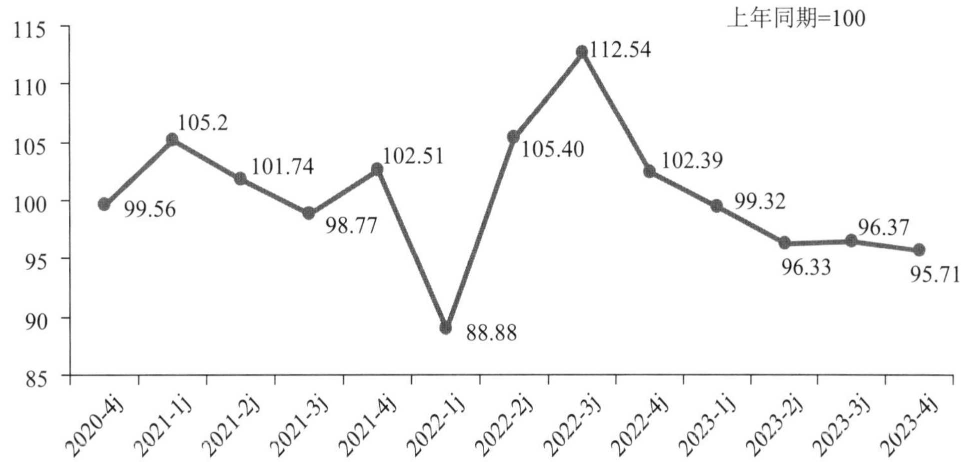

图 1　安徽农产品生产者价格指数走势

一、农业产品价格小幅下降

四季度，安徽农业产品价格下降 2.34%，调查的 10 个主要产品类别“六降三涨一平”。

（一）三大粮食作物生产价格“一涨两降”

四季度，谷物价格同比下降 0.62%。分品种看，稻谷上涨 2.49%，小麦下降 9.07%，玉米下降 4.52%。

稻谷价格上涨。一是去年部分地区水稻受到高温干旱影响品质差，而今年水稻在生长期未遇干旱，品质比去年高。二是一些粮食企业因去年水稻品质差导致储备不足，今年补充储备，粮食加工企业和粮食经纪人大量收购，需求量增加。三是今年国家稻谷最低收购价较去年提高。四是一些种植户惜售待涨。

小麦价格降幅较大。一是去年小麦大丰收，市场小麦存量多。二是今年安徽各地小麦种植面积明显增长，生长期天气状况较好，小麦市场供给量增加。三是今年小麦收获期遇到阴雨天气，导致部分小麦品质较去年下降，企业收购较为谨慎，许多粮食购销大户利润下降，收购积极性不高。

玉米价格下降。一是今年玉米丰收，产量大，导致市场供给量增加。二是新玉米的集中入市影响了市场情绪，市场看跌心态明显加深，带动玉米价格下跌。三是“非洲猪瘟”疫情发酵，导致猪价下跌，带动玉米等饲料价格下跌。

（二）油料价格小幅上涨

四季度，油料价格上涨 2.56%。其中，花生价格上涨 1.85%，油茶籽（油料）价格上涨 9.36%。

（三）豆类价格大幅下降

四季度，大豆生产价格下降 5.04%。主要原因是 2023 年中央一号文件要求“加力扩种大豆油料。深入推进大豆和油料产能提升工程。”各地政策落实力度大，大豆种植面积扩大，收成好，产量显著增加，市场供大于求。

（四）蔬菜价格小幅下降

四季度，蔬菜及食用菌价格下降3.55%。其中，蔬菜价格下降3.63%，食用菌微涨0.30%。蔬菜中分类别看，莴苣及菊苣类、甘蓝类、豆类、水生蔬菜价格分别上涨 1.89%、8.85%、9.51%、15.55%，叶菜类、瓜菜类、茄果类、白菜类、葱蒜类、根茎类蔬菜价格分别下降1.74%、4.60%、6.44%、7.11%、9.42%、9.94%；分品种看，结球莴苣（包心生菜）、四季豆、乌塌菜等涨幅较大，水萝卜、白萝卜、菜心（菜薹）、青椒、普通白菜、细香葱、苋菜、菜花等降幅较大。

超三分之二的蔬菜品种价格下降：一是去年蔬菜价格居高不下，今年种植户种植面积扩大，导致供大于求。二是去年夏季持续高温干旱，今年气候适宜、降雨适度，有利蔬菜生产，蔬菜产量较高。三是去年同期蔬菜的生产和运输都受到了疫情影响，价格位于高位，导致基期价格偏高。

（五）水果及坚果价格大幅下降

四季度，水果及坚果生产价格下降8.87%。其中，水果价格下降12.91%，食用坚果价格上涨5.87%。

（六）茶叶价格微涨

四季度全省茶叶价格上涨0.27%。主要原因是四季度茶叶市场行情整体表现平稳，价格波动不大。

（七）中草药材类价格基本持平

四季度中草药材价格微涨0.09%。

二、林业产品价格小幅下降

四季度，林业产品价格小幅下降2.71%。其中，苗木类价格下降0.67%，木材价格下降3.93%，竹材价格下降0.37%，林产品价格持平。

苗木类不同品种价格涨跌不一，呈现低位波动状态，涨跌幅度都不大，除冬青树类树苗下降2.77%外，其余品种涨跌幅度均不超过1.82%。一是市场行情变差。由于建筑行业的萧条，房地产行业对苗木的需求量下降，导致苗木市场供过于求。二是去年气候干旱影响程度大，苗木行业产量低，今年苗木的产量较去年提高。

毛竹价格波动不大。近年行业遇冷，市场需求减少，毛竹价格持续低迷。

三、饲养动物及产品价格降幅较大

四季度，饲养动物及其产品价格下降15.94%。调查的3个产品类别“一涨两降”，分化明显。其中，活牲畜价格下降27.16%，活家禽价格上涨0.85%，畜禽产品价格下降3.57%。

（一）猪牛羊价格全部下降

活牲畜中，生猪价格大幅下降30.06%，牛价格下降8.85%，羊价格下降15.78%。

生猪价格自去年11月开始，持续走低至今年7月底，之后有所反弹，持续到8月中下旬后，掉头走低震荡。生猪价格同比大幅下降。一是上轮猪周期，生猪产能规模扩大较多，后期虽有调整但仍较大。二是去年同期处在上轮猪周期的高位，且包含上轮猪周期的最高点，猪价位于高位，导致对比基期水平很高。三是部分地区生猪疫病风险较为突出，造成养殖户恐慌性出栏较多，散户抛售情绪尤为明显，出现跟栏现象，导致市场上供应量加大。四是居民消费比较谨慎，购买量明显减少，消费需求提振乏力，猪肉市场供过于求趋势延续，价格持续走弱。

牛羊价格降幅较大。一是近几年牛羊养殖利润高，养殖市场火热，导致存栏量不断增加，市场供应增加。二是部分龙头企业扩大生产，规模化养殖成本降低，出售价格也随之降低。三是豆粕饲料价格回落，饲料成本价格下降。四是四季度生猪价格持续回落，带动了牛羊等肉类价格下降。五是国家肉类进口量增加，对国内市场产生冲击，对牛羊价格影响较大。六是市场情绪低迷和贸易商购进量较少，带来连锁影响。

（二）家禽价格略有上涨，畜禽产品价格小幅下降

四季度，活家禽价格上涨0.85%，其中，活鸡价格小幅上涨1.47%，活鸭价格大幅下降6.63%。畜禽产

品价格下降3.57%，其中，鸡蛋下降5.80%，鸭蛋下降5.68%，蚕茧上涨5.90%。

活家禽价格分化明显。一是受疫情持续多年的影响，有部分养殖户已退出，养殖量有所下降，导致供应量减少。二是对比基期因素的影响。去年夏季持续高温干旱，对活鸭养殖冲击较大，供应量大幅减少，活鸭价格高。去年同期鸭价处在高位，导致基期水平很高。三是替代品生猪价格在四季度持续回落，对家禽价格有一定的压制。四是餐饮市场回暖低于预期，市场消费需求总体平淡。

禽蛋价格下降。一是去年以来蛋鸡养殖行业未发生较大的疫情，蛋鸡养殖规模有所扩大，鸡蛋供应面逐渐宽松。二是去年鲜鸭蛋价格连续上涨，不少养殖户收益颇丰，今年便扩大了养殖规模，另有跟风养殖，鸭蛋产能提高。三是消费需求疲软，导致禽蛋经销商为规避经营风险，多以消化内部库存为主，缩减收购量，进一步压低了禽蛋价格。四是饲料成本下降，产蛋成本降低，对蛋价的支撑力减弱。

四、渔业产品价格小幅上涨

四季度，全省渔业产品价格上涨1.22%。其中养殖淡水鱼价格下降2.00%；淡水养殖虾价格上涨9.23%，淡水养殖蟹价格上涨10.84%，淡水养殖鳖价格下降2.91%。

养殖淡水鱼价格下降，但不同品种涨跌不一，涨少跌多。一是疫情政策放开后，水产养殖恢复正常并走向平稳，养殖户积极补苗，供应量增大，人们短期囤货需求减少，市场整体呈现供大于求局面，导致价格有所下跌。二是经济下行风险压力大，居民收入降低，市场总体消费低迷，餐饮需求量不大，对鱼类价格支撑弱。三是猪牛羊肉价格大幅下降，养殖淡水鱼的替代消费作用减弱，带动价格走低。

淡水养殖青虾价格上涨较多。一是去年青虾、螃蟹混养因高温干旱导致螃蟹死亡率高，因而今年很多螃蟹养殖户放弃在蟹塘养殖青虾的模式，养殖量降低。二是去年夏季的极端高温天气，使得水中的氧气含量减少，虾类水产品生病死亡较多，产量下降，不少养殖户退出市场，加上部分养殖水面退渔还耕，养殖面积减少，导致供应量减少。三是中秋国庆两节正处于本次调查期，市场需求增加。

淡水养殖蟹价格上涨明显。一是去年持续高温干旱，水质较差，部分养殖户河蟹质量较往年差，螃蟹价格上不去。二是去年同期受疫情影响，销路不畅，今年螃蟹市场较好，需求量较大，供不应求，价格涨幅较大。三是对比基期节日错位因素的影响。中秋节历来是螃蟹消费的旺季，今年中秋节的9月29日正处于本次调查期，而去年中秋节的9月10日比今年早20天左右，不在去年对应的调查期中，从而导致对比基期价格偏低。

撰稿：张军锋

1-1 部分调查指标总量

指　标	Item	单位	Unit
主要农产品产量	**Output of Major Farm Products**	**万吨**	**10 000 tons**
粮食	Grain		
猪肉	Pork		
牛肉	Beef		
羊肉	Mutton		
禽肉	Poultry		
禽蛋	Poultry Eggs		
城乡居民生活	**Family, People's Livelihood and Housing**		
家庭	Family		
城镇居民平均每户家庭人口	Average Household Size in Urban Areas	人	person
农村居民平均每户家庭人口	Average Household Size in Rural Areas	人	person
居住	Housing		
城镇常住居民人均住房建筑面积	Net Floor Space per Capita of Urban Residents	平方米	sq.m
农村常住居民人均住房建筑面积	Net Floor Space per Capita of Rural Residents	平方米	sq.m
生活	People's Livelihood		
城镇常住居民人均可支配收入	Annual Disposable Income per Capita of Urban Residents	元	yuan
农村常住居民人均可支配收入	Annual Disposable Income per Capita of Rural Residents	元	yuan
物价(上年=100)	**Price (preceding year = 100)**		
居民消费价格指数	Consumer Price Index		
商品零售价格总指数	Retail Price Index		
工业生产者出厂价格指数	Producer Price Index for Industrial Products		
工业生产者购进价格指数	Purchasing Price Indices for Industrial Producers		

Main Aggregate Indicators of Sample Survey

总量指标 Aggregate Data								
1978	1990	2000	2010	2015	2020	2021	2022	2023
1482.0	2457.2	2472.1	3207.7	4077.2	4019.2	4087.6	4100.1	4150.8
			234.9	249.8	183.4	238.7	248.3	262.4
			13.6	8.3	9.9	11.2	11.7	11.7
			11.4	10.3	20.7	21.9	22.5	22.0
			110.8	145.0	181.1	183.4	191.8	199.7
			126.7	155.0	184.2	177.1	186.7	206.3
		3.1	2.8	2.9	3.0	3.0	3.1	2.9
			4.0	3.0	3.1	3.1	3.1	3.2
				34.7	42.1	42.3	42.4	39.8
				46.8	54.6	54.7	54.7	49.6
				26935.8	39442.1	43008.7	45133.2	47445.9
				10820.7	16620.2	18371.7	19574.9	21143.9
	102.7	100.7	103.1	101.3	102.7	100.9	102.0	100.2
100.0	101.9	98.0	103.2	99.7	101.6	101.6	102.7	
		98.9	109.0	93.9	99.1	107.7	103.2	96.6
		102.6	111.8	93.5	98.5	111.5	104.0	95.1

主要指标解释

粮食产量　指农业生产经营者日历年度内生产的全部粮食数量。按收获季节包括夏收粮食、早稻和秋收粮食，按作物品种包括谷物、薯类和豆类。其中谷物包括小麦、玉米、早稻、中稻和一季晚稻、双季晚稻、大麦、高粱、谷子、荞麦等禾本科和蓼科粮食作物；薯类只包括马铃薯、甘薯，木薯统计在其他农作物，芋头等其他薯统计在其他蔬菜；豆类包括大豆、绿豆、红小豆、杂豆等。谷物产量按脱粒后的原粮计算，薯类按鲜薯重量的5∶1折算，豆类按去豆荚后的干豆计算。

可支配收入　指调查户在调查期内获得的、可用于最终消费支出和储蓄的总和，即调查户可以用来自由支配的收入。可支配收入既包括现金，也包括实物收入。按照收入的来源，可支配收入包含四项，分别为：工资性收入、经营净收入、财产净收入和转移净收入。按居民类型划分，有居民可支配收入、城镇常住居民可支配收入、农村常住居民可支配收入。

居民消费价格指数（CPI）　反映一定时期内居民所消费商品及服务项目的价格水平变动趋势和变动程度。居民消费价格水平的变动率在一定程度上反映了通货膨胀（或紧缩）的程度。编制居民消费价格指数的目的，是了解全国各地价格变动的基本情况，分析研究价格变动对社会经济和居民生活的影响，满足各级政府制定政策和计划、进行宏观调控的需要，以及为国民经济核算提供参考依据。

工业生产者价格指数　包括工业企业产品第一次出售时的出厂价格（简称工业生产者出厂价格）和企业作为中间投入的原材料、燃料、动力购进价格（简称工业生产者购进价格）。工业生产者价格调查的目的在于及时、准确、科学地反映各工业行业产品价格水平及其变动趋势和幅度，为国民经济核算、计算工业发展速度、宏观经济分析和调控、理顺价格体系等提供科学、准确的依据。

2

农业调查

Chapter 2 Agricultural Survey

简要说明

一、本篇资料内容主要包括农村社会经济主要指标，主要年份粮食作物播种面积、粮食作物总产量，畜牧业生产情况等。

二、粮食作物播种面积及产量调查根据国家统计局《农林牧渔业统计报表制度》，由安徽调查总队组织实施，目前抽选的调查县为65个。

三、畜牧业生产情况调查根据国家统计局《农林牧渔业统计报表制度》，由安徽调查总队组织实施，主要畜禽按照抽样调查方案实行分季监测调查，生猪调出大县实行月度监测调查与季度监测调查相结合。

本版编辑：张军锋、赵亚鹏、关向明、郝　黎

2-1 历年农业生产情况
Sown Area and Output of Agriculture in Main Years

年 份 Year	播种面积 (千公顷) Sown Area (1000 hectares)	#粮食 Grain Crops	粮食产量 (万吨) Output of Grain Crops (10000 tons)	#小麦 Wheat	稻谷 Rice
1978	8013.0	6186.7	1482.0	279.0	856.5
1979	8005.0	6288.0	1609.5	390.0	889.5
1980	7740.0	6025.9	1454.0	340.5	773.0
1981	7880.0	6024.2	1787.5	435.5	945.0
1982	8007.0	6032.7	1933.0	554.0	1043.5
1983	7895.0	6085.8	2010.5	572.5	960.0
1984	7967.0	6192.3	2202.5	646.5	1136.0
1985	8186.0	5898.6	2168.0	605.9	1162.9
1986	8163.0	6051.6	2371.9	656.6	1222.3
1987	8372.0	6151.0	2432.6	717.9	1189.2
1988	8169.0	6155.1	2296.4	677.5	1159.7
1989	8239.0	6203.8	2383.5	591.8	1282.6
1990	8314.0	6246.1	2457.2	598.0	1340.1
1991	8196.0	5954.5	1781.5	315.4	1058.0
1992	8155.0	5873.0	2325.1	611.8	1223.5
1993	8265.0	6038.2	2569.9	716.9	1248.6
1994	8264.0	5796.5	2330.3	710.2	1187.5
1995	8354.0	5852.5	2580.7	699.1	1269.9
1996	8361.5	6029.0	2674.1	748.3	1327.4
1997	8488.9	6030.6	2802.7	941.2	1290.2
1998	8564.2	5991.0	2591.0	599.1	1390.2
1999	8582.1	5934.9	2771.2	852.5	1300.6
2000	9005.8	6183.8	2472.1	707.1	1221.6
2001	8733.1	5841.7	2500.3	741.9	1174.3
2002	8997.6	6091.9	2765.0	683.7	1327.5
2003	9124.7	6157.2	2214.8	642.8	963.7
2004	9200.4	6312.2	2743.0	790.1	1292.1
2005	9172.5	6410.9	2605.3	808.1	1250.8
2006	8790.0	6443.4	2853.7	1039.0	1333.1
2007	8210.5	6596.4	2974.0	1179.8	1356.9
2008	8354.9	6710.5	3140.9	1259.2	1406.9
2009	8576.1	6938.1	3168.9	1187.8	1470.9
2010	8579.3	6947.7	3207.7	1242.4	1440.2
2011	8582.9	6991.0	3314.0	1294.5	1450.7
2012	8537.4	6988.7	3542.9	1423.3	1466.7
2013	8545.2	7044.6	3540.9	1460.6	1426.6
2014	8669.4	7183.6	3830.5	1581.1	1523.6
2015	8780.8	7280.7	4077.2	1661.1	1616.8
2016	8790.1	7359.0	3961.8	1635.5	1570.0
2017	8726.7	7321.8	4019.7	1644.5	1647.5
2018	8771.1	7316.3	4007.3	1607.5	1681.2
2019	8782.0	7287.0	4054.0	1656.9	1630.0
2020	8818.0	7289.5	4019.2	1671.7	1560.5
2021	8886.8	7309.6	4087.6	1699.7	1590.4
2022	8933.6	7314.2	4100.1	1722.3	1583.4
2023		7334.5	4150.8	1740.7	1609.8

2-2 粮食播种面积

Total Sown Area of Grain Crops

单位：千公顷 (1 000 hectares)

指　　标	Item	2020	2021	2022	2023
粮食作物总计	**Grain Crops**	**7289.5**	**7309.6**	**7314.2**	**7334.5**
其中：夏收粮食	of Which: Summer Grain	2826.0	2846.6	2849.9	2863.3
秋收粮食	Autumn Grain	3587.7	4292.1	4292.9	4300.0
(一)谷物	Cereals	6584.0	6622.8	6595.8	6594.4
1.稻谷	Rice	2512.1	2512.2	2496.5	2500.7
(1)早稻	Early-season Rice	170.3	170.9	171.4	171.2
(2)中稻和一季晚稻	Semilate Rice and Single-crop Late Rice	2162.6	2163.4	2143.9	2148.4
(3)双季晚稻	Double-crop Late Rice	179.2	177.9	181.1	181.0
2.小麦	Wheat	2825.2	2846.0	2849.4	2862.7
3.玉米	Corn	1234.8	1252.7	1228.9	1209.6
4.谷子	Millet	1.4	1.3	2.1	2.2
5.高粱	Jowar	6.1	6.5	12.8	13.1
6.其他谷物	Other Cereals	4.4	4.1	6.1	6.1
其中：大麦	of Which: Barley	0.8	0.6	0.6	0.6
(二)豆类	Beans	642.0	627.1	654.2	675.3
大豆	Soybean	605.1	587.2	610.7	631.5
绿豆	Mung Bean	30.5	33.0	35.9	36.2
红小豆	Red Bean	6.4	6.9	7.6	7.6
(三)薯类	Tubers	63.5	59.7	64.2	64.8
其中：马铃薯	of Which: Potato	4.6	4.2	4.4	4.6

2-3　主要粮食作物总产量
Output of Main Grain Crops

单位：万吨　　(10 000 tons)

指　　标	Item	2020	2021	2022	2023
粮食作物总计	**Grain Crops**	**4019.2**	**4087.6**	**4100.1**	**4150.8**
其中：夏收粮食	of Which:Summer Grain	1671.9	1699.9	1722.4	1740.8
秋收粮食	Autumn Grain	2138.8	2288.5	2276.6	2308.4
(一)谷物	Cereals	3901.9	3973.6	3980.0	4026.7
1.稻谷	Rice	1560.5	1590.4	1583.4	1609.8
(1)早稻	Early-season Rice	91.2	99.2	101.1	101.5
(2)中稻和一季晚稻	Semilate Rice and Single-crop Late Rice	1372.5	1395.0	1380.7	1406.8
(3)双季晚稻	Double-crop Late Rice	96.8	96.2	101.6	101.5
2.小麦	Wheat	1671.7	1699.7	1722.3	1740.7
3.玉米	Corn	663.2	677.5	663.4	665.1
4.谷子	Millet	0.8	0.3	0.6	0.6
5.高粱	Jowar	3.4	3.6	7.2	7.4
6.其他谷物	Other Cereals	2.2	2.1	3.1	3.2
其中：大麦	Barley	0.2	0.1	0.1	0.1
(二)豆类	Beans	98.1	95.9	99.9	103.7
大豆	Soybean	92.9	90.9	94.2	97.8
绿豆	Mung Bean	4.2	4.0	4.6	4.8
红小豆	Red Bean	1.0	1.0	1.1	1.1
(三)薯类(折粮)	Tubers	19.2	18.1	20.2	20.4
其中：马铃薯	of Which: Potato	1.3	1.3	1.5	1.6

2-4 各市、县(市、区)主要粮食作物播种面积(2023年)

Sown Area of Main Grain Crops by Region (2023)

单位：千公顷 (1 000 hectares)

地 区	Region	粮食作物播种面积 Sown Area of Grain Crops	谷 物 Cereals	#稻 谷 Rice	小 麦 Wheat	玉 米 Corn	豆 类 Beans	薯 类 Tubers
总 计	**Total**	**7334.46**	**6594.37**	**2500.69**	**2862.70**	**1209.61**	**675.31**	**64.78**
合 肥 市	**Hefei City**	**527.01**	**506.17**	**355.27**	**129.53**	**19.25**	**16.26**	**4.59**
合肥市市辖区	Hefei Region of City	12.95	12.79	10.46	2.18	0.15	0.16	
瑶海区	Yaohai District							
庐阳区	Luyang District	0.08	0.08	0.07		…		
蜀山区	Shushan District	3.84	3.79	2.01	1.66	0.12	0.05	
包河区	Baohe District	0.03	0.03	0.03				
长丰县	Changfeng	115.76	110.57	70.78	34.48	3.26	3.55	1.63
肥东县	Feidong	111.88	105.61	76.22	24.28	5.12	5.14	1.13
肥西县	Feixi	74.54	71.24	53.48	16.91	0.78	3.06	0.25
庐江县	Lujiang	132.16	127.85	91.23	31.44	5.17	3.03	1.29
巢湖市	Chaohu	75.78	74.21	50.99	18.57	4.65	1.27	0.29
芜 湖 市	**Wuhu City**	**223.61**	**213.72**	**160.50**	**43.58**	**9.64**	**7.86**	**2.03**
芜湖市市辖区	Wuhu Region of City	1.31	1.26	1.09	0.14	0.04	0.05	
镜湖区	Jinghu District	5.74	5.66	3.93	1.64	0.09	0.08	
弋江区	Yijiang District	4.83	4.82	3.94	0.88		0.01	
鸠江区	Jiujiang District	20.57	18.22	10.45	6.24	1.53	2.26	0.09
三山经开区	Sanshan Economic Development Zone	4.41	4.10	3.49	0.19	0.42	0.29	0.02
繁昌区	Fanchang District	15.63	14.82	12.90	1.79	0.14	0.74	0.07
湾沚区	Wanzhi District	31.33	30.23	19.19	10.29	0.74	0.71	0.39
南陵县	Nanling	57.12	55.45	49.59	3.75	2.11	1.36	0.32
无为市	Wuwei	82.66	79.16	55.91	18.67	4.58	2.36	1.15
蚌 埠 市	**Bengbu City**	**522.91**	**492.75**	**104.67**	**254.68**	**126.20**	**28.81**	**1.35**
蚌埠市市辖区	Bengbu Region of City	11.16	9.40	2.10	5.25	2.04	1.70	0.06
龙子湖区	Longzihu District	3.27	3.18	1.26	1.78	0.14	0.08	
蚌山区	Bengshan District	3.87	3.79	0.86	2.82	0.11	0.08	
禹会区	Yuhui District	13.71	11.85	2.36	5.03	4.32	1.86	…
淮上区	Huaishang District	31.84	28.82	10.83	12.77	5.21	3.03	
怀远县	Huaiyuan	227.10	220.30	55.73	112.88	48.80	6.72	0.07
五河县	Wuhe	118.89	106.20	30.52	56.43	18.16	12.31	0.38
固镇县	Guzhen	113.08	109.21	1.01	57.71	47.41	3.03	0.84
淮 南 市	**Huainan City**	**530.45**	**506.32**	**280.23**	**215.03**	**11.06**	**22.74**	**1.39**
谢家集区	Xiejiaji District	21.50	20.66	13.89	6.40	0.37	0.80	0.04
八公山区	Bagongshan District	1.25	1.02	0.45	0.56	0.01	0.20	0.03
田家庵区	Tianjiaan District	14.66	14.15	9.19	4.81	0.15	0.36	0.15
大通区	Datong District	21.58	20.83	11.23	9.32	0.28	0.65	0.10
毛集区	Maoji District	16.83	15.76	8.01	7.48	0.27	1.06	0.02
潘集区	Panji District	55.41	51.55	23.48	27.01	1.06	3.70	0.16
凤台县	Fengtai	95.10	90.50	43.39	44.92	2.18	4.45	0.16
寿县	Shouxian	304.11	291.85	170.58	114.53	6.74	11.52	0.74
马鞍山市	**Maanshan City**	**176.77**	**169.13**	**116.61**	**49.75**	**2.77**	**4.59**	**3.04**
花山区	Huashan District	0.64	0.60	0.39	0.21		0.04	
雨山区	Yushan District	1.93	1.89	1.53	0.35	0.01	0.04	

2-4 续表 1 continued

单位：千公顷 (1 000 hectares)

地 区	Region	粮食作物播种面积 Sown Area of Grain Crops	谷 物 Cereals	#稻 谷 Rice	小 麦 Wheat	玉 米 Corn	豆 类 Beans	薯 类 Tubers
博望区	Bowang District	16.13	15.70	10.95	4.74	0.01	0.43	
当涂县	Dangtu	52.12	49.02	30.39	16.70	1.92	2.34	0.76
含山县	Hanshan	39.77	37.65	27.63	9.74	0.28	1.08	1.04
和县	Hexian	66.18	64.28	45.73	18.01	0.54	0.66	1.24
淮 北 市	**Huaibei City**	**277.55**	**219.21**		**136.87**	**82.34**	**58.05**	**0.29**
杜集区	Duji District	13.96	12.49		7.09	5.41	1.45	0.02
相山区	Xiangshan District	7.38	6.13		3.09	3.05	1.23	0.01
烈山区	Lieshan District	28.74	18.53		13.19	5.34	10.12	0.09
濉溪县	Suixi	227.46	182.05		113.51	68.54	45.24	0.17
铜 陵 市	**Tongling City**	**101.44**	**95.88**	**78.93**	**13.17**	**3.77**	**4.79**	**0.78**
铜官区	Tongguan District	0.76	0.61	0.51	0.09	0.01	0.08	0.08
义安区	Yian District	17.58	16.00	11.73	2.92	1.35	1.57	0.01
郊区	Srbruban District	8.08	7.89	7.20	0.12	0.57	0.14	0.05
枞阳县	Zongyang	75.01	71.38	59.50	10.04	1.84	3.00	0.64
安 庆 市	**Anqing City**	**347.31**	**314.76**	**239.64**	**49.23**	**25.40**	**25.64**	**6.91**
迎江区	Yingjiang District	1.75	1.67	0.82	0.77	0.08	0.08	…
大观区	Daguan District	6.99	6.83	4.94	1.58	0.31	0.17	
宜秀区	Yixiu District	5.70	5.32	4.07	0.82	0.42	0.25	0.14
岳西县	Yuexi	14.86	13.75	11.11	0.66	1.98	0.88	0.24
怀宁县	Huaining	55.66	52.52	43.71	2.82	5.99	2.21	0.93
潜山市	Qianshan	35.53	34.36	31.23	2.36	0.77	0.85	0.32
太湖县	Taihu	39.47	36.04	26.52	6.66	2.85	1.96	1.47
宿松县	Susong	77.98	63.93	45.68	13.20	4.57	11.74	2.30
望江县	Wangjiang	56.83	49.22	32.27	11.80	5.15	6.41	1.20
桐城市	Tongcheng	52.53	51.13	39.29	8.57	3.27	1.10	0.31
黄 山 市	**Huangshan City**	**51.23**	**41.67**	**28.77**		**12.90**	**6.14**	**3.42**
屯溪区	Tunxi District	2.11	1.77	1.50		0.27	0.25	0.09
黄山区	Huangshan District	7.90	6.98	5.11		1.87	0.74	0.18
徽州区	Huizhou District	3.99	2.60	1.80		0.80	0.50	0.89
歙县	Shexian	13.81	10.40	3.80		6.60	2.17	1.25
休宁县	Xiuning	12.62	10.54	8.12		2.41	1.57	0.51
黟县	Yixian	4.92	4.61	4.22		0.39	0.21	0.09
祁门县	Qimen	5.88	4.78	4.22		0.56	0.68	0.43
滁 州 市	**Chuzhou City**	**830.73**	**786.65**	**415.95**	**329.77**	**40.17**	**39.48**	**4.61**
滁州市市辖区	Chuzhou Region of City	0.51	0.51		0.51			
琅琊区	Langya District	4.43	4.17	2.84	1.09	0.23	0.15	0.11
南谯区	Nanqiao District	38.54	37.86	23.35	11.93	2.58	0.22	0.46
来安县	Laian	77.87	75.86	49.26	24.32	2.28	0.70	1.31
全椒县	Quanjiao	75.34	74.07	50.91	20.51	2.64	1.03	0.24
定远县	Dingyuan	209.99	198.31	102.76	85.43	9.91	10.97	0.72
凤阳县	Fengyang	147.31	136.02	62.89	63.01	9.58	10.84	0.45
天长市	Tianchang	143.04	142.26	77.20	63.37	1.70	0.68	0.09
明光市	Mingguang	133.68	117.58	46.74	59.59	11.25	14.88	1.23

2-4 续表 2 continued

单位：千公顷 (1 000 hectares)

地 区	Region	粮食作物播种面积 Sown Area of Grain Crops	谷 物 Cereals	#稻 谷 Rice	小 麦 Wheat	玉 米 Corn	豆 类 Beans	薯 类 Tubers
阜 阳 市	**Fuyang City**	**975.96**	**829.21**	**64.67**	**504.54**	**258.33**	**138.71**	**8.04**
阜阳市市辖区	Fuyang Region of City	2.44	2.44		1.70	0.74		
颍州区	Yingzhou District	46.00	43.97		23.99	19.99	1.75	0.28
颍东区	Yingdong District	69.44	55.86		32.82	22.84	13.30	0.28
颍泉区	Yingquan District	67.31	47.95		30.51	17.12	19.10	0.26
临泉县	Linquan	185.25	174.62		106.86	67.35	8.93	1.70
太和县	Taihe	198.21	128.34		97.44	30.90	68.21	1.66
阜南县	Funan	160.95	154.95	28.40	84.82	41.32	4.80	1.21
颍上县	Yingshang	180.36	160.79	35.96	94.40	30.09	17.54	2.03
界首市	Jieshou	65.99	60.29	0.31	32.01	27.97	5.08	0.62
宿 州 市	**Suzhou City**	**940.91**	**778.73**	**1.30**	**475.61**	**299.28**	**147.51**	**14.67**
宿州市市辖区	Suzhou Region of City	10.63	10.63		10.63			0.01
埇桥区	Yongqiao District	276.78	225.02		140.33	83.82	51.57	0.19
萧县	Xiaoxian	151.41	140.67		75.14	64.71	10.15	0.59
灵璧县	Lingbi	227.85	194.68		110.62	83.26	33.01	0.16
泗县	Sixian	210.88	151.08	1.30	100.93	48.79	46.81	13.00
砀山县	Dangshan	63.37	56.67		37.96	18.71	5.98	0.72
六 安 市	**Lu'an City**	**611.53**	**591.41**	**405.98**	**159.15**	**26.29**	**17.57**	**2.55**
金安区	Jin'an District	87.73	82.88	66.06	11.00	5.81	4.30	0.56
裕安区	Yu'an District	77.59	74.18	58.64	10.29	5.25	2.92	0.49
霍邱县	Huoqiu	302.26	296.20	178.48	111.59	6.13	5.55	0.51
舒城县	Shucheng	62.67	60.28	44.44	10.47	5.36	2.09	0.31
金寨县	Jinzhai	25.43	23.64	17.84	3.68	2.12	1.40	0.38
霍山县	Huoshan	20.15	19.16	17.96	0.03	1.17	0.71	0.28
叶集区	Yeji District	35.69	35.08	22.56	12.09	0.43	0.60	0.01
亳 州 市	**Bozhou City**	**875.94**	**728.78**	**4.38**	**441.28**	**276.51**	**141.64**	**5.52**
谯城区	Qiaocheng District	165.89	133.82		91.02	42.79	31.36	0.71
涡阳县	Guoyang	248.61	173.70		123.30	49.46	72.98	1.93
蒙城县	Mengcheng	239.96	221.04	3.21	118.20	95.01	16.83	2.09
利辛县	Lixin	221.49	200.23	1.18	108.76	89.25	20.47	0.79
池 州 市	**Chizhou City**	**121.21**	**112.98**	**89.03**	**15.08**	**8.86**	**6.65**	**1.58**
贵池区	Guichi District	45.00	43.15	32.56	6.79	3.81	1.71	0.14
东至县	Dongzhi	53.49	49.57	37.88	7.60	4.10	3.00	0.92
青阳县	Qingyang	19.73	17.96	17.06	0.56	0.33	1.36	0.41
石台县	Shitai	2.99	2.30	1.53	0.13	0.63	0.58	0.11
宣 城 市	**Xuancheng City**	**219.90**	**207.01**	**154.74**	**45.43**	**6.84**	**8.88**	**4.01**
宣州区	Xuanzhou District	87.11	83.94	62.15	19.57	2.23	2.05	1.12
郎溪县	Langxi	49.68	46.21	29.03	16.63	0.54	2.20	1.27
广德市	Guangde	37.02	34.55	27.32	6.70	0.54	1.95	0.52
泾县	Jingxian	19.83	18.76	16.93	1.32	0.50	0.80	0.28
绩溪县	Jixi	6.72	4.73	3.51	0.16	1.06	1.36	0.62
旌德县	Jingde	8.27	8.00	7.77	0.01	0.21	0.12	0.15
宁国市	Ningguo	11.27	10.82	8.02	1.04	1.76	0.39	0.05

2-5 各市、县(市、区)主要粮食作物产量(2023年)

Output of Main Grain Crops by Region (2023)

单位：吨 (ton)

地区	Region	粮食作物产量 Output of Grain Crops	谷物 Cereals	#稻谷 Rice	小麦 Wheat	玉米 Corn	豆类 Beans	薯类 Tubers
总计	**Total**	**41507511**	**40266701**	**16098002**	**17407152**	**6650533**	**1036791**	**204019**
合肥市	**Hefei City**	**2987422**	**2950682**	**2225049**	**612116**	**101855**	**22786**	**13954**
合肥市市辖区	Hefei Region of City	54300	54082	42974	9981	1127	217	
瑶海区	Yaohai District							
庐阳区	Luyang District	385	385	367		18		
蜀山区	Shushan District	18386	18326	10235	7539	552	60	
包河区	Baohe District	149	149	149				
长丰县	Changfeng	664222	653606	455296	168880	18073	5882	4734
肥东县	Feidong	650459	640357	501258	109401	29698	6820	3282
肥西县	Feixi	430140	425266	333849	87501	3610	4195	679
庐江县	Lujiang	763369	755127	588251	142418	24457	3960	4282
巢湖市	Chaohu	406013	403385	292669	86395	24321	1652	977
芜湖市	**Wuhu City**	**1416218**	**1396365**	**1119087**	**216167**	**61112**	**13067**	**6785**
芜湖市市辖区	Wuhu Region of City	9661	9565	8663	687	214	97	
镜湖区	Jinghu District	31185	31030	22382	8212	436	155	
弋江区	Yijiang District	27563	27547	23102	4445		16	
鸠江区	Jiujiang District	102434	97703	61065	27924	8714	4451	280
三山经开区	Sanshan Economic Development Zone	24028	23664	20416	771	2477	309	55
繁昌区	Fanchang District	84899	83264	74022	8493	749	1374	261
湾沚区	Wanzhi District	214321	211750	143192	63907	4651	1095	1477
南陵县	Nanling	363057	360007	328092	17081	14835	2066	983
无为市	Wuwei	559069	551835	438152	84647	29036	3505	3729
蚌埠市	**Bengbu City**	**2907177**	**2863372**	**628073**	**1555155**	**639976**	**39887**	**3918**
蚌埠市市辖区	Bengbu Region of City	51819	48804	10277	28891	9636	2827	188
龙子湖区	Longzihu District	17338	17188	5917	10567	704	150	
蚌山区	Bengshan District	20225	20139	3477	16129	533	86	
禹会区	Yuhui District	66369	63416	11018	30066	21714	2936	17
淮上区	Huaishang District	170684	166304	62797	75290	28216	4380	
怀远县	Huaiyuan	1276377	1267010	332016	696514	221676	9163	204
五河县	Wuhe	651001	633677	196844	334007	96987	16278	1045
固镇县	Guzhen	653364	646835	5727	363691	260510	4067	2463
淮南市	**Huainan City**	**3224415**	**3186146**	**1900017**	**1225150**	**60979**	**34001**	**4268**
谢家集区	Xiejiaji District	135285	134094	93190	38601	2302	1050	141
八公山区	Bagongshan District	6508	6138	2806	3287	45	266	104
田家庵区	Tianjiaan District	87586	86574	58515	27080	980	562	450
大通区	Datong District	120857	119721	71244	46838	1639	857	279
毛集区	Maoji District	110886	109230	63086	44461	1682	1578	79
潘集区	Panji District	347520	341520	171115	164878	5526	5552	449
凤台县	Fengtai	616537	609206	307181	288966	13059	6800	530
寿县	Shouxian	1799235	1779662	1132879	611039	35745	17338	2235
马鞍山市	**Maanshan City**	**1084440**	**1068207**	**795882**	**259164**	**13161**	**7383**	**8851**
花山区	Huashan District	3559	3516	2724	792		42	
雨山区	Yushan District	11458	11396	10103	1235	59	62	

2-5 续表 1 continued

单位：吨 (ton)

地 区	Region	粮食作物产 量 Output of Grain Crops	谷 物 Cereals	#稻 谷 Rice	小 麦 Wheat	玉 米 Corn	豆 类 Beans	薯 类 Tubers
博望区	Bowang District	95369	94510	70775	23690	45	859	
当涂县	Dangtu	316402	310012	212540	88673	8798	4054	2336
含山县	Hanshan	262478	257920	207048	49494	1378	1481	3077
和县	Hexian	395174	390853	292692	95280	2880	884	3437
淮 北 市	**Huaibei City**	**1525973**	**1441703**		**1030785**	**410918**	**83367**	**903**
杜集区	Duji District	82411	80271		53238	27033	2073	67
相山区	Xiangshan District	39552	37704		22828	14877	1801	47
烈山区	Lieshan District	140579	125522		98244	27278	14812	246
濉溪县	Suixi	1263430	1198205		856475	341730	64682	543
铜 陵 市	**Tongling City**	**585452**	**575622**	**490860**	**58245**	**26517**	**7566**	**2264**
铜官区	Tongguan District	3653	3283	2926	278	79	149	222
义安区	Yian District	101344	98506	76769	12881	8856	2807	30
郊区	Srbruban District	43181	42868	38417	554	3897	241	72
枞阳县	Zongyang	437274	430965	372747	44532	13686	4369	1940
安 庆 市	**Anqing City**	**1973611**	**1912947**	**1539755**	**199067**	**172082**	**40057**	**20607**
迎江区	Yingjiang District	8406	8269	4724	3121	424	116	21
大观区	Daguan District	37108	36894	29142	6334	1418	214	
宜秀区	Yixiu District	29722	28973	23628	3396	1949	357	393
岳西县	Yuexi	84433	82416	65187	2764	14465	1490	527
怀宁县	Huaining	331531	325708	271782	10679	43247	3240	2584
潜山市	Qianshan	217432	215101	201860	8830	4411	1276	1056
太湖县	Taihu	218895	211031	158999	33096	18937	3273	4591
宿松县	Susong	416782	391653	306898	54606	28106	18588	6542
望江县	Wangjiang	309342	295514	215794	43917	35803	9893	3934
桐城市	Tongcheng	319959	317388	261741	32324	23323	1612	959
黄 山 市	**Huangshan City**	**295926**	**273079**	**195440**		**77639**	**12029**	**10818**
屯溪区	Tunxi District	12560	11824	10175		1649	484	252
黄山区	Huangshan District	50260	47918	34329		13589	1674	669
徽州区	Huizhou District	20210	16121	11257		4865	1246	2843
歙县	Shexian	74991	67358	31904		35454	3684	3949
休宁县	Xiuning	75206	70417	53646		16771	3240	1549
黟县	Yixian	30002	29288	27014		2274	424	290
祁门县	Qimen	32697	30152	27115		3037	1278	1266
滁 州 市	**Chuzhou City**	**4771385**	**4688689**	**2603877**	**1865092**	**215774**	**68851**	**13844**
滁州市市辖区	Chuzhou Region of City	2795	2795		2795			
琅琊区	Langya District	22232	21675	14742	5729	1204	239	318
南谯区	Nanqiao District	223503	221723	142878	66697	12148	260	1519
来安县	Laian	474099	468924	323225	133947	11752	1172	4003
全椒县	Quanjiao	435524	433283	301785	113950	17547	1578	664
定远县	Dingyuan	1201659	1182340	657257	462299	61803	17303	2016
凤阳县	Fengyang	851226	827611	404385	374885	45375	22247	1367
天长市	Tianchang	867212	866185	479243	377685	9258	758	269
明光市	Mingguang	693135	664153	280362	327104	56687	25295	3687

2-5 续表 2 continued

单位：吨 (ton)

地区	Region	粮食作物产量 Output of Grain Crops	谷物 Cereals	#稻谷 Rice	小麦 Wheat	玉米 Corn	豆类 Beans	薯类 Tubers
阜 阳 市	**Fuyang City**	**5372152**	**5107936**	**342284**	**3315534**	**1441621**	**235399**	**28817**
阜阳市市辖区	Fuyang Region of City	14797	14797		11086	3711		
颍州区	Yingzhou District	270009	266068		147078	118990	2843	1098
颍东区	Yingdong District	360383	339592		207719	130851	19717	1074
颍泉区	Yingquan District	335617	296173		200188	94764	38555	890
临泉县	Linquan	1072518	1053158		680645	370453	13654	5706
太和县	Taihe	1007423	892678		715072	177605	109839	4907
阜南县	Funan	900103	888422	135805	525008	225050	7687	3994
颍上县	Yingshang	1007878	963499	204771	590600	166493	35572	8808
界首市	Jieshou	403423	393549	1708	238137	153704	7533	2341
宿 州 市	**Suzhou City**	**4602021**	**4331128**	**8120**	**2803513**	**1509190**	**223217**	**47676**
宿州市市辖区	Suzhou Region of City	59211	59189		59189			22
埇桥区	Yongqiao District	1380085	1305551		869523	432439	73865	669
萧县	Xiaoxian	791267	770486		442050	325031	18542	2239
灵璧县	Lingbi	1099726	1047514		641657	402649	51716	496
泗县	Sixian	954096	842361	8120	579879	254259	70312	41422
砀山县	Dangshan	317637	306027		211215	94812	8783	2827
六 安 市	**Lu'an City**	**3622371**	**3586123**	**2686118**	**748863**	**151142**	**28402**	**7846**
金安区	Jin'an District	522629	514587	437830	48822	27935	6293	1750
裕安区	Yu'an District	455992	449486	367887	46400	35199	4976	1529
霍邱县	Huoqiu	1827200	1816527	1224028	554023	38476	8980	1692
舒城县	Shucheng	368825	364047	298889	36301	28857	3842	935
金寨县	Jinzhai	143076	139711	117571	11777	10362	2247	1119
霍山县	Huoshan	112991	110800	103108	122	7570	1412	780
叶集区	Yeji District	191659	190965	136805	51417	2743	653	40
亳 州 市	**Bozhou City**	**5181724**	**4970931**	**20971**	**3233654**	**1681912**	**194037**	**16756**
谯城区	Qiaocheng District	914806	871304		610049	261230	41435	2067
涡阳县	Guoyang	1293060	1186780		911940	269847	100445	5835
蒙城县	Mengcheng	1580126	1549651	14797	897539	613117	24184	6290
利辛县	Lixin	1393733	1363197	6174	814127	537718	27973	2563
池 州 市	**Chizhou City**	**672656**	**654653**	**549800**	**59466**	**45387**	**13263**	**4740**
贵池区	Guichi District	257458	254197	209894	24903	19400	2864	397
东至县	Dongzhi	290205	281755	229603	31901	20251	5699	2751
青阳县	Qingyang	109447	104822	100817	2221	1785	3349	1276
石台县	Shitai	15545	13878	9486	441	3951	1351	316
宣 城 市	**Xuancheng City**	**1284571**	**1259118**	**992669**	**225182**	**41267**	**13479**	**11973**
宣州区	Xuanzhou District	496232	490356	378516	98922	12919	2683	3193
郎溪县	Langxi	279297	272354	188702	80425	3228	3166	3776
广德市	Guangde	233155	228332	190456	34094	3781	3115	1707
泾县	Jingxian	118106	116214	107452	5619	3143	1079	812
绩溪县	Jixi	37403	32860	25599	788	6473	2685	1858
旌德县	Jingde	52932	52237	50936	52	1249	223	472
宁国市	Ningguo	67447	66764	51008	5282	10474	529	154

2-6 小麦中间消耗

Intermediate Consumption of Wheat

单位：元/亩 (yuan/mu)

指　标	Item	2020	2021	2022	2023
平均每单位产值	Output Value per Unit	948.83	1091.11	1528.03	1234.28
平均每单位中间消耗	Intermediate Consumption per Unit	379.60	392.75	431.96	471.04
物质消耗	Material Consumption	285.93	295.44	328.79	354.04
用种量	Seed Quantity	81.45	85.18	82.42	92.98
饲料	Forages				
肥料	Fertilizers	150.74	152.77	186.71	196.64
燃料	Fuels	9.89	10.30	11.10	10.85
农膜	Farm Plastic Film				
农药	Pesticides	37.94	43.21	47.15	50.51
养殖用药	Pesticides for Cultivation				
水费	Water Fee	1.23	1.22	0.17	0.24
用电量	Electricity Consumption	0.40	0.46	0.19	0.50
棚架材料费	Scaffold Material Cost				
小农具	Small Farm Implements	2.65	2.13	0.98	1.58
办公用品	Office Supplies	0.11	0.10	0.06	0.03
其他	Others	1.27	0.07	0.01	0.03
生产服务支出	Cost of Production Services	93.67	97.31	103.17	117.00
外雇运输费	Transport Fee	2.08	1.85	2.71	3.39
外雇排灌费	Irrigation and Drainage Fee	1.42	1.03	3.17	1.45
外雇机械作业费	Mechanical Work Fee	85.93	90.65	91.82	105.44
其他	Others	4.24	3.78	5.46	6.73

2-7 主要稻谷品种中间消耗
Intermediate Consumption of Main Rice

单位：元/亩 (yuan/mu)

指　　标	Item	2020	2021	2022	2023
平均每单位产值	Output Value per Unit	1300.19	1245.09	1286.60	1492.70
平均每单位中间消耗	Intermediate Consumption per Unit	455.11	496.14	639.95	635.14
物质消耗	Material Consumption	342.35	388.78	480.72	455.56
用种量	Seed Quantity	65.99	65.37	80.20	83.35
饲料	Forages				
肥料	Fertilizers	153.56	185.83	238.58	218.85
燃料	Fuels	16.17	17.65	19.89	16.89
农膜	Farm Plastic Film	0.46	0.61	0.04	
农药	Pesticides	94.40	110.71	116.33	126.62
养殖用药	Pesticides for Cultivation				
水费	Water Fee	1.19	1.42	3.59	1.08
用电量	Electricity Consumption	6.91	6.04	10.85	7.07
棚架材料费	Scaffold Material Cost				
小农具	Small Farm Implements	3.51	1.73	2.99	1.69
办公用品	Office Supplies	0.02	0.10	0.02	0.01
其他	Others	0.14	0.18	0.35	
生产服务支出	Cost of Production Services	112.76	107.36	159.23	179.58
外雇运输费	Transport Fee	5.69	3.78	14.46	7.24
外雇排灌费	Irrigation and Drainage Fee	6.02	10.01	9.21	8.20
外雇机械作业费	Mechanical Work Fee	96.19	85.62	125.56	148.32
其他	Others	4.86	11.28	14.82	15.82

注：稻谷品种包括中籼稻、晚籼稻和粳稻。

Note: Main Rice include Medium long-grained nonglutinous rice, Late Long-grained nonglutinous rice and Medium to Short-grained nonglutinous rice.

2-8 玉米中间消耗
Intermediate Consumption of Corn

单位：元/亩 (yuan/mu)

指　标	Item	2020	2021	2022	2023
平均每单位产值	Output Value per Unit	953.76	1103.84	1235.19	1394.16
平均每单位中间消耗	Intermediate Consumption per Unit	302.11	359.71	416.14	407.01
物质消耗	Material Consumption	233.93	272.88	324.93	312.71
用种量	Seed Quantity	58.48	60.69	68.73	74.68
饲料	Forages				
肥料	Fertilizers	137.03	158.01	196.66	177.04
燃料	Fuels	9.14	16.76	15.46	15.51
农膜	Farm Plastic Film			0.38	
农药	Pesticides	27.23	35.17	38.20	39.87
养殖用药	Pesticides for Cultivation				
水费	Water Fee	0.02		2.22	0.31
用电量	Electricity Consumption	0.25	0.28	1.38	0.47
棚架材料费	Scaffold Material Cost				0.01
小农具	Small Farm Implements	0.83	1.16	1.82	3.40
办公用品	Office Supplies	0.23	0.21		0.02
其他	Others	0.72	0.59	0.08	
生产服务支出	Cost of Production Services	68.18	86.83	91.21	94.30
外雇运输费	Transport Fee	1.01	3.04	2.48	2.08
外雇排灌费	Irrigation and Drainage Fee	0.12	0.23	0.75	2.87
外雇机械作业费	Mechanical Work Fee	65.22	77.10	83.00	84.81
其他	Others	1.83	6.46	4.97	4.54

2-9 油菜籽中间消耗
Intermediate Consumption of Rapeseeds

单位：元/亩 (yuan/mu)

指　标	Item	2020	2021	2022	2023
平均每单位产值	Output Value per Unit	859.72	894.66	1098.53	957.58
平均每单位中间消耗	Intermediate Consumption per Unit	241.23	238.06	336.74	341.57
物质消耗	Material Consumption	181.89	178.64	239.49	238.92
用种量	Seed Quantity	28.32	27.67	36.36	33.32
饲料	Forages				
肥料	Fertilizers	111.64	109.14	158.88	152.90
燃料	Fuels	6.79	7.51	4.02	4.50
农膜	Farm Plastic Film				
农药	Pesticides	29.42	31.36	39.37	46.52
养殖用药	Pesticides for Cultivation				
水费	Water Fee				
用电量	Electricity Consumption	0.31	0.34	0.09	
棚架材料费	Scaffold Material Cost				
小农具	Small Farm Implements	1.94	2.62	0.77	1.67
办公用品	Office Supplies				
其他	Others				
生产服务支出	Cost of Production Services	59.34	59.42	97.25	102.65
外雇运输费	Transport Fee				0.05
外雇排灌费	Irrigation and Drainage Fee	0.72	0.83	2.22	1.95
外雇机械作业费	Mechanical Work Fee	55.82	56.56	92.92	97.11
其他	Others	2.80	2.03	2.11	3.53

2-10 棉花中间消耗
Intermediate Consumption of Cotton

单位：元/亩 (yuan/mu)

指　　标	Item	2020	2021	2022	2023
平均每单位产值	Output Value per Unit	1057.49	1488.03	1171.55	1394.84
平均每单位中间消耗	Intermediate Consumption per Unit	357.98	448.16	435.69	453.31
物质消耗	Material Consumption	343.24	433.34	428.98	448.78
用种量	Seed Quantity	54.77	58.87	51.61	56.32
饲料	Forages				
肥料	Fertilizers	193.50	260.22	254.55	272.22
燃料	Fuels	0.27	0.25		
农膜	Farm Plastic Film	13.77	13.10	10.24	9.61
农药	Pesticides	79.75	99.72	109.04	110.23
养殖用药	Pesticides for Cultivation				
水费	Water Fee				
用电量	Electricity Consumption	0.13	0.13	3.06	0.04
棚架材料费	Scaffold Material Cost				
小农具	Small Farm Implements	1.05	1.05	0.48	0.36
办公用品	Office Supplies				
其他	Others				
生产服务支出	Cost of Production Services	14.74	14.83	6.72	4.53
外雇运输费	Transport Fee	4.29	5.00	1.71	1.79
外雇排灌费	Irrigation and Drainage Fee	0.71		2.78	
外雇机械作业费	Mechanical Work Fee	7.92	8.67	1.95	1.86
其他	Others	1.82	1.16	0.28	0.88

2-11 主要畜禽生产情况
Number of Livestock and Poultry

指 标	Item	单位 Unit		2020	2021	2022	2023
畜禽存栏	**Number of Livestock and Poultry in Stock**						
猪	Hogs	万头	10 000 heads	1419.3	1582.5	1655.8	1551.7
其中：能繁殖母猪	of Which: Sow	万头	10 000 heads	135.1	149.8	157.3	142.8
牛	Cattle and Buffaloes	万头	10 000 heads	94.8	99.4	106.7	109.3
羊	Sheep and Goats	万只	10 000 heads	597.9	612.8	635.7	642.9
家禽	Poultry	万只	10 000 heads	31024.1	30285.4	32284.2	33560.1
畜禽出栏	**Number of Slaughtered Livestock and Poultry**						
猪	Hogs	万头	10 000 heads	2150.5	2797.8	2920.9	3075.5
牛	Cattle and Buffaloes	万头	10 000 heads	64.6	70.6	73.7	74.1
羊	Sheep and Goats	万只	10 000 heads	1439.8	1536.2	1580.8	1547.4
家禽	Poultry	万只	10 000 heads	107793.0	109086.5	113777.2	118783.4
畜禽产品产量	**Output of Livestock and Poultry**						
猪肉	Pork	万吨	10 000 tons	183.4	238.7	248.3	262.4
牛肉	Beef	万吨	10 000 tons	9.9	11.2	11.7	11.7
羊肉	Mutton	万吨	10 000 tons	20.7	21.9	22.5	22.0
禽肉	Poultry	万吨	10 000 tons	181.1	183.4	191.8	199.7
禽蛋	Poultry Eggs	万吨	10 000 tons	184.2	177.1	186.7	206.3
牛奶	Cow Milk	万吨	10 000 tons	37.6	47.6	50.7	53.6

2-12 生猪调出大县年末生猪存栏

Number of Hogs in Stock of Major Large Hog-Contributed Counties at Year-end

单位：万头　　　　(10 000 heads)

地　区	Region	2020	2021	2022	2023
长丰县	Changfeng	35.08	32.20	30.73	25.98
肥东县	Feidong	15.98	24.50	26.20	34.18
怀远县	Huaiyuan	32.89	32.50	33.95	29.89
固镇县	Guzhen	31.03	34.50	38.15	40.57
太湖县	Taihu	16.37	22.36	28.06	34.18
定远县	Dingyuan	56.75	66.55	70.37	62.82
临泉县	Linquan	44.23	48.50	52.41	43.18
太和县	Taihe	43.00	43.10	48.68	33.39
阜南县	Funan	39.12	40.81	42.38	36.71
颍上县	Yingshang	50.50	50.20	63.49	74.83
埇桥区	Yongqiao District	60.00	68.65	69.79	62.02
萧　县	Xiaoxian	32.00	42.10	44.92	31.45
灵璧县	Lingbi	41.20	45.20	47.92	42.98
泗　县	Sixian	60.00	73.20	79.58	86.20
寿　县	Shouxian	34.00	36.80	38.89	47.03
霍邱县	Huoqiu	48.30	62.50	49.81	52.35
蒙城县	Mengcheng	40.10	56.20	64.07	65.45
利辛县	Lixin	38.35	49.71	45.60	41.46

2-13 生猪调出大县能繁殖母猪年末存栏

Number of Sows in Stock of Major Large Hog-Contributed Counties at Year-end

单位：万头　　　　(10 000 heads)

地　区	Region	2020	2021	2022	2023
长丰县	Changfeng	2.16	2.83	2.77	3.17
肥东县	Feidong	1.90	2.23	2.72	2.47
怀远县	Huaiyuan	3.62	4.19	4.67	3.84
固镇县	Guzhen	2.82	3.35	3.89	3.38
太湖县	Taihu	1.68	3.00	2.39	2.52
定远县	Dingyuan	4.91	5.77	6.23	5.16
临泉县	Linquan	4.81	6.00	6.38	4.66
太和县	Taihe	4.71	4.16	4.20	5.03
阜南县	Funan	5.25	4.69	5.40	5.61
颍上县	Yingshang	6.60	5.35	5.77	4.59
埇桥区	Yongqiao District	6.55	7.69	8.90	7.47
萧　县	Xiaoxian	3.59	4.47	4.08	3.35
灵璧县	Lingbi	3.93	4.74	6.52	5.92
泗　县	Sixian	6.64	6.69	7.27	7.87
寿　县	Shouxian	3.50	3.23	2.80	2.97
霍邱县	Huoqiu	4.60	4.34	4.96	4.14
蒙城县	Mengcheng	4.39	4.10	5.76	4.96
利辛县	Lixin	4.30	5.51	4.56	4.20

2-14　生猪调出大县生猪出栏

Number of Slaughtered Hogs in Major Large Hog-Contributed Counties

单位：万头　　　　　　　　　　　　　　　　　　　　　　　　　　　　(10 000 heads)

地　区	Region	2020	2021	2022	2023
长丰县	Changfeng	39.33	48.14	50.33	52.85
肥东县	Feidong	39.09	47.44	48.76	49.96
怀远县	Huaiyuan	37.97	55.41	57.87	61.81
固镇县	Guzhen	46.86	59.17	61.75	66.11
太湖县	Taihu	33.19	40.78	42.44	45.96
定远县	Dingyuan	91.78	121.28	126.62	133.83
临泉县	Linquan	74.07	89.65	93.96	101.61
太和县	Taihe	74.63	90.42	94.02	96.99
阜南县	Funan	59.80	72.70	75.90	78.65
颍上县	Yingshang	67.60	88.46	92.44	98.43
埇桥区	Yongqiao District	90.57	119.73	124.20	133.91
萧　县	Xiaoxian	58.49	67.30	72.98	77.66
灵璧县	Lingbi	56.28	81.00	84.69	91.89
泗　县	Sixian	67.15	110.29	115.27	123.35
寿　县	Shouxian	63.64	76.56	80.06	84.40
霍邱县	Huoqiu	77.02	111.42	116.02	111.10
蒙城县	Mengcheng	68.58	92.77	96.47	104.61
利辛县	Lixin	58.28	80.41	83.63	86.60

2-15　生猪调出大县猪肉产量

Output of Pork in Major Large Hog-Contributed Counties

单位：万吨　　　　　　　　　　　　　　　　　　　　　　　　　　　　(10 000 tons)

地　区	Region	2020	2021	2022	2023
长丰县	Changfeng	3.17	4.17	4.38	4.64
肥东县	Feidong	3.25	4.13	4.25	4.37
怀远县	Huaiyuan	3.25	4.85	5.05	5.38
固镇县	Guzhen	4.03	5.07	5.28	5.78
太湖县	Taihu	2.85	3.48	3.65	4.04
定远县	Dingyuan	7.35	10.50	11.00	11.70
临泉县	Linquan	6.52	7.84	8.17	8.89
太和县	Taihe	6.57	7.78	8.17	8.42
阜南县	Funan	5.26	6.35	6.64	6.85
颍上县	Yingshang	5.98	7.65	7.96	8.62
埇桥区	Yongqiao District	8.60	10.70	11.10	11.71
萧　县	Xiaoxian	5.77	5.78	6.24	6.73
灵璧县	Lingbi	4.42	6.96	7.35	7.94
泗　县	Sixian	6.86	9.44	9.82	10.59
寿　县	Shouxian	5.20	6.59	6.95	7.41
霍邱县	Huoqiu	6.08	9.44	9.95	9.68
蒙城县	Mengcheng	5.63	7.99	8.40	9.15
利辛县	Lixin	4.96	6.88	7.22	7.49

2-16 各市牲畜饲养情况(2023年)
Number of Livestock and Poultry by Region (2023)

单位：万头(万只) (10 000 heads)

地区	Region	大牲畜年末头数 Large Animals (year-end)	牛 Cattle and Buffaloes	肉猪出栏头数 Slaughtered Fattened Hogs	猪年末头数 Hogs (year-end)	羊年末只数 Sheep and Goats (year-end)	活家禽年末只数 Poultry (year-end)
总计	**Total**	**109.8**	**109.3**	**3075.5**	**1551.7**	**642.9**	**33560.1**
合肥市	Hefei	3.9	3.9	168.5	79.2	10.6	3885.1
芜湖市	Wuhu	0.9	0.9	60.9	29.9	3.8	2131.8
蚌埠市	Bengbu	15.5	15.4	202.7	98.7	55.0	2432.8
淮南市	Huainan	5.3	5.3	130.8	70.0	22.1	1300.4
马鞍山市	Maanshan	1.0	1.0	45.6	20.1	7.2	834.4
淮北市	Huaibei	4.5	4.4	107.6	70.0	17.0	432.6
铜陵市	Tongling	0.4	0.4	27.9	11.1	1.0	756.3
安庆市	Anqing	7.7	7.7	212.1	107.3	10.1	2857.8
黄山市	Huangshan	1.8	1.8	77.3	37.5	2.2	408.2
滁州市	Chuzhou	6.6	6.6	285.7	129.0	33.4	2988.3
阜阳市	Fuyang	28.4	28.2	503.8	242.8	151.8	3076.1
宿州市	Suzhou	15.0	14.9	464.4	255.1	196.0	3059.5
六安市	Lu'an	5.5	5.5	255.7	139.4	23.6	2854.7
亳州市	Bozhou	9.9	9.8	381.1	188.4	101.4	1840.4
池州市	Chizhou	0.5	0.5	59.7	28.8	1.7	1068.3
宣城市	Xuancheng	2.9	2.9	91.7	44.6	5.9	3633.5

2-17 各市畜产品产量(2023年)
Output of Livestock Products by Region (2023)

地　区 Region	主要畜禽肉类总产量(万吨) Output of Meat (10000 tons)	猪肉(万吨) Pork (10000 tons)	牛肉(万吨) Beef (10000 tons)	羊肉(万吨) Mutton (10000 tons)	禽肉(万吨) Poultry (10000 tons)	生牛奶(万吨) Cow Milk (10000 tons)	禽蛋(万吨) Poultry Eggs (10000 tons)	天然蜂蜜(吨) Honey (ton)	蚕茧(吨) Silkworm Cocoons (ton)
总　计 Total	**495.8**	**262.4**	**11.72**	**22.01**	**199.71**	**53.63**	**206.3**	**13429.7**	**10033.6**
合肥市 Hefei	36.8	14.3	0.37	0.30	21.83	10.28	22.4	397.4	988.7
芜湖市 Wuhu	19.2	4.8	0.18	0.12	14.07		9.5	504.1	585.0
蚌埠市 Bengbu	45.4	17.4	2.04	2.38	23.60	25.73	11.1	18.2	
淮南市 Huainan	20.6	11.9	0.62	0.90	7.19	1.32	12.8	10.0	
马鞍山市 Maanshan	9.5	3.9	0.06	0.21	5.31	6.00	3.9	714.6	
淮北市 Huaibei	11.9	8.8	0.49	0.45	2.16	2.22	4.9	75.0	
铜陵市 Tongling	4.7	2.5	0.03	0.02	2.06		3.7	60.6	
安庆市 Anqing	34.6	17.6	0.78	0.22	15.98		25.6	260.5	3375.2
黄山市 Huangshan	7.7	6.7	0.13	0.04	0.91	1.26	4.1	3539.1	343.7
滁州市 Chuzhou	42.5	23.7	0.75	1.03	17.09	0.88	14.6	114.4	
阜阳市 Fuyang	70.6	44.0	2.82	5.42	18.29	1.91	22.4	931.9	520.1
宿州市 Suzhou	65.3	40.9	1.53	6.86	15.98	1.56	35.5	119.6	
六安市 Lu'an	38.9	21.5	0.44	0.90	16.06	1.18	12.7	1585.4	2571.7
亳州市 Bozhou	44.8	31.8	1.18	2.96	8.90	1.29	10.2	212.9	6.4
池州市 Chizhou	9.3	5.2	0.07	0.04	3.99	0.01	5.8	231.1	79.8
宣城市 Xuancheng	34.2	7.5	0.24	0.16	26.29		7.0	4655.0	1563.0

2-18 各县(市)畜牧业生产情况(2023年)

Production of Animal Husbandry by Region (2023)

地　　区	Region	出栏猪(万头) Slaughtered Fattened Hogs (10000 heads)	猪肉产量(吨) Pork Production (ton)	牛肉产量(吨) Beef Production (ton)	羊肉产量(吨) Mutton Production (ton)	禽肉产量(吨) Poultry Production (ton)	禽蛋产量(吨) Poultry Egg Production (ton)
合肥市辖区	Hefei Region of City	0.3	241	92	56	3292	2662
巢湖市	Chaohu	12.8	9866	244	772	19704	24597
长丰县	Changfeng	52.8	46353	841	1064	49844	48999
肥东县	Feidong	50.0	43680	1434	315	45696	54260
肥西县	Feixi	38.4	31378	509	315	76026	66161
庐江县	Lujiang	14.3	11033	607	460	23705	27147
淮北市辖区	Huaibei Region of City	16.2	13358	2881	1176	4365	8961
濉溪县	Suixi	91.4	74288	2041	3358	17207	40034
亳州市辖区	Bozhou Region of City	97.1	77237	3392	5348	11087	35856
涡阳县	Guoyang	90.8	73984	882	6999	25298	20130
蒙城县	Mengcheng	105.6	91492	3235	5941	28743	20152
利辛县	Lixin	87.6	74923	4247	11265	23886	25973
宿州市辖区	Suzhou Region of City	133.9	117138	3026	12256	47916	98939
砀山县	Dangshan	37.6	39416	581	16581	16165	38612
萧县	Xiaoxian	77.7	67251	2910	19722	27860	97721
灵璧县	Lingbi	91.9	79433	4346	9320	21970	53100
泗县	Sixian	123.4	105886	4391	10727	45918	66489
蚌埠市辖区	Bengbu Region of City	18.3	14384	1481	855	27110	17284
怀远县	Huaiyuan	61.8	53816	5075	9169	42105	21280
五河县	Wuhe	56.5	47593	9306	4743	21174	21220
固镇县	Guzhen	66.1	57750	4524	9056	145640	51265
阜阳市辖区	Fuyang Region of City	93.2	81015	4080	11952	69396	57347
界首市	Jieshou	34.9	31405	1631	6462	11805	19985
临泉县	Linquan	101.6	88932	8220	13486	33095	40068
太和县	Taihe	97.0	84230	3190	8351	23034	33317
阜南县	Funan	78.7	68483	5137	7436	22684	34655
颍上县	Yingshang	98.4	86183	5944	6468	22931	38932
淮南市辖区	Huainan Region of City	14.4	15559	1808	2244	20382	37050
凤台县	Fengtai	32.0	29417	1741	1498	7959	42242
寿县	Shouxian	84.4	74084	2618	5242	43526	48962
滁州市辖区	Chuzhou Region of City	16.5	12945	171	1534	10883	5626
天长市	Tianchang	10.8	9080	309	2407	9750	35730
明光市	Mingguang	37.0	28663	1796	1130	25919	25490
来安县	Laian	15.9	12750	359	729	54010	12800
全椒县	Quanjiao	35.2	26550	623	1020	30450	11950
定远县	Dingyuan	133.8	117002	1457	1740	20184	24850
凤阳县	Fengyang	36.5	29710	2806	1707	19655	29150
六安市辖区	Lu'an Region of City	99.3	78144	876	2939	73091	22643

2-18 续表 continued

地　　区	Region	出栏猪(万头) Slaughtered Fattened Hogs (10000 heads)	猪肉产量(吨) Pork Production (ton)	牛肉产量(吨) Beef Production (ton)	羊肉产量(吨) Mutton Production (ton)	禽肉产量(吨) Poultry Production (ton)	禽蛋产量(吨) Poultry Egg Production (ton)
霍 邱 县	Huoqiu	105.8	95935	1174	4206	36092	66874
舒 城 县	Shucheng	20.4	16122	456	169	37830	30178
金 寨 县	Jinzhai	19.6	15839	1759	1356	6577	5649
霍 山 县	Huoshan	10.6	8619	177	288	7021	2047
马鞍山市辖区	Maanshan Region of City	2.7	2246	319	357	7898	3856
当 涂 县	Dangtu	9.5	8263	40	732	11686	14018
含 山 县	Hanshan	15.7	13110	147	726	8846	13489
和 县	Hexian	17.6	15624	78	262	24677	8003
芜湖市辖区	Wuhu Region of City	17.9	14958	695	545	53557	40047
无 为 市	Wuwei	22.6	16433	799	488	22326	20569
南 陵 县	Nanling	20.4	16806	290	184	64808	34013
宣城市辖区	Xuancheng Region of City	11.4	9087	91	278	100285	16049
宁 国 市	Ningguo	20.6	16643	20	536	64932	3880
广 德 市	Guangde	26.7	21559	24	292	57177	26023
郎 溪 县	Langxi	7.7	6535	79	310	14065	14752
泾 县	Jingxian	10.7	8801	427	88	24392	5656
绩 溪 县	Jixi	8.4	7169	1069	71	319	959
旌 德 县	Jingde	6.3	5036	719	63	1730	2282
铜陵市辖区	Tongling Region of City	8.6	8574	61	88	13523	18608
枞 阳 县	Zongyang	19.3	16903	201	122	7055	18410
池州市辖区	Chizhou Region of City	29.5	25429	357	163	14128	18834
东 至 县	Dongzhi	19.7	17610	117	245	12302	16386
石 台 县	Shitai	1.7	1509	26	17	571	1494
青 阳 县	Qingyang	8.8	7850	175	25	12945	21448
安庆市辖区	Anqing Region of City	4.0	3310	180	38	4508	7864
桐 城 市	Tongcheng	28.3	23307	446	141	7382	88012
潜 山 市	Qianshan	23.3	18957	293	344	8823	17531
怀 宁 县	Huaining	28.9	23685	140	94	22776	42064
太 湖 县	Taihu	46.0	40421	3612	608	46841	13143
宿 松 县	Susong	40.7	34198	2267	355	28778	26923
望 江 县	Wangjiang	29.6	22714	480	382	38149	42078
岳 西 县	Yuexi	11.4	9267	404	261	2528	18642
黄山市辖区	Huangshan Region of City	13.3	11411	577	132	3333	6302
歙 县	Shexian	29.9	25805	352	207	2037	22324
休 宁 县	Xiuning	25.6	21912	303	51	2343	9101
黟 县	Yixian	4.8	4205	75	9	682	1129
祁 门 县	Qimen	3.8	3226	14	13	712	2362

主要指标解释

粮食产量 指农业生产经营者日历年度内生产的全部粮食数量。按收获季节包括夏收粮食、早稻和秋收粮食，按作物品种包括谷物、薯类和豆类。其中谷物包括小麦、玉米、早稻、中稻和一季晚稻、双季晚稻、大麦、高粱、谷子、荞麦等禾本科和蓼科粮食作物；薯类只包括马铃薯、甘薯，木薯统计在其他农作物，芋头等其他薯统计在其他蔬菜；豆类包括大豆、绿豆、红小豆、杂豆等。谷物产量按脱粒后的原粮计算，薯类按鲜薯重量的5∶1折算，豆类按去豆荚后的干豆计算。

猪、牛、羊肉产量 指当年出栏并已屠宰、除去头蹄下水后带骨肉（即胴体重）的重量。包括全社会范围内的产量。

期初（末）畜禽存栏头（只）数 指报告期初（末）养殖户（单位）饲养的大牲畜、猪、羊、家禽等畜禽的存栏数。

当年出栏头（只）数 指养殖户（单位）饲养的，供屠宰并已出栏的全部牲畜头（只）数。

常用耕地 是指耕地总资源中专门种植农作物并经常进行耕种、能够正常收获的土地。包括当年实际耕种的熟地；弃耕、休闲不满三年，随时可以复耕的地；开荒利用三年以上的土地。在统计口径上包括南方小于1米、北方小于2米宽的沟、渠、路和田埂。不包括临时种植农作物的坡度在25度以上的陡坡地；在河套、湖畔、库区临时开发的成片或零星土地；也不包括已列为国家和省（区、市）退耕计划但临时耕种的土地。常用耕地是国家需要重点保护的耕地，是反映我国农业综合生产能力的一个重要指标。

农作物播种面积 指实际播种或移植有农作物的面积。凡是实际种植有农作物的面积，不论种植在耕地上还是种植在非耕地上，均包括在农作物播种面积中。在播种季节基本结束后，因遭灾而重新改种和补种的农作物面积，也包括在内。它是反映我国耕地面积利用情况的一个重要指标。目前，农作物播种面积主要包括粮食、棉花、油料、糖料、麻类、烟叶、蔬菜和瓜类、药材和其他农作物九大类。

农林牧渔业中间消耗 指在一定时期内农林牧渔业生产过程中所消耗的物质产品和劳务价值。中间消耗包括物质产品消耗和生产服务支出两个部分。

物质消耗 指在一定时期内农林牧渔业生产过程中消耗的各种农业生产资料和发生的各项支出的市场价值。主要包括用种、饲料饲草、肥料、燃料、农药、农膜、小农具、养殖用药、水费、电费、棚架材料费、办公费用以及其他物质消耗。

生产服务支出 指在一定时期内农林牧渔业生产过程中各部门对农林牧渔业生产提供的劳动服务的价值。包括修理费、外雇运输费、生产性邮电费、外雇排灌费、外雇机械作业费、配种费、防疫费、技术服务费、上缴管理费、保险费、职工教育费、差旅费、会议费和其他服务费用等。

3

人民生活

Chapter 3 People's Living Conditions

简要说明

一、本篇资料内容主要反映城乡居民收支和生活状况，包括居民家庭基本情况、居民收支、消费水平、居住状况及主要消费品拥有量等。

二、本篇资料来源于城乡一体化住户调查，自2013年以来，城乡一体化住户调查整合城乡住户调查资源，统一调查指标、统一抽样方法、统一调查过程、统一数据处理和统一数据发布，更加全面准确地反映居民收入分配格局，根据国家统计局《住户收支与生活状况调查方案》，由安徽调查总队组织实施，调查目的是全面了解全省和分市、县（区）城乡常住居民收入、生活现状及变化情况，满足各级政府制定政策计划和进行宏观管理的需要，以及社会各界的信息需求，为国民经济核算提供基础数据。

本版编辑：彭　吟

3-1 全体居民家庭基本情况
Basic Conditions of Households Surveyed

指标名称	Item	单位 Unit	2021
一、基本情况	**Basic Conditions**		
户均常住人口	Permanent Residents per Household	人/户(person/household)	3.1
户均常住从业人口	Permanent Employees per Household	人/户(person/household)	2.1
平均每户家庭从业人口比重	Proportion of Employees per Household	%	69.6
平均每一从业人口负担人数（包括从业者本人）	Number of Dependents per Employee Including Oneself	人(person)	1.4
恩格尔系数	Engel's Coefficient of Households	%	32.6
现住房建筑面积	Floor Space of Buildings	平方米/人(m^2/person)	48.4
二、户主文化程度	**Education Level of Householder**		
1.未上过学	Not Been to School	%	2.4
2.小学	Primary School	%	19.2
3.初中	Junior Secondary School	%	47.3
4.高中	Senior Secondary School	%	14.8
5.大学专科	Junior College	%	9.1
6.大学本科	Undergraduate College	%	6.4
7.研究生	Postgraduate	%	0.8
三、常住从业人员就业类型	**Job Situation**		
1.雇主	Employer	%	0.9
2.公职人员	Public Officer	%	1.8
3.事业单位人员	Institution Worker	%	5.1
4.国有企业雇员	State-owned Enterprise Employee	%	3.3
5.其他雇员	Other Employee	%	50.3
6.农业自营	Agricultural Self-employed	%	23.4
7.非农自营	Non-agricultural Self-employed	%	15.3
四、常住从业人员从事主要行业	**Industries Engaged**		
1.第一产业	Primary Industry	%	25.2
2.第二产业	Secondary Industry	%	25.0
3.第三产业	Tertiary Industry	%	49.8
五、居民收入与支出情况	**Income and Expenditure of Households**		
居民人均总收入	Per Capita Total Income	元/人(yuan/person)	36934.5
居民人均可支配收入	Per Capita Disposable Income	元/人(yuan/person)	30904.3
居民人均现金可支配收入	Per Capita Disposable Income in Cash	元/人(yuan/person)	28143.9
现金可支配收入占可支配收入比重	Proportion of Cash in Disposable Income	%	91.1
居民人均消费支出	Per Capita Consumption Expenditure	元/人(yuan/person)	21910.9
居民人均现金消费支出	Per Capita Consumption Expenditure in Cash	元/人(yuan/person)	17808.9
现金消费支出占消费支出比重	Proportion of Cash in Consumption Expenditure	%	81.3

3-1 续表 1 continued

指标名称	Item	单位 Unit	2022
一、基本情况	**Basic Conditions**		
户均常住人口	Permanent Residents per Household	人/户(person/household)	3.1
户均常住从业人口	Permanent Employees per Household	人/户(person/household)	1.6
平均每户家庭从业人口比重	Proportion of Employees per Household	%	51.9
平均每一从业人口负担人数（包括从业者本人）	Number of Dependents per Employee Including Oneself	人(person)	1.9
恩格尔系数	Engel's Coefficient of Households	%	34.1
现住房建筑面积	Floor Space of Buildings	平方米/人(m^2/person)	48.4
二、户主文化程度	**Education Level of Householder**		
1.未上过学	Not Been to School	%	2.3
2.小学	Primary School	%	19.1
3.初中	Junior Secondary School	%	47.2
4.高中	Senior Secondary School	%	15.0
5.大学专科	Junior College	%	9.1
6.大学本科	Undergraduate College	%	6.6
7.研究生	Postgraduate	%	0.8
三、常住从业人员就业类型	**Job Situation**		
1.雇主	Employer	%	0.8
2.公职人员	Public Officer	%	1.8
3.事业单位人员	Institution Worker	%	5.2
4.国有企业雇员	State-owned Enterprise Employee	%	3.4
5.其他雇员	Other Employee	%	51.9
6.农业自营	Agricultural Self-employed	%	21.4
7.非农自营	Non-agricultural Self-employed	%	15.6
四、常住从业人员从事主要行业	**Industries Engaged**		
1.第一产业	Primary Industry	%	23.0
2.第二产业	Secondary Industry	%	26.2
3.第三产业	Tertiary Industry	%	50.7
五、居民收入与支出情况	**Income and Expenditure of Households**		
居民人均总收入	Per Capita Total Income	元/人(yuan/person)	39656.7
居民人均可支配收入	Per Capita Disposable Income	元/人(yuan/person)	32745.2
居民人均现金可支配收入	Per Capita Disposable Income in Cash	元/人(yuan/person)	30261.7
现金可支配收入占可支配收入比重	Proportion of Cash in Disposable Income	%	92.4
居民人均消费支出	Per Capita Consumption Expenditure	元/人(yuan/person)	22541.9
居民人均现金消费支出	Per Capita Consumption Expenditure in Cash	元/人(yuan/person)	18379.0
现金消费支出占消费支出比重	Proportion of Cash in Consumption Expenditure	%	81.5

3-1 续表 2 continued

指标名称	Item	单位 Unit	2023
一、基本情况	**Basic Conditions**		
户均常住人口	Permanent Residents per Household	人/户(person/household)	3.1
户均常住从业人口	Permanent Employees per Household	人/户(person/household)	2.0
平均每户家庭从业人口比重	Proportion of Employees per Household	%	66.1
平均每一从业人口负担人数(包括从业者本人)	Number of Dependents per Employee Including Oneself	人(person)	1.5
恩格尔系数	Engel's Coefficient of Households	%	33.5
现住房建筑面积	Floor Space of Buildings	平方米/人(m^2/person)	44.5
二、户主文化程度	**Education Level of Householder**		
1.未上过学	Not Been to School	%	4.8
2.小学	Primary School	%	20.5
3.初中	Junior Secondary School	%	41.2
4.高中	Senior Secondary School	%	14.1
5.大学专科	Junior College	%	10.5
6.大学本科	Undergraduate College	%	7.8
7.研究生	Postgraduate	%	1.0
三、常住从业人员就业类型	**Job Situation**		
1.雇主	Employer	%	1.6
2.公职人员	Public Officer	%	2.1
3.事业单位人员	Institution Worker	%	5.1
4.国有企业雇员	State-owned Enterprise Employee	%	3.6
5.其他雇员	Other Employee	%	50.3
6.农业自营	Agricultural Self-employed	%	20.9
7.非农自营	Non-agricultural Self-employed	%	16.3
四、常住从业人员从事主要行业	**Industries Engaged**		
1.第一产业	Primary Industry	%	22.9
2.第二产业	Secondary Industry	%	25.5
3.第三产业	Tertiary Industry	%	51.6
五、居民收入与支出情况	**Income and Expenditure of Households**		
居民人均总收入	Per Capita Total Income	元/人(yuan/person)	41992.9
居民人均可支配收入	Per Capita Disposable Income	元/人(yuan/person)	34892.7
居民人均现金可支配收入	Per Capita Disposable Income in Cash	元/人(yuan/person)	32968.2
现金可支配收入占可支配收入比重	Proportion of Cash in Disposable Income	%	94.5
居民人均消费支出	Per Capita Consumption Expenditure	元/人(yuan/person)	23606.9
居民人均现金消费支出	Per Capita Consumption Expenditure in Cash	元/人(yuan/person)	19594.7
现金消费支出占消费支出比重	Proportion of Cash in Consumption Expenditure	%	83.0

3-2 全体居民可支配收入及构成

Per Capita Disposable Income and Its Composition of Total Residents

指　标	Item	2021	2022	2023
可支配收入(元/人)	**Disposable Income (yuan/person)**	**30904.3**	**32745.2**	**34892.7**
一、工资性收入	Income of Wages and Salaries	16125.7	17122.0	18435.1
二、经营净收入	Net Business Income	6716.2	7103.5	7619.3
1.第一产业经营净收入	Net Business Income of Primary Industry	2336.5	2543.6	2767.4
2.第二产业经营净收入	Net Business Income of Secondary Industry	818.2	843.1	898.9
3.第三产业经营净收入	Net Business Income of Tertiary Industry	3561.6	3716.7	3953.0
三、财产净收入	Net Income from Property	2167.6	2308.7	2328.6
四、转移净收入	Net Income from Transfer	5894.8	6211.1	6509.6
1.转移性收入	Income from Transfer	7246.2	7719.3	8065.2
2.转移性支出	Expenditure from Transfer	1351.4	1508.3	1555.6
可支配收入构成(%)	**Composition of Disposable Income (%)**	**100.0**	**100.0**	**100.0**
一、工资性收入	Income of Wages and Salaries	52.2	52.3	52.8
二、经营净收入	Net Business Income	21.7	21.7	21.8
1.第一产业经营净收入	Net Business Income of Primary Industry	7.6	7.8	7.9
2.第二产业经营净收入	Net Business Income of Secondary Industry	2.6	2.6	2.6
3.第三产业经营净收入	Net Business Income of Tertiary Industry	11.5	11.4	11.3
三、财产净收入	Net Income from Property	7.0	7.1	6.7
四、转移净收入	Net Income from Transfer	19.1	19.0	18.7
1.转移性收入	Income from Transfer	23.4	23.6	23.1
2.转移性支出	Expenditure from Transfer	4.4	4.6	4.5

3-3 全体居民现金可支配收入及构成

Disposable Income in Cash and Its Composition of Total Residents

指　　标	Item	2021	2022	2023
现金可支配收入(元/人)	**Disposable Income in Cash (yuan/person)**	**28143.9**	**30261.7**	**32968.2**
一、现金工资性收入	Income of Wages and Salaries in Cash	15992.0	16973.5	18261.7
二、现金经营净收入	Net Business Income in Cash	5895.7	6591.2	7627.7
1.第一产业经营净收入	Net Business Income of Primary Industry	1151.6	1684.0	2141.3
2.第二产业经营净收入	Net Business Income of Secondary Industry	895.4	922.4	1073.4
3.第三产业经营净收入	Net Business Income of Tertiary Industry	3848.7	3984.7	4413.0
三、现金财产净收入	Net Income from Property in Cash	804.8	885.5	1008.5
四、现金转移净收入	Net Income from Transfer in Cash	5451.5	5811.6	6070.3
1.现金转移性收入	Income from Transfer in Cash	6802.9	7319.7	7625.9
2.现金转移性支出	Expenditure from Transfer in Cash	1351.4	1508.1	1555.6
现金可支配收入构成(%)	**Composition of Disposable Income in Cash (%)**	**100.0**	**100.0**	**100.0**
一、现金工资性收入	Income of Wages and Salaries in Cash	56.8	56.1	55.4
二、现金经营净收入	Net Business Income in Cash	20.9	21.8	23.1
1.第一产业经营净收入	Net Business Income of Primary Industry	4.1	5.6	6.5
2.第二产业经营净收入	Net Business Income of Secondary Industry	3.2	3.0	3.3
3.第三产业经营净收入	Net Business Income of Tertiary Industry	13.7	13.2	13.4
三、现金财产净收入	Net Income from Property in Cash	2.9	2.9	3.1
四、现金转移净收入	Net Income from Transfer in Cash	19.4	19.2	18.4
1.现金转移性收入	Income from Transfer in Cash	24.2	24.2	23.1
2.现金转移性支出	Expenditure from Transfer in Cash	4.8	5.0	4.7

3-4 全体居民人均可支配收入增长情况
Growth of Per Capita Disposable Income of Total Residents

年份 Year	人均可支配收入（元） Per Capita Disposable Income (yuan)	比上年名义增长 Nominal Growth over the Previous Year (%)	比上年实际增长 Real Growth over the Previous Year (%)	指数 Index (2013=100)
2013	15154.3			100.0
2014	16795.5	10.8	9.1	109.1
2015	18362.6	9.3	7.9	117.7
2016	19998.1	8.9	7.0	126.0
2017	21863.3	9.3	8.0	136.1
2018	23983.6	9.7	7.5	146.3
2019	26415.1	10.1	7.2	156.9
2020	28103.2	6.4	3.6	162.6
2021	30904.3	10.0	9.0	177.2
2022	32745.2	6.0	3.9	184.1
2023	34892.7	6.6	6.3	195.7

3-5 全体居民人均消费性支出增长情况
Growth of Per Capita Consumption Expenditure of Total Residents

年份 Year	人均消费支出（元） Per Capita Consumption Expenditure (yuan)	比上年名义增长 Nominal Growth over the Previous Year (%)	比上年实际增长 Real Growth over the Previous Year (%)	指数 Index (2013=100)
2013	10544.1			100.0
2014	11727.0	11.2	9.5	109.5
2015	12840.1	9.5	8.1	118.3
2016	14711.5	14.6	12.5	133.2
2017	15751.7	7.1	5.8	140.9
2018	17044.6	8.2	6.1	149.5
2019	19137.4	12.3	9.3	163.4
2020	18877.3	-1.4	-4.0	156.9
2021	21910.9	16.1	15.0	180.5
2022	22541.9	2.9	0.9	182.1
2023	23606.9	4.7	4.5	190.3

3-6 全体居民消费支出
Consumption Expenditure of Total Residents

指　　标	Item	2021	2022	2023
消费支出(元/人)	**Consumption Expenditure (yuan/person)**	**21910.9**	**22541.9**	**23606.9**
(一)食品烟酒	Food, Tobacco and Liquor	7142.6	7678.8	7919.0
1.食品	Food	4519.8	4790.8	4824.9
2.烟酒	Tobacco and Liquor	999.0	1149.5	1183.7
3.饮料	Drinks	189.3	222.9	270.3
4.饮食服务	Diet Service	1434.5	1515.6	1640.1
(二)衣着	Clothing and Footwear	1430.8	1413.3	1543.1
1.衣类	Clothing	1157.8	1141.2	1246.1
2.鞋类	Footwear	273.0	272.1	297.0
(三)居住	Residence	4664.7	4925.1	4901.5
1.租赁房房租	Rent of Rental Housing	102.7	103.7	114.3
2.住房维修及管理	Housing Maintenance and Management	527.8	578.3	724.0
3.水、电、燃料及其他	Water, Electricity, Fuels and Others	737.5	830.7	851.0
4.自有住房折算租金	Converted Rent for Private Housing	3296.8	3412.4	3212.2
(四)生活用品及服务	Articles for Daily Use and Services	1343.0	1354.4	1451.0
1.家具及室内装饰品	Furniture and Interior Decorations	188.2	170.8	201.5
2.家用器具	Home Appliances	341.3	370.0	375.5
3.家用纺织品	Home Textiles	98.8	94.0	100.6
4.家庭日用杂品	Daily-use Household Articles	323.7	331.0	372.5
5.个人护理用品	Personal-care Supplies	323.7	322.0	334.6
6.家庭服务	Household Service	67.3	66.7	66.3
(五)交通通信	Transportation and Communication	2479.5	2483.8	2664.8
1.交通	Transportation	1789.0	1796.6	1984.1
2.通信	Communication	690.5	687.2	680.7
(六)教育文化娱乐	Education, Culture and Recreation	2584.8	2416.5	2619.2
1.教育	Education	2053.6	1911.6	2028.7
2.文化和娱乐	Culture and Recreation	531.2	504.9	590.5
(七)医疗保健	Health Care	1783.6	1749.6	1962.5
1.医疗器具及药品	Medical Instrument and Medicine	381.2	356.7	385.6
2.医疗服务	Medical Service	1402.3	1393.0	1576.9
(八)其他用品和服务	Other Articles and Services	482.0	520.3	545.9
1.其他用品	Other Articles	253.0	289.6	307.3
2.其他服务	Other Services	229.0	230.8	238.6

3-7 全体居民消费支出构成
Composition of the Consumption Expenditure of Total Residents

指　标	Item	2021	2022	2023
消费支出构成(%)	**Composition of the Consumption Expenditure (%)**	**100.0**	**100.0**	**100.0**
(一)食品烟酒	Food, Tobacco and Liquor	32.6	34.1	33.5
1.食品	Food	20.6	21.3	20.4
2.烟酒	Tobacco and Liquor	4.6	5.1	5.0
3.饮料	Drinks	0.9	1.0	1.1
4.饮食服务	Diet Service	6.5	6.7	6.9
(二)衣着	Clothing and Footwear	6.5	6.3	6.5
1.衣类	Clothing	5.3	5.1	5.3
2.鞋类	Footwear	1.2	1.2	1.3
(三)居住	Residence	21.3	21.8	20.8
1.租赁房房租	Rent of Rental Housing	0.5	0.5	0.5
2.住房维修及管理	Housing Maintenance and Management	2.4	2.6	3.1
3.水、电、燃料及其他	Water, Electricity, Fuels and Others	3.4	3.7	3.6
4.自有住房折算租金	Converted Rent for Private Housing	15.0	15.1	13.6
(四)生活用品及服务	Articles for Daily Use and Services	6.1	6.0	6.1
1.家具及室内装饰品	Furniture and Interior Decorations	0.9	0.8	0.9
2.家用器具	Home Appliances	1.6	1.6	1.6
3.家用纺织品	Home Textiles	0.5	0.4	0.4
4.家庭日用杂品	Daily-use Household Articles	1.5	1.5	1.6
5.个人护理用品	Personal-care Supplies	1.5	1.4	1.4
6.家庭服务	Household Service	0.3	0.3	0.3
(五)交通通信	Transportation and Communication	11.3	11.0	11.3
1.交通	Transportation	8.2	8.0	8.4
2.通信	Communication	3.2	3.0	2.9
(六)教育文化娱乐	Education, Culture and Recreation	11.8	10.7	11.1
1.教育	Education	9.4	8.5	8.6
2.文化和娱乐	Culture and Recreation	2.4	2.2	2.5
(七)医疗保健	Health Care	8.1	7.8	8.3
1.医疗器具及药品	Medical Instrument and Medicine	1.7	1.6	1.6
2.医疗服务	Medical Service	6.4	6.2	6.7
(八)其他用品和服务	Other Articles and Services	2.2	2.3	2.3
1.其他用品	Other Articles	1.2	1.3	1.3
2.其他服务	Other Services	1.0	1.0	1.0

3-8 全体居民现金消费支出
Consumption Expenditure of Total Residents in Cash

指　　标	Item	2021	2022	2023
现金消费支出(元/人)	**Consumption Expenditure in Cash (yuan/person)**	**17808.9**	**18379.0**	**19594.7**
(一)食品烟酒	Food, Tobacco and Liquor	6836.7	7358.2	7657.9
1.食品	Food	4306.4	4569.0	4659.3
2.烟酒	Tobacco and Liquor	998.9	1149.1	1183.6
3.饮料	Drinks	188.2	221.3	267.0
4.饮食服务	Diet Service	1343.1	1418.8	1548.0
(二)衣着	Clothing and Footwear	1430.0	1412.5	1542.6
1.衣类	Clothing	1157.0	1140.4	1245.6
2.鞋类	Footwear	273.0	272.0	297.0
(三)居住	Residence	1322.0	1477.1	1624.4
1.租赁房房租	Rent of Rental Housing	102.7	103.7	114.3
2.住房维修及管理	Housing Maintenance and Management	527.8	578.3	724.0
3.水、电、燃料及其他	Water, Electricity, Fuels and Others	691.6	795.1	786.1
(四)生活用品及服务	Articles for Daily Use and Services	1334.1	1349.3	1447.2
1.家具及室内装饰品	Furniture and Interior Decorations	188.2	170.7	201.5
2.家用器具	Home Appliances	341.3	370.0	375.5
3.家用纺织品	Home Textiles	98.8	94.0	100.6
4.家庭日用杂品	Daily-use Household Articles	314.8	326.0	368.7
5.个人护理用品	Personal-care Supplies	323.7	322.0	334.6
6.家庭服务	Household Service	67.3	66.7	66.3
(五)交通通信	Transportation and Communication	2459.7	2476.8	2661.2
1.交通	Transportation	1769.2	1789.7	1980.5
2.通信	Communication	690.5	687.1	680.7
(六)教育文化娱乐	Education, Culture and Recreation	2584.3	2415.7	2616.8
1.教育	Education	2053.6	1911.5	2028.7
2.文化和娱乐	Culture and Recreation	530.7	504.3	588.1
(七)医疗保健	Health Care	1366.3	1376.6	1506.6
1.医疗器具及药品	Medical Instrument and Medicine	368.8	352.6	383.9
2.医疗服务	Medical Service	997.5	1023.9	1122.8
(八)其他用品和服务	Other Articles and Services	475.9	512.8	538.0
1.其他用品	Other Articles	250.4	286.0	302.9
2.其他服务	Other Services	225.4	226.8	235.1

3-9 全体居民现金消费支出构成
Composition of the Consumption Expenditure of Total Residents in Cash

指　标	Item	2021	2022	2023
现金消费支出构成(%)	**Composition of the Consumption Expenditure in Cash (%)**	**100.0**	**100.0**	**100.0**
(一)食品烟酒	Food, Tobacco and Liquor	38.4	40.0	39.1
1.食品	Food	24.2	24.9	23.8
2.烟酒	Tobacco and Liquor	5.6	6.3	6.0
3.饮料	Drinks	1.1	1.2	1.4
4.饮食服务	Diet Service	7.5	7.7	7.9
(二)衣着	Clothing and Footwear	8.0	7.7	7.9
1.衣类	Clothing	6.5	6.2	6.4
2.鞋类	Footwear	1.5	1.5	1.5
(三)居住	Residence	7.4	8.0	8.3
1.租赁房房租	Rent of Rental Housing	0.6	0.6	0.6
2.住房维修及管理	Housing Maintenance and Management	3.0	3.1	3.7
3.水、电、燃料及其他	Water, Electricity, Fuels and Others	3.9	4.3	4.0
(四)生活用品及服务	Articles for Daily Use and Services	7.5	7.3	7.4
1.家具及室内装饰品	Furniture and Interior Decorations	1.1	0.9	1.0
2.家用器具	Home Appliances	1.9	2.0	1.9
3.家用纺织品	Home Textiles	0.6	0.5	0.5
4.家庭日用杂品	Daily-use Household Articles	1.8	1.8	1.9
5.个人护理用品	Personal-care Supplies	1.8	1.8	1.7
6.家庭服务	Household Service	0.4	0.4	0.3
(五)交通通信	Transportation and Communication	13.8	13.5	13.6
1.交通	Transportation	9.9	9.7	10.1
2.通信	Communication	3.9	3.7	3.5
(六)教育文化娱乐	Education, Culture and Recreation	14.5	13.1	13.4
1.教育	Education	11.5	10.4	10.4
2.文化和娱乐	Culture and Recreation	3.0	2.7	3.0
(七)医疗保健	Health Care	7.7	7.5	7.7
1.医疗器具及药品	Medical Instrument and Medicine	2.1	1.9	2.0
2.医疗服务	Medical Service	5.6	5.6	5.7
(八)其他用品和服务	Other Articles and Services	2.7	2.8	2.7
1.其他用品	Other Articles	1.4	1.6	1.5
2.其他服务	Other Services	1.3	1.2	1.2

3-10 全体居民主要食品消费量
Per Capita Main Food Consumption of Total Residents

单位：公斤/人 (kg/person)

指　标	Item	2021	2022	2023
一、粮食	Grain Crops	151.6	139.5	139.5
(一)谷物	Cereals	135.6	125.1	123.0
(二)薯类	Tubers	2.7	2.3	2.4
(三)豆类	Beans	13.4	12.1	14.0
二、油脂	Oil and Fats	10.0	8.6	8.9
#食用植物油	Edible Vegetable Oil	9.2	8.0	8.2
三、蔬菜及菜制品消费量	Vegetables and Processed Products	112.6	112.4	117.0
#鲜菜	Fresh Vegetables	108.9	109.2	113.0
四、肉类	Meat and Processed Products	31.6	33.5	38.6
#猪肉	Pork	24.0	26.3	29.5
牛肉	Beef	2.6	2.7	3.1
羊肉	Mutton	1.1	1.0	1.3
五、禽类	Poultry and Processed Products	15.5	15.0	16.2
六、水产品	Aquatic Products	15.1	14.1	15.2
七、蛋类	Eggs and Processed Products	13.9	13.8	16.2
八、奶类	Milk and Dairy Products	13.3	11.5	12.6
九、干鲜瓜果类	Dried and Fresh Melons and Fruits			
#鲜瓜果	Fresh Melons and Fruits	52.5	55.3	64.0
十、食糖	Sugar	0.9	0.9	0.9

3-11 全体居民年末主要耐用消费品拥有量
Main Durable Goods Owned per 100 Households

单位：辆(台)/百户 (unit/100 households)

指 标	Item	2021	2022	2023
家用汽车	Household Automobile	35.6	38.0	43.1
摩托车	Motorcycle	16.8	16.4	12.9
助力车	Electric Bicycle	115.1	114.5	110.8
洗衣机	Washing Machine	96.4	96.8	97.1
电冰箱(柜)	Refrigerator	104.3	104.0	105.0
微波炉	Microwave Oven	48.4	49.8	45.5
彩色电视机	Color TV Set	133.3	133.2	112.5
空 调	Air Conditioner	169.3	172.4	179.3
热水器	Water Heater	97.4	96.7	90.0
排油烟机	Kitchen Ventilator	61.7	64.2	68.2
固定电话	Telephone	6.9	6.5	4.6
移动电话	Mobile Telephone	267.6	266.8	251.5
计算机	Computer	41.3	42.9	39.5
照相机	Camera	6.8	7.1	6.0

3-12 城镇居民家庭基本情况
Basic Conditions of Urban Households Surveyed

指　标	Item	单位 Unit	2021
一、基本情况	**Basic Conditions**		
户均常住人口	Permanent Residents per Household	人/户(person/household)	3.0
户均常住从业人口	Permanent Employees per Household	人/户(person/household)	2.2
平均每户家庭从业人口比重	Proportion of Employees per Household	%	72.3
平均每一从业人口负担人数（包括从业者本人）	Number of Dependents per Employee Including Oneself	人(person)	1.4
恩格尔系数	Engel's Coefficient of Households	%	32.0
现住房建筑面积	Floor Space of Buildings	平方米/人(m^2/person)	42.3
二、户主文化程度	**Education Level of Householder**		
1.未上过学	Not Been to School	%	1.3
2.小学	Primary School	%	10.5
3.初中	Junior Secondary School	%	37.5
4.高中	Senior Secondary School	%	21.3
5.大学专科	Junior College	%	15.6
6.大学本科	Undergraduate College	%	12.2
7.研究生	Postgraduate	%	1.5
三、常住从业人员就业类型	**Job Situation**		
1.雇主	Employer	%	1.4
2.公职人员	Public Officer	%	3.5
3.事业单位人员	Institution Worker	%	9.5
4.国有企业雇员	State-owned Enterprise Employee	%	6.3
5.其他雇员	Other Employee	%	55.1
6.农业自营	Agricultural Self-employed	%	7.1
7.非农自营	Non-agricultural Self-employed	%	17.2
四、常住从业人员从事主要行业	**Industries Engaged**		
1.第一产业	Primary Industry	%	8.0
2.第二产业	Secondary Industry	%	22.8
3.第三产业	Tertiary Industry	%	69.1
五、居民收入与支出情况	**Income and Expenditure of Households**		
居民人均总收入	Per Capita Total Income	元/人(yuan/person)	48026.7
居民人均可支配收入	Per Capita Disposable Income	元/人(yuan/person)	43008.7
居民人均现金可支配收入	Per Capita Disposable Income in Cash	元/人(yuan/person)	39884.1
现金可支配收入占可支配收入比重	Proportion of Cash in Disposable Income	%	92.7
居民人均消费支出	Per Capita Consumption Expenditure	元/人(yuan/person)	26495.1
居民人均现金消费支出	Per Capita Consumption Expenditure in Cash	元/人(yuan/person)	21429.7
现金消费支出占消费支出比重	Proportion of Cash in Consumption Expenditure	%	80.9

3-12 续表 1 continued

指　　标	Item	单位　Unit	2022
一、基本情况	**Basic Conditions**		
户均常住人口	Permanent Residents per Household	人/户(person/household)	3.1
户均常住从业人口	Permanent Employees per Household	人/户(person/household)	1.6
平均每户家庭从业人口比重	Proportion of Employees per Household	%	51.5
平均每一从业人口负担人数(包括从业者本人)	Number of Dependents per Employee Including Oneself	人(person)	1.9
恩格尔系数	Engel's Coefficient of Households	%	33.3
现住房建筑面积	Floor Space of Buildings	平方米/人(m^2/person)	42.4
二、户主文化程度	**Education Level of Householder**		
1.未上过学	Not Been to School	%	1.2
2.小学	Primary School	%	10.4
3.初中	Junior Secondary School	%	37.2
4.高中	Senior Secondary School	%	21.8
5.大学专科	Junior College	%	15.5
6.大学本科	Undergraduate College	%	12.5
7.研究生	Postgraduate	%	1.5
三、常住从业人员就业类型	**Job Situation**		
1.雇主	Employer	%	1.2
2.公职人员	Public Officer	%	3.5
3.事业单位人员	Institution Worker	%	9.7
4.国有企业雇员	State-owned Enterprise Employee	%	6.3
5.其他雇员	Other Employee	%	55.7
6.农业自营	Agricultural Self-employed	%	6.4
7.非农自营	Non-agricultural Self-employed	%	17.2
四、常住从业人员从事主要行业	**Industries Engaged**		
1.第一产业	Primary Industry	%	7.5
2.第二产业	Secondary Industry	%	23.8
3.第三产业	Tertiary Industry	%	68.7
五、居民收入与支出情况	**Income and Expenditure of Households**		
居民人均总收入	Per Capita Total Income	元/人(yuan/person)	51574.2
居民人均可支配收入	Per Capita Disposable Income	元/人(yuan/person)	45133.2
居民人均现金可支配收入	Per Capita Disposable Income in Cash	元/人(yuan/person)	41595.8
现金可支配收入占可支配收入比重	Proportion of Cash in Disposable Income	%	92.2
居民人均消费支出	Per Capita Consumption Expenditure	元/人(yuan/person)	26832.4
居民人均现金消费支出	Per Capita Consumption Expenditure in Cash	元/人(yuan/person)	21729.8
现金消费支出占消费支出比重	Proportion of Cash in Consumption Expenditure	%	81.0

3-12 续表 2 continued

指　　标	Item	单位 Unit	2023
一、基本情况	**Basic Conditions**		
户均常住人口	Permanent Residents per Household	人/户(person/household)	2.9
户均常住从业人口	Permanent Employees per Household	人/户(person/household)	2.0
平均每户家庭从业人口比重	Proportion of Employees per Household	%	69.6
平均每一从业人口负担人数(包括从业者本人)	Number of Dependents per Employee Including Oneself	人(person)	1.4
恩格尔系数	Engel's Coefficient of Households	%	32.8
现住房建筑面积	Floor Space of Buildings	平方米/人(m^2/person)	39.8
二、户主文化程度	**Education Level of Householder**		
1.未上过学	Not Been to School	%	2.8
2.小学	Primary School	%	12.1
3.初中	Junior Secondary School	%	36.6
4.高中	Senior Secondary School	%	16.7
5.大学专科	Junior College	%	16.2
6.大学本科	Undergraduate College	%	13.7
7.研究生	Postgraduate	%	1.9
三、常住从业人员就业类型	**Job Situation**		
1.雇主	Employer	%	2.2
2.公职人员	Public Officer	%	3.6
3.事业单位人员	Institution Worker	%	8.9
4.国有企业雇员	State-owned Enterprise Employee	%	6.3
5.其他雇员	Other Employee	%	57.6
6.农业自营	Agricultural Self-employed	%	4.7
7.非农自营	Non-agricultural Self-employed	%	16.6
四、常住从业人员从事主要行业	**Industries Engaged**		
1.第一产业	Primary Industry	%	5.3
2.第二产业	Secondary Industry	%	26.2
3.第三产业	Tertiary Industry	%	68.5
五、居民收入与支出情况	**Income and Expenditure of Households**		
居民人均总收入	Per Capita Total Income	元/人(yuan/person)	53896.3
居民人均可支配收入	Per Capita Disposable Income	元/人(yuan/person)	47445.9
居民人均现金可支配收入	Per Capita Disposable Income in Cash	元/人(yuan/person)	44949.1
现金可支配收入占可支配收入比重	Proportion of Cash in Disposable Income	%	94.7
居民人均消费支出	Per Capita Consumption Expenditure	元/人(yuan/person)	27900.2
居民人均现金消费支出	Per Capita Consumption Expenditure in Cash	元/人(yuan/person)	22946.6
现金消费支出占消费支出比重	Proportion of Cash in Consumption Expenditure	%	82.2

3-13 城镇居民可支配收入及构成
Disposable Income and Its Composition of Urban Residents

指　　标	Item	2021	2022	2023
可支配收入(元/人)	**Disposable Income (yuan/person)**	**43008.7**	**45133.2**	**47445.9**
一、工资性收入	Income from Wages and Salaries	25545.5	26773.3	28465.7
二、经营净收入	Net Business Income	6639.8	6986.6	7306.4
1.第一产业经营净收入	Net Business Income of Primary Industry	563.9	655.1	660.2
2.第二产业经营净收入	Net Business Income of Secondary Industry	1107.3	1110.7	1153.4
3.第三产业经营净收入	Net Business Income of Tertiary Industry	4968.7	5220.8	5492.8
三、财产净收入	Net Income from Property	3882.7	4077.7	4038.1
四、转移净收入	Net Income from Transfer	6940.7	7295.5	7635.8
1.转移性收入	Income from Transfer	9013.9	9637.2	10007.2
2.转移性支出	Expenditure from Transfer	2073.2	2341.7	2371.4
可支配收入构成(%)	**Composition of Disposable Income (%)**	**100.0**	**100.0**	**100.0**
一、工资性收入	Income from Wages and Salaries	59.4	59.3	60.0
二、经营净收入	Net Business Income	15.4	15.5	15.4
1.第一产业经营净收入	Net Business Income of Primary Industry	1.3	1.5	1.4
2.第二产业经营净收入	Net Business Income of Secondary Industry	2.6	2.5	2.4
3.第三产业经营净收入	Net Business Income of Tertiary Industry	11.6	11.6	11.6
三、财产净收入	Net Income from Property	9.0	9.0	8.5
四、转移净收入	Net Income from Transfer	16.1	16.2	16.1
1.转移性收入	Income from Transfer	21.0	21.4	21.1
2.转移性支出	Expenditure from Transfer	4.8	5.2	5.0

3-14 城镇居民现金可支配收入及构成

Disposable Income in Cash and Its Composition of Urban Residents

指　标	Item	2021	2022	2023
现金可支配收入(元/人)	**Disposable Income in Cash (yuan/person)**	**39884.1**	**41595.8**	**44949.1**
一、现金工资性收入	Income from Wages and Salaries in Cash	25363.4	26576.6	28189.4
二、现金经营净收入	Net Business Income in Cash	6941.6	6877.8	8067.0
1.第一产业经营净收入	Net Business Income of Primary Industry	421.4	103.1	680.7
2.第二产业经营净收入	Net Business Income of Secondary Industry	1190.2	1198.9	1341.7
3.第三产业经营净收入	Net Business Income of Tertiary Industry	5330.1	5575.9	6044.6
三、现金财产净收入	Net Income from Property in Cash	1203.7	1315.8	1512.6
四、现金转移净收入	Net Income from Transfer in Cash	6375.4	6825.6	7180.1
1.现金转移性收入	Income from Transfer in Cash	8448.6	9166.9	9551.5
2.现金转移性支出	Expenditure from Transfer in Cash	2073.2	2341.3	2371.4
现金可支配收入构成(%)	**Composition of Disposable Income in Cash (%)**	**100.0**	**100.0**	**100.0**
一、现金工资性收入	Income from Wages and Salaries in Cash	63.6	63.9	62.7
二、现金经营净收入	Net Business Income in Cash	17.4	16.5	17.9
1.第一产业经营净收入	Net Business Income of Primary Industry	1.1	0.2	1.5
2.第二产业经营净收入	Net Business Income of Secondary Industry	3.0	2.9	3.0
3.第三产业经营净收入	Net Business Income of Tertiary Industry	13.4	13.4	13.4
三、现金财产净收入	Net Income from Property in Cash	3.0	3.2	3.4
四、现金转移净收入	Net Income from Transfer in Cash	16.0	16.4	16.0
1.现金转移性收入	Income from Transfer in Cash	21.2	22.0	21.2
2.现金转移性支出	Expenditure from Transfer in Cash	5.2	5.6	5.3

3-15 城镇居民人均可支配收入增长情况
Growth of Per Capita Disposable Income of Urban Residents

年份 Year	人均可支配收入(元) Per Capita Disposable Income (yuan)	比上年名义增长 Nominal Growth over the Previous Year (%)	比上年实际增长 Real Growth over the Previous Year (%)	指数 Index (2013=100)
2013	22789.3			100.0
2014	24838.5	9.0	7.2	107.2
2015	26935.8	8.4	7.1	114.7
2016	29156.0	8.2	6.3	122.0
2017	31640.3	8.5	7.1	130.7
2018	34393.1	8.7	6.6	139.3
2019	37540.0	9.1	6.3	148.0
2020	39442.1	5.1	2.5	151.7
2021	43008.7	9.0	8.0	163.8
2022	45133.2	4.9	2.8	168.4
2023	47445.9	5.1	5.0	176.8

3-16 城镇居民人均消费性支出增长情况
Growth of Per Capita Consumption Expenditure of Urban Residents

年份 Year	人均消费支出(元) Per Capita Consumption Expenditure (yuan)	比上年名义增长 Nominal Growth over the Previous Year (%)	比上年实际增长 Real Growth over the Previous Year (%)	指数 Index (2013=100)
2013	14593.6			100.0
2014	16107.1	10.4	8.5	108.5
2015	17233.5	7.0	5.6	114.6
2016	19606.2	13.8	11.8	128.1
2017	20740.2	5.8	4.4	133.8
2018	21522.7	3.8	1.7	136.1
2019	23781.5	10.5	7.6	146.4
2020	22682.7	-4.6	-6.9	136.3
2021	26495.1	16.8	15.7	157.6
2022	26832.4	1.3	-0.8	156.3
2023	27900.2	4.0	3.9	162.4

3-17 城镇居民消费支出
Consumption Expenditure of Urban Residents

指　　标	Item	2021	2022	2023
消费支出(元/人)	**Consumption Expenditure (yuan/person)**	**26495.1**	**26832.4**	**27900.2**
(一)食品烟酒	Food, Tobacco and Liquor	8468.6	8924.9	9164.5
1.食品	Food	5248.0	5471.6	5402.7
2.烟酒	Tobacco and Liquor	1070.4	1182.4	1238.2
3.饮料	Drinks	213.5	238.8	308.7
4.饮食服务	Diet Service	1936.7	2032.1	2214.8
(二)衣着	Clothing and Footwear	1794.9	1762.3	1925.0
1.衣类	Clothing	1475.5	1449.5	1575.3
2.鞋类	Footwear	319.5	312.8	349.7
(三)居住	Residence	5822.9	6078.8	5967.7
1.租赁房房租	Rent of Rental Housing	115.2	117.6	131.6
2.住房维修及管理	Housing Maintenance and Management	647.4	660.3	682.8
3.水、电、燃料及其他	Water, Electricity, Fuels and Others	826.9	930.6	1008.1
4.自有住房折算租金	Converted Rent for Private Housing	4233.4	4370.3	4145.3
(四)生活用品及服务	Articles for Daily Use and Services	1671.2	1631.1	1695.3
1.家具及室内装饰品	Furniture and Interior Decorations	242.8	200.1	228.5
2.家用器具	Home Appliances	426.7	433.5	417.9
3.家用纺织品	Home Textiles	120.1	115.1	104.2
4.家庭日用杂品	Daily-use Household Articles	362.6	367.7	430.9
5.个人护理用品	Personal-care Supplies	413.4	408.7	420.8
6.家庭服务	Household Service	105.6	106.0	93.0
(五)交通通信	Transportation and Communication	3039.9	2910.0	3170.3
1.交通	Transportation	2261.6	2147.8	2367.1
2.通信	Communication	778.4	762.2	803.2
(六)教育文化娱乐	Education, Culture and Recreation	3170.2	2877.8	3108.8
1.教育	Education	2426.3	2198.6	2344.9
2.文化和娱乐	Culture and Recreation	743.9	679.2	763.8
(七)医疗保健	Health Care	1891.2	1933.6	2131.5
1.医疗器具及药品	Medical Instrument and Medicine	441.3	414.8	457.9
2.医疗服务	Medical Service	1449.9	1518.8	1673.6
(八)其他用品和服务	Other Articles and Services	636.2	713.9	737.2
1.其他用品	Other Articles	317.9	399.7	416.0
2.其他服务	Other Services	318.3	314.1	321.2

3-18 城镇居民消费支出构成
Composition of the Consumption Expenditure of Urban Residents

指　　标	Item	2021	2022	2023
消费支出构成(%)	**Composition of the Consumption Expenditure (%)**	**100.0**	**100.0**	**100.0**
(一)食品烟酒	Food, Tobacco and Liquor	32.0	33.3	32.8
1.食品	Food	19.8	20.4	19.4
2.烟酒	Tobacco and Liquor	4.0	4.4	4.4
3.饮料	Drinks	0.8	0.9	1.1
4.饮食服务	Diet Service	7.3	7.6	7.9
(二)衣着	Clothing and Footwear	6.8	6.6	6.9
1.衣类	Clothing	5.6	5.4	5.6
2.鞋类	Footwear	1.2	1.2	1.3
(三)居住	Residence	22.0	22.7	21.4
1.租赁房房租	Rent of Rental Housing	0.4	0.4	0.5
2.住房维修及管理	Housing Maintenance and Management	2.4	2.5	2.4
3.水、电、燃料及其他	Water, Electricity, Fuels and Others	3.1	3.5	3.6
4.自有住房折算租金	Converted Rent for Private Housing	16.0	16.3	14.9
(四)生活用品及服务	Articles for Daily Use and Services	6.3	6.1	6.1
1.家具及室内装饰品	Furniture and Interior Decorations	0.9	0.7	0.8
2.家用器具	Home Appliances	1.6	1.6	1.5
3.家用纺织品	Home Textiles	0.5	0.4	0.4
4.家庭日用杂品	Daily-use Household Articles	1.4	1.4	1.5
5.个人护理用品	Personal-care Supplies	1.6	1.5	1.5
6.家庭服务	Household Service	0.4	0.4	0.3
(五)交通通信	Transportation and Communication	11.5	10.8	11.4
1.交通	Transportation	8.5	8.0	8.5
2.通信	Communication	2.9	2.8	2.9
(六)教育文化娱乐	Education, Culture and Recreation	12.0	10.7	11.1
1.教育	Education	9.2	8.2	8.4
2.文化和娱乐	Culture and Recreation	2.8	2.5	2.7
(七)医疗保健	Health Care	7.1	7.2	7.6
1.医疗器具及药品	Medical Instrument and Medicine	1.7	1.5	1.6
2.医疗服务	Medical Service	5.5	5.7	6.0
(八)其他用品和服务	Other Articles and Services	2.4	2.7	2.6
1.其他用品	Other Articles	1.2	1.5	1.5
2.其他服务	Other Services	1.2	1.2	1.2

3-19 城镇居民现金消费支出
Consumption Expenditure of Urban Residents in Cash

指　　标	Item	2021	2022	2023
现金消费支出(元/人)	**Consumption Expenditure in Cash (yuan/person)**	**21429.7**	**21729.8**	**22946.6**
(一)食品烟酒	Food, Tobacco and Liquor	8236.7	8671.4	8943.8
1.食品	Food	5138.0	5346.6	5322.0
2.烟酒	Tobacco and Liquor	1070.4	1181.7	1238.2
3.饮料	Drinks	213.3	238.6	307.4
4.饮食服务	Diet Service	1815.0	1904.5	2076.1
(二)衣着	Clothing and Footwear	1793.4	1761.0	1924.2
1.衣类	Clothing	1474.0	1448.2	1574.6
2.鞋类	Footwear	319.5	312.7	349.7
(三)居住	Residence	1571.5	1696.6	1740.7
1.租赁房房租	Rent of Rental Housing	115.2	117.5	131.6
2.住房维修及管理	Housing Maintenance and Management	647.4	660.3	682.8
3.水、电、燃料及其他	Water, Electricity, Fuels and Others	809.0	918.8	926.4
(四)生活用品及服务	Articles for Daily Use and Services	1662.8	1625.4	1689.9
1.家具及室内装饰品	Furniture and Interior Decorations	242.8	200.1	228.5
2.家用器具	Home Appliances	426.7	433.5	417.9
3.家用纺织品	Home Textiles	120.1	115.1	104.2
4.家庭日用杂品	Daily-use Household Articles	354.2	362.2	425.5
5.个人护理用品	Personal-care Supplies	413.4	408.6	420.8
6.家庭服务	Household Service	105.6	106.0	93.0
(五)交通通信	Transportation and Communication	3021.8	2903.1	3164.5
1.交通	Transportation	2243.4	2141.1	2361.3
2.通信	Communication	778.4	762.1	803.2
(六)教育文化娱乐	Education, Culture and Recreation	3169.4	2876.4	3104.7
1.教育	Education	2426.3	2198.3	2344.9
2.文化和娱乐	Culture and Recreation	743.2	678.2	759.7
(七)医疗保健	Health Care	1348.4	1493.7	1653.4
1.医疗器具及药品	Medical Instrument and Medicine	424.8	413.0	455.2
2.医疗服务	Medical Service	923.6	1080.8	1198.2
(八)其他用品和服务	Other Articles and Services	625.6	702.2	725.4
1.其他用品	Other Articles	314.0	394.8	408.8
2.其他服务	Other Services	311.7	307.3	316.7

3-20 城镇居民现金消费支出构成
Composition of the Consumption Expenditure of Urban Residents in Cash

指　　标	Item	2021	2022	2023
现金消费支出构成(%)	**Composition of the Consumption Expenditure in Cash (%)**	**100.0**	**100.0**	**100.0**
(一)食品烟酒	Food, Tobacco and Liquor	38.4	39.9	39.0
1.食品	Food	24.0	24.6	23.2
2.烟酒	Tobacco and Liquor	5.0	5.4	5.4
3.饮料	Drinks	1.0	1.1	1.3
4.饮食服务	Diet Service	8.5	8.8	9.0
(二)衣着	Clothing and Footwear	8.4	8.1	8.4
1.衣类	Clothing	6.9	6.7	6.9
2.鞋类	Footwear	1.5	1.4	1.5
(三)居住	Residence	7.3	7.8	7.6
1.租赁房房租	Rent of Rental Housing	0.5	0.5	0.6
2.住房维修及管理	Housing Maintenance and Management	3.0	3.0	3.0
3.水、电、燃料及其他	Water, Electricity, Fuels and Others	3.8	4.2	4.0
(四)生活用品及服务	Articles for Daily Use and Services	7.8	7.5	7.4
1.家具及室内装饰品	Furniture and Interior Decorations	1.1	0.9	1.0
2.家用器具	Home Appliances	2.0	2.0	1.8
3.家用纺织品	Home Textiles	0.6	0.5	0.5
4.家庭日用杂品	Daily-use Household Articles	1.7	1.7	1.9
5.个人护理用品	Personal-care Supplies	1.9	1.9	1.8
6.家庭服务	Household Service	0.5	0.5	0.4
(五)交通通信	Transportation and Communication	14.1	13.4	13.8
1.交通	Transportation	10.5	9.9	10.3
2.通信	Communication	3.6	3.5	3.5
(六)教育文化娱乐	Education, Culture and Recreation	14.8	13.2	13.5
1.教育	Education	11.3	10.1	10.2
2.文化和娱乐	Culture and Recreation	3.5	3.1	3.3
(七)医疗保健	Health Care	6.3	6.9	7.2
1.医疗器具及药品	Medical Instrument and Medicine	2.0	1.9	2.0
2.医疗服务	Medical Service	4.3	5.0	5.2
(八)其他用品和服务	Other Articles and Services	2.9	3.2	3.2
1.其他用品	Other Articles	1.5	1.8	1.8
2.其他服务	Other Services	1.5	1.4	1.4

3-21 城镇居民主要食品消费量

Per Capita Main Food Consumption of Urban Residents

单位：公斤/人 (kg/person)

指　　标	Item	2021	2022	2023
一、粮食	Grain Crops	131.5	117.2	117.4
(一)谷物	Cereals	115.6	103.3	101.7
(二)薯类	Tubers	2.5	2.2	2.2
(三)豆类	Beans	13.3	11.7	13.5
二、油脂	Oil and Fats	9.1	7.9	7.8
#食用植物油	Edible Vegetable Oil	8.5	7.5	7.3
三、蔬菜及菜制品消费量	Vegetables and Processed Products	111.8	111.4	116.7
#鲜菜	Fresh Vegetables	107.4	107.7	112.3
四、肉类	Meat and Processed Products	35.4	34.8	38.5
#猪肉	Pork	26.1	26.3	28.3
牛肉	Beef	3.6	3.5	3.6
羊肉	Mutton	1.3	1.2	1.4
五、禽类	Poultry and Processed Products	15.2	14.8	16.0
六、水产品	Aquatic Products	16.3	15.1	16.7
七、蛋类	Eggs and Processed Products	13.2	13.3	14.6
八、奶类	Milk and Dairy Products	15.8	13.2	14.1
九、干鲜瓜果类	Dried and Fresh Melons and Fruits			
#鲜瓜果	Fresh Melons and Fruits	55.6	58.8	66.1
十、食糖	Sugar	0.8	0.8	0.8

3-22 城镇居民年末主要耐用消费品拥有量

Main Durable Goods Owned per 100 Urban Households

单位：辆(台)/百户 (unit/100 households)

指　标	Item	2021	2022	2023
家用汽车	Household Automobile	41.4	43.4	49.7
摩托车	Motorcycle	9.6	9.3	8.5
助力车	Electric Bicycle	107.0	107.1	101.9
洗衣机	Washing Machine	99.2	99.3	98.8
电冰箱(柜)	Refrigerator	102.6	102.7	102.6
微波炉	Microwave Oven	65.5	66.5	59.4
彩色电视机	Color TV Set	132.7	133.3	112.1
空　调	Air Conditioner	199.3	201.4	209.2
热水器	Water Heater	101.2	100.6	96.1
排油烟机	Kitchen Ventilator	81.2	81.4	84.8
固定电话	Telephone	8.4	8.3	5.4
移动电话	Mobile Telephone	257.0	256.8	238.9
计算机	Computer	58.2	59.1	54.2
照相机	Camera	10.9	11.2	9.3

3-23 农村居民家庭基本情况
Basic Conditions of Rural Households Surveyed

指　标	Item	单位 Unit	2021
一、基本情况	**Basic Conditions**		
户均常住人口	Permanent Residents per Household	人/户(person/household)	3.1
户均常住从业人口	Permanent Employees per Household	人/户(person/household)	2.1
平均每户家庭从业人口比重	Proportion of Employees per Household	%	66.8
平均每一从业人口负担人数（包括从业者本人）	Number of Dependents per Employee Including Oneself	人(person)	1.5
恩格尔系数	Engel's Coefficient of Households	%	33.6
现住房建筑面积	Floor Space of Buildings	平方米/人(m^2/person)	54.7
二、户主文化程度	**Education Level of Householder**		
1.未上过学	Not Been to School	%	3.5
2.小学	Primary School	%	28.5
3.初中	Junior Secondary School	%	57.6
4.高中	Senior Secondary School	%	7.9
5.大学专科	Junior College	%	2.1
6.大学本科	Undergraduate College	%	0.2
7.研究生	Postgraduate	%	0.1
三、常住从业人员就业类型	**Job Situation**		
1.雇主	Employer	%	0.4
2.公职人员	Public Officer	%	0.1
3.事业单位人员	Institution Worker	%	0.7
4.国有企业雇员	State-owned Enterprise Employee	%	0.3
5.其他雇员	Other Employee	%	45.4
6.农业自营	Agricultural Self-employed	%	39.8
7.非农自营	Non-agricultural Self-employed	%	13.4
四、常住从业人员从事主要行业	**Industries Engaged**		
1.第一产业	Primary Industry	%	42.5
2.第二产业	Secondary Industry	%	27.2
3.第三产业	Tertiary Industry	%	30.3
五、居民收入与支出情况	**Income and Expenditure of Households**		
居民人均总收入	Per Capita Total Income	元/人(yuan/person)	25449.9
居民人均可支配收入	Per Capita Disposable Income	元/人(yuan/person)	18371.7
居民人均现金可支配收入	Per Capita Disposable Income in Cash	元/人(yuan/person)	15988.4
现金可支配收入占可支配收入比重	Proportion of Cash in Disposable Income	%	87.0
居民人均消费支出	Per Capita Consumption Expenditure	元/人(yuan/person)	17163.3
居民人均现金消费支出	Per Capita Consumption Expenditure in Cash	元/人(yuan/person)	14059.0
现金消费支出占消费支出比重	Proportion of Cash in Consumption Expenditure	%	81.9

3-23 续表 1 continued

指　　标	Item	单位　Unit	2022
一、基本情况	**Basic Conditions**		
户均常住人口	Permanent Residents per Household	人/户(person/household)	3.1
户均常住从业人口	Permanent Employees per Household	人/户(person/household)	1.6
平均每户家庭从业人口比重	Proportion of Employees per Household	%	52.4
平均每一从业人口负担人数（包括从业者本人）	Number of Dependents per Employee Including Oneself	人(person)	1.9
恩格尔系数	Engel's Coefficient of Households	%	35.3
现住房建筑面积	Floor Space of Buildings	平方米/人(m^2/person)	54.7
二、户主文化程度	**Education Level of Householder**		
1.未上过学	Not Been to School	%	3.4
2.小学	Primary School	%	28.5
3.初中	Junior Secondary School	%	58.2
4.高中	Senior Secondary School	%	7.5
5.大学专科	Junior College	%	2.1
6.大学本科	Undergraduate College	%	0.2
7.研究生	Postgraduate	%	
三、常住从业人员就业类型	**Job Situation**		
1.雇主	Employer	%	0.3
2.公职人员	Public Officer	%	0.1
3.事业单位人员	Institution Worker	%	0.5
4.国有企业雇员	State-owned Enterprise Employee	%	0.3
5.其他雇员	Other Employee	%	47.9
6.农业自营	Agricultural Self-employed	%	36.9
7.非农自营	Non-agricultural Self-employed	%	13.9
四、常住从业人员从事主要行业	**Industries Engaged**		
1.第一产业	Primary Industry	%	39.2
2.第二产业	Secondary Industry	%	28.8
3.第三产业	Tertiary Industry	%	32.0
五、居民收入与支出情况	**Income and Expenditure of Households**		
居民人均总收入	Per Capita Total Income	元/人(yuan/person)	26986.6
居民人均可支配收入	Per Capita Disposable Income	元/人(yuan/person)	19574.9
居民人均现金可支配收入	Per Capita Disposable Income in Cash	元/人(yuan/person)	18211.8
现金可支配收入占可支配收入比重	Proportion of Cash in Disposable Income	%	93.0
居民人均消费支出	Per Capita Consumption Expenditure	元/人(yuan/person)	17980.4
居民人均现金消费支出	Per Capita Consumption Expenditure in Cash	元/人(yuan/person)	14816.5
现金消费支出占消费支出比重	Proportion of Cash in Consumption Expenditure	%	82.4

3-23 续表 2 continued

指　　标	Item	单位 Unit	2023
一、基本情况	**Basic Conditions**		
户均常住人口	Permanent Residents per Household	人/户(person/household)	3.2
户均常住从业人口	Permanent Employees per Household	人/户(person/household)	2.0
平均每户家庭从业人口比重	Proportion of Employees per Household	%	62.3
平均每一从业人口负担人数（包括从业者本人）	Number of Dependents per Employee Including Oneself	人(person)	1.6
恩格尔系数	Engel's Coefficient of Households	%	34.7
现住房建筑面积	Floor Space of Buildings	平方米/人(m^2/person)	49.6
二、户主文化程度	**Education Level of Householder**		
1.未上过学	Not Been to School	%	7.2
2.小学	Primary School	%	30.6
3.初中	Junior Secondary School	%	46.8
4.高中	Senior Secondary School	%	11.1
5.大学专科	Junior College	%	3.7
6.大学本科	Undergraduate College	%	0.6
7.研究生	Postgraduate	%	…
三、常住从业人员就业类型	**Job Situation**		
1.雇主	Employer	%	0.9
2.公职人员	Public Officer	%	0.3
3.事业单位人员	Institution Worker	%	0.8
4.国有企业雇员	State-owned Enterprise Employee	%	0.6
5.其他雇员	Other Employee	%	41.9
6.农业自营	Agricultural Self-employed	%	39.6
7.非农自营	Non-agricultural Self-employed	%	16.0
四、常住从业人员从事主要行业	**Industries Engaged**		
1.第一产业	Primary Industry	%	43.2
2.第二产业	Secondary Industry	%	24.7
3.第三产业	Tertiary Industry	%	32.1
五、居民收入与支出情况	**Income and Expenditure of Households**		
居民人均总收入	Per Capita Total Income	元/人(yuan/person)	28955.8
居民人均可支配收入	Per Capita Disposable Income	元/人(yuan/person)	21143.9
居民人均现金可支配收入	Per Capita Disposable Income in Cash	元/人(yuan/person)	19846.3
现金可支配收入占可支配收入比重	Proportion of Cash in Disposable Income	%	93.9
居民人均消费支出	Per Capita Consumption Expenditure	元/人(yuan/person)	18904.6
居民人均现金消费支出	Per Capita Consumption Expenditure in Cash	元/人(yuan/person)	15923.7
现金消费支出占消费支出比重	Proportion of Cash in Consumption Expenditure	%	84.2

3-24 农村居民可支配收入及构成
Disposable Income and Its Composition of Rural Residents

指　　标	Item	2021	2022	2023
可支配收入（元/人）	**Disposable Income (yuan/person)**	**18371.7**	**19574.9**	**21143.9**
一、工资性收入	Income from Wages and Salaries	6372.7	6861.2	7449.3
二、经营净收入	Net Business Income	6795.3	7227.7	7962.0
1.第一产业经营净收入	Net Business Income of Primary Industry	4171.7	4551.4	5075.3
2.第二产业经营净收入	Net Business Income of Secondary Industry	518.8	558.6	620.2
3.第三产业经营净收入	Net Business Income of Tertiary Industry	2104.8	2117.6	2266.5
三、财产净收入	Net Income from Property	391.7	427.9	456.4
四、转移净收入	Net Income from Transfer	4812.0	5058.1	5276.3
1.转移性收入	Income from Transfer	5416.0	5680.4	5938.4
2.转移性支出	Expenditure from Transfer	604.0	622.3	662.1
可支配收入构成（%）	**Composition of Disposable Income (%)**	**100.0**	**100.0**	**100.0**
一、工资性收入	Income from Wages and Salaries	34.7	35.1	35.2
二、经营净收入	Net Business Income	37.0	36.9	37.7
1.第一产业经营净收入	Net Business Income of Primary Industry	22.7	23.3	24.0
2.第二产业经营净收入	Net Business Income of Secondary Industry	2.8	2.9	2.9
3.第三产业经营净收入	Net Business Income of Tertiary Industry	11.5	10.8	10.7
三、财产净收入	Net Income from Property	2.1	2.2	2.2
四、转移净收入	Net Income from Transfer	26.2	25.8	25.0
1.转移性收入	Income from Transfer	29.5	29.0	28.1
2.转移性支出	Expenditure from Transfer	3.3	3.2	3.1

3-25 农村居民现金可支配收入及构成
Disposable Income in Cash and Its Composition of Rural Residents

指　　标	Item	2021	2022	2023
现金可支配收入(元/人)	**Disposable Income in Cash (yuan/person)**	**15988.4**	**18211.8**	**19846.3**
一、现金工资性收入	Income from Wages and Salaries in Cash	6289.0	6763.8	7388.6
二、现金经营净收入	Net Business Income in Cash	4812.8	6286.4	7146.5
1.第一产业经营净收入	Net Business Income of Primary Industry	1907.7	3364.7	3741.1
2.第二产业经营净收入	Net Business Income of Secondary Industry	590.2	628.6	779.4
3.第三产业经营净收入	Net Business Income of Tertiary Industry	2314.8	2293.1	2626.0
三、现金财产净收入	Net Income from Property in Cash	391.7	427.9	456.4
四、现金转移净收入	Net Income from Transfer in Cash	4494.9	4733.6	4854.8
1.现金转移性收入	Income from Transfer in Cash	5098.9	5355.9	5516.9
2.现金转移性支出	Expenditure from Transfer in Cash	604.0	622.3	662.1
现金可支配收入构成(%)	**Composition of Disposable Income in Cash (%)**	**100.0**	**100.0**	**100.0**
一、现金工资性收入	Income from Wages and Salaries in Cash	39.3	37.1	37.2
二、现金经营净收入	Net Business Income in Cash	30.1	34.5	36.0
1.第一产业经营净收入	Net Business Income of Primary Industry	11.9	18.5	18.9
2.第二产业经营净收入	Net Business Income of Secondary Industry	3.7	3.5	3.9
3.第三产业经营净收入	Net Business Income of Tertiary Industry	14.5	12.6	13.2
三、现金财产净收入	Net Income from Property in Cash	2.4	2.3	2.3
四、现金转移净收入	Net Income from Transfer in Cash	28.1	26.0	24.5
1.现金转移性收入	Income from Transfer in Cash	31.9	29.4	27.8
2.现金转移性支出	Expenditure from Transfer in Cash	3.8	3.4	3.3

3-26 农村居民人均可支配收入增长情况
Growth of Per Capita Disposable Income of Rural Residents

年份 Year	人均可支配收入 (元) Per Capita Disposable Income (yuan)	比上年名义增长 Nominal Growth over the Previous Year (%)	比上年实际增长 Real Growth over the Previous Year (%)	指数 Index (2013=100)
2013	8850.0			100.0
2014	9916.4	12.0	10.4	110.4
2015	10820.7	9.1	7.7	118.9
2016	11720.5	8.3	6.6	126.8
2017	12758.2	8.9	7.7	136.5
2018	13996.0	9.7	7.6	146.8
2019	15416.0	10.1	7.1	157.3
2020	16620.2	7.8	4.8	164.8
2021	18371.7	10.5	9.8	180.9
2022	19574.9	6.5	4.7	189.3
2023	21143.9	8.0	7.5	203.5

3-27 农村居民人均消费性支出增长情况
Growth of Per Capita Consumption Expenditure of Rural Residents

年份 Year	人均消费支出 (元) Per Capita Consumption Expenditure (yuan)	比上年名义增长 Nominal Growth over the Previous Year (%)	比上年实际增长 Real Growth over the Previous Year (%)	指数 Index (2013=100)
2013	7200.3			100.0
2014	7980.8	10.8	9.2	109.2
2015	8975.2	12.5	11.0	121.2
2016	10287.3	14.6	12.8	136.8
2017	11106.1	8.0	6.8	146.0
2018	12748.1	14.8	12.5	164.4
2019	14545.8	14.1	11.0	182.4
2020	15023.5	3.3	0.4	183.1
2021	17163.3	14.2	13.4	207.7
2022	17980.4	4.8	2.9	213.8
2023	18904.6	5.1	4.6	223.6

3-28 农村居民消费支出
Consumption Expenditure of Rural Residents

指　　标	Item	2021	2022	2023
消费支出(元/人)	**Consumption Expenditure (yuan/person)**	**17163.3**	**17980.4**	**18904.6**
(一)食品烟酒	Food, Tobacco and Liquor	5769.3	6353.9	6554.8
1.食品	Food	3765.7	4067.0	4192.1
2.烟酒	Tobacco and Liquor	924.9	1114.4	1123.9
3.饮料	Drinks	164.4	206.1	228.3
4.饮食服务	Diet Service	914.3	966.4	1010.5
(二)衣着	Clothing and Footwear	1053.7	1042.2	1124.8
1.衣类	Clothing	828.9	813.4	885.4
2.鞋类	Footwear	224.8	228.8	239.4
(三)居住	Residence	3465.3	3698.6	3733.7
1.租赁房房租	Rent of Rental Housing	89.8	89.0	95.3
2.住房维修及管理	Housing Maintenance and Management	403.9	491.1	769.2
3.水、电、燃料及其他	Water, Electricity, Fuels and Others	645.0	724.4	678.8
4.自有住房折算租金	Converted Rent for Private Housing	2326.7	2394.1	2190.3
(四)生活用品及服务	Articles for Daily Use and Services	1003.1	1060.3	1183.4
1.家具及室内装饰品	Furniture and Interior Decorations	131.7	139.5	172.0
2.家用器具	Home Appliances	252.9	302.5	328.9
3.家用纺织品	Home Textiles	76.8	71.6	96.6
4.家庭日用杂品	Daily-use Household Articles	283.3	291.9	308.5
5.个人护理用品	Personal-care Supplies	230.7	229.9	240.2
6.家庭服务	Household Service	27.7	24.9	37.1
(五)交通通信	Transportation and Communication	1899.1	2030.7	2111.2
1.交通	Transportation	1299.6	1423.3	1564.6
2.通信	Communication	599.5	607.5	546.6
(六)教育文化娱乐	Education, Culture and Recreation	1978.5	1926.1	2083.0
1.教育	Education	1667.7	1606.6	1682.4
2.文化和娱乐	Culture and Recreation	310.8	319.5	400.6
(七)医疗保健	Health Care	1672.1	1554.1	1777.3
1.医疗器具及药品	Medical Instrument and Medicine	319.0	294.8	306.3
2.医疗服务	Medical Service	1353.1	1259.2	1471.0
(八)其他用品和服务	Other Articles and Services	322.2	314.6	336.3
1.其他用品	Other Articles	185.7	172.4	188.3
2.其他服务	Other Services	136.5	142.2	148.1

3-29 农村居民消费支出构成
Composition of the Consumption Expenditure of Rural Residents

指　标	Item	2021	2022	2023
消费支出构成(%)	**Composition of the Consumption Expenditure (%)**	**100.0**	**100.0**	**100.0**
(一)食品烟酒	Food, Tobacco and Liquor	33.6	35.3	34.7
1.食品	Food	21.9	22.6	22.2
2.烟酒	Tobacco and Liquor	5.4	6.2	5.9
3.饮料	Drinks	1.0	1.1	1.2
4.饮食服务	Diet Service	5.3	5.4	5.3
(二)衣着	Clothing and Footwear	6.1	5.8	6.0
1.衣类	Clothing	4.8	4.5	4.7
2.鞋类	Footwear	1.3	1.3	1.3
(三)居住	Residence	20.2	20.6	19.8
1.租赁房房租	Rent of Rental Housing	0.5	0.5	0.5
2.住房维修及管理	Housing Maintenance and Management	2.4	2.7	4.1
3.水、电、燃料及其他	Water, Electricity, Fuels and Others	3.8	4.0	3.6
4.自有住房折算租金	Converted Rent for Private Housing	13.6	13.3	11.6
(四)生活用品及服务	Articles for Daily Use and Services	5.8	5.9	6.3
1.家具及室内装饰品	Furniture and Interior Decorations	0.8	0.8	0.9
2.家用器具	Home Appliances	1.5	1.7	1.7
3.家用纺织品	Home Textiles	0.4	0.4	0.5
4.家庭日用杂品	Daily-use Household Articles	1.7	1.6	1.6
5.个人护理用品	Personal-care Supplies	1.3	1.3	1.3
6.家庭服务	Household Service	0.2	0.1	0.2
(五)交通通信	Transportation and Communication	11.1	11.3	11.2
1.交通	Transportation	7.6	7.9	8.3
2.通信	Communication	3.5	3.4	2.9
(六)教育文化娱乐	Education, Culture and Recreation	11.5	10.7	11.0
1.教育	Education	9.7	8.9	8.9
2.文化和娱乐	Culture and Recreation	1.8	1.8	2.1
(七)医疗保健	Health Care	9.7	8.6	9.4
1.医疗器具及药品	Medical Instrument and Medicine	1.9	1.6	1.6
2.医疗服务	Medical Service	7.9	7.0	7.8
(八)其他用品和服务	Other Articles and Services	1.9	1.7	1.8
1.其他用品	Other Articles	1.1	1.0	1.0
2.其他服务	Other Services	0.8	0.8	0.8

3-30 农村居民现金消费支出

Consumption Expenditure of Rural Residents in Cash

指　　标	Item	2021	2022	2023
现金消费支出(元/人)	**Consumption Expenditure in Cash (yuan/person)**	**14059.0**	**14816.5**	**15923.7**
(一)食品烟酒	Food, Tobacco and Liquor	5386.7	5962.0	6249.5
1.食品	Food	3445.2	3742.2	3933.4
2.烟酒	Tobacco and Liquor	924.9	1114.4	1123.8
3.饮料	Drinks	162.2	202.9	222.8
4.饮食服务	Diet Service	854.5	902.5	969.6
(二)衣着	Clothing and Footwear	1053.6	1042.0	1124.6
1.衣类	Clothing	828.8	813.2	885.2
2.鞋类	Footwear	224.8	228.8	239.4
(三)居住	Residence	1063.6	1243.8	1497.0
1.租赁房房租	Rent of Rental Housing	89.8	89.0	95.3
2.住房维修及管理	Housing Maintenance and Management	403.9	491.1	769.2
3.水、电、燃料及其他	Water, Electricity, Fuels and Others	570.0	663.7	632.4
(四)生活用品及服务	Articles for Daily Use and Services	993.7	1055.8	1181.4
1.家具及室内装饰品	Furniture and Interior Decorations	131.5	139.5	172.0
2.家用器具	Home Appliances	252.9	302.5	328.9
3.家用纺织品	Home Textiles	76.8	71.6	96.6
4.家庭日用杂品	Daily-use Household Articles	274.0	287.5	306.6
5.个人护理用品	Personal-care Supplies	230.7	229.9	240.2
6.家庭服务	Household Service	27.7	24.9	37.1
(五)交通通信	Transportation and Communication	1877.6	2023.6	2109.9
1.交通	Transportation	1278.1	1416.1	1563.3
2.通信	Communication	599.5	607.5	546.6
(六)教育文化娱乐	Education, Culture and Recreation	1978.4	1926.0	2082.5
1.教育	Education	1667.7	1606.6	1682.4
2.文化和娱乐	Culture and Recreation	310.7	319.4	400.1
(七)医疗保健	Health Care	1384.7	1252.0	1345.9
1.医疗器具及药品	Medical Instrument and Medicine	310.7	288.5	305.7
2.医疗服务	Medical Service	1074.1	963.5	1040.2
(八)其他用品和服务	Other Articles and Services	320.7	311.4	332.8
1.其他用品	Other Articles	184.6	170.3	187.0
2.其他服务	Other Services	136.1	141.2	145.8

3-31 农村居民现金消费支出构成
Composition of the Consumption Expenditure of Rural Residents in Cash

指　标	Item	2021	2022	2023
现金消费支出构成(%)	**Composition of the Consumption Expenditure in Cash (%)**	**100.0**	**100.0**	**100.0**
(一)食品烟酒	Food, Tobacco and Liquor	38.3	40.2	39.2
1.食品	Food	24.5	25.3	24.7
2.烟酒	Tobacco and Liquor	6.6	7.5	7.1
3.饮料	Drinks	1.2	1.4	1.4
4.饮食服务	Diet Service	6.1	6.1	6.1
(二)衣着	Clothing and Footwear	7.5	7.0	7.1
1.衣类	Clothing	5.9	5.5	5.6
2.鞋类	Footwear	1.6	1.5	1.5
(三)居住	Residence	7.6	8.4	9.4
1.租赁房房租	Rent of Rental Housing	0.6	0.6	0.6
2.住房维修及管理	Housing Maintenance and Management	2.9	3.3	4.8
3.水、电、燃料及其他	Water, Electricity, Fuels and Others	4.1	4.5	4.0
(四)生活用品及服务	Articles for Daily Use and Services	7.1	7.1	7.4
1.家具及室内装饰品	Furniture and Interior Decorations	0.9	0.9	1.1
2.家用器具	Home Appliances	1.8	2.0	2.1
3.家用纺织品	Home Textiles	0.5	0.5	0.6
4.家庭日用杂品	Daily-use Household Articles	1.9	1.9	1.9
5.个人护理用品	Personal-care Supplies	1.6	1.6	1.5
6.家庭服务	Household Service	0.2	0.2	0.2
(五)交通通信	Transportation and Communication	13.4	13.7	13.3
1.交通	Transportation	9.1	9.6	9.8
2.通信	Communication	4.3	4.1	3.4
(六)教育文化娱乐	Education, Culture and Recreation	14.1	13.0	13.1
1.教育	Education	11.9	10.8	10.6
2.文化和娱乐	Culture and Recreation	2.2	2.2	2.5
(七)医疗保健	Health Care	9.8	8.5	8.5
1.医疗器具及药品	Medical Instrument and Medicine	2.2	1.9	1.9
2.医疗服务	Medical Service	7.6	6.5	6.5
(八)其他用品和服务	Other Articles and Services	2.3	2.1	2.1
1.其他用品	Other Articles	1.3	1.1	1.2
2.其他服务	Other Services	1.0	1.0	0.9

3-32 农村居民主要食品消费量
Per Capita Main Food Consumption of Rural Residents

单位：公斤/人　　(kg/person)

指　　标	Item	2021	2022	2023
一、粮食	Grain Crops	172.5	163.1	163.6
(一)谷物	Cereals	156.2	148.3	146.4
(二)薯类	Tubers	2.9	2.3	2.6
(三)豆类	Beans	13.4	12.6	14.6
二、油脂	Oil and Fats	10.9	9.3	10.1
#食用植物油	Edible Vegetable Oil	9.8	8.6	9.3
三、蔬菜及菜制品消费量	Vegetables and Processed Products	113.5	113.5	117.4
#鲜菜	Fresh Vegetables	110.4	110.7	113.8
四、肉类	Meat and Processed Products	27.6	32.1	38.6
#猪肉	Pork	21.8	26.4	30.8
牛肉	Beef	1.6	1.9	2.4
羊肉	Mutton	0.9	0.9	1.2
五、禽类	Poultry and Processed Products	15.8	15.1	16.4
六、水产品	Aquatic Products	13.9	12.9	13.5
七、蛋类	Eggs and Processed Products	14.5	14.3	17.9
八、奶类	Milk and Dairy Products	10.8	9.6	11.0
九、干鲜瓜果类	Dried and Fresh Melons and Fruits			
#鲜瓜果	Fresh Melons and Fruits	49.3	51.6	61.7
十、食糖	Sugar	1.0	1.0	1.0

3-33 农村居民年末主要耐用消费品拥有量

Main Durable Goods Owned per 100 Rural Households

单位：辆(台)/百户　　(unit/100 households)

指　标	Item	2021	2022	2023
家用汽车	Household Automobile	29.5	32.2	35.1
摩托车	Motorcycle	24.3	24.2	18.3
助力车	Electric Bicycle	123.8	122.6	121.5
洗衣机	Washing Machine	93.5	94.2	95.0
电冰箱(柜)	Refrigerator	106.1	105.5	107.8
微波炉	Microwave Oven	30.4	31.5	28.8
彩色电视机	Color TV Set	133.8	133.1	113.0
空　调	Air Conditioner	137.5	140.6	143.2
热水器	Water Heater	93.4	92.5	82.8
排油烟机	Kitchen Ventilator	41.0	45.3	48.2
固定电话	Telephone	5.3	4.6	3.6
移动电话	Mobile Telephone	278.9	277.7	266.7
计算机	Computer	23.5	25.1	21.8
照相机	Camera	2.5	2.6	2.0

3-34 全国及分省(区、市)居民人均可支配收入(2023年)

Per Capita Disposable Income by Province(2023)

单位：元 (yuan)

省份	Province	全体居民 Total Residents		城镇常住居民 Urban Residents		农村常住居民 Rural Residents	
		人均可支配收入 (Per Capita Disposable Income)	增速(%) Growth Rate (%)	人均可支配收入 (Per Capita Disposable Income)	增速(%) Growth Rate (%)	人均可支配收入 (Per Capita Disposable Income)	增速(%) Growth Rate (%)
全国	**National**	**39218.0**	**6.3**	**51820.7**	**5.1**	**21690.9**	**7.7**
北京	Beijing	81752.4	5.6	88650.2	5.5	37358.0	7.5
天津	Tianjin	51271.3	4.7	55354.5	4.4	30851.0	6.3
河北	Hebei	32903.0	6.6	43630.5	5.7	20688.4	6.8
山西	Shanxi	30924.0	6.0	41327.4	4.5	17676.7	8.3
内蒙古	Inner Mongolia	38129.6	6.1	48675.7	5.1	21220.5	8.0
辽宁	Liaoning	37992.1	5.3	45896.0	4.3	21483.2	7.9
吉林	Jilin	29797.4	6.5	37503.5	5.7	19472.0	7.4
黑龙江	Heilongjiang	29694.4	4.8	36492.0	4.1	19755.9	6.3
上海	Shanghai	84834.3	6.6	89476.7	6.5	42988.0	8.2
江苏	Jiangsu	52673.5	5.6	63211.1	5.0	30488.4	7.0
浙江	Zhejiang	63830.5	5.9	74996.8	5.2	40310.8	7.3
安徽	**Anhui**	**34892.7**	**6.6**	**47445.9**	**5.1**	**21143.9**	**8.0**
福建	Fujian	45426.3	5.4	56152.8	4.3	26721.7	6.9
江西	Jiangxi	34242.1	5.6	45553.6	4.2	21358.2	7.1
山东	Shandong	39889.8	6.2	51570.9	5.1	23776.0	7.5
河南	Henan	29932.9	6.1	40234.5	4.5	20052.9	7.3
湖北	Hubei	35146.1	6.8	44989.7	5.5	21293.4	8.0
湖南	Hunan	35895.0	5.5	49242.8	4.1	20921.0	7.0
广东	Guangdong	49327.4	4.8	59306.6	4.2	25141.8	6.5
广西	Guangxi	29513.9	5.5	41286.6	4.0	18655.7	7.0
海南	Hainan	33192.1	7.2	42661.0	6.3	20708.3	8.3
重庆	Chongqing	37594.6	5.4	47434.8	4.2	20819.8	7.8
四川	Sichuan	32514.0	6.0	45227.4	4.6	19977.9	7.0
贵州	Guizhou	27098.0	6.2	42772.4	4.1	14817.2	8.1
云南	Yunnan	28420.6	5.5	43563.2	3.3	16361.3	8.0
西藏	Xizang	28983.4	8.7	51900.5	6.5	19923.9	9.4
陕西	Shaanxi	32127.6	6.7	44713.0	5.4	16991.8	8.2
甘肃	Gansu	25010.7	7.5	39832.8	6.0	13131.2	7.9
青海	Qinghai	28586.9	5.9	40408.5	4.3	15613.9	8.0
宁夏	Ningxia	31603.5	6.8	42395.0	5.5	17772.1	8.2
新疆	Xinjiang	28946.6	7.0	40578.0	5.6	17947.9	8.4

3-35 各市、县(区)居民人均可支配收入(2023年)

Per Capita Disposable Income by Region(2023)

单位：元 (yuan)

地区	Region	全体居民 Total Residents		城镇常住居民 Urban Residents		农村常住居民 Rural Residents	
		人均可支配收入 (Per Capita Disposable Income)	增速(%) Growth Rate (%)	人均可支配收入 (Per Capita Disposable Income)	增速(%) Growth Rate (%)	人均可支配收入 (Per Capita Disposable Income)	增速(%) Growth Rate (%)
安徽省	**Anhui**	**34892.7**	**6.6**	**47445.9**	**5.1**	**21143.9**	**8.0**
合肥市	**Hefei**	**52594.2**	**7.7**	**59609.0**	**6.1**	**31140.5**	**8.4**
瑶海区	Yaohai District	61439.8	5.9	61439.8	5.9		
庐阳区	Luyang District	68060.5	6.1	68060.5	6.1		
蜀山区	Shushan District	69205.9	6.0	69205.9	6.0		
包河区	Baohe District	70091.6	6.0	70091.6	6.0		
合肥高新区	Hefei New and High-tech Zone	56566.5	7.1	56566.5	7.1		
合肥经开区	Hefei Economic-technology Development Zone	56486.3	7.0	56486.3	7.0		
合肥新站区	Hefei New Station District	53137.4	7.0	53137.4	7.0		
长丰县	Changfeng	38586.4	8.6	48271.6	6.3	29909.7	8.4
肥东县	Feidong	41288.3	8.4	50511.2	6.1	32748.8	8.5
肥西县	Feixi	43058.3	8.5	53275.3	6.2	33478.7	8.4
庐江县	Lujiang	37047.9	8.3	45105.7	6.0	29017.7	8.3
巢湖市	Chaohu	41654.5	7.9	48206.1	6.1	30542.6	8.2
芜湖市	**Wuhu**	**46022.4**	**6.7**	**54189.0**	**5.3**	**31517.3**	**7.9**
镜湖区	Jinghu District	60490.8	5.4	60972.2	5.5	38447.3	7.5
弋江区	Yijiang District	56795.6	5.4	56795.6	5.4		
鸠江区	Jiujiang District	48190.9	6.0	54659.8	5.6	33618.1	7.6
三山经开区	Sanshan District	40659.6	8.8	49157.1	5.1	33754.9	7.3
湾沚区	Wanzhi District	42482.6	7.7	51011.4	5.0	34354.9	8.2
繁昌区	Fanchang District	43540.2	9.2	50915.7	5.2	34128.7	8.1
南陵县	Nanling	40938.1	7.2	48859.5	5.3	34014.5	7.4
无为市	Wuwei	37586.3	6.2	49645.4	5.7	27958.8	7.9
芜湖经开区	Wuhu Economic-technology Development Zone	54564.8	5.8	54564.8	5.8		
蚌埠市	**Bengbu**	**35435.8**	**5.0**	**46795.6**	**4.8**	**22333.7**	**8.0**
龙子湖区	Longzihu District	56364.5	5.2	57823.5	4.0	21095.3	7.6
蚌山区	Bengshan District	50593.9	5.4	51668.7	4.2	21805.4	7.1
禹会区	Yuhui District	40497.1	3.1	46076.1	3.6	20551.2	7.2
淮上区	Huaishang District	33469.8	4.1	47500.9	5.0	20885.6	7.0
怀远县	Huaiyuan	29502.8	5.2	41446.0	4.9	22623.1	8.2
五河县	Wuhe	30043.4	4.8	40945.3	4.5	22486.0	8.0
固镇县	Guzhen	29777.1	4.4	41511.9	3.8	22588.4	7.8
蚌埠高新区	Bengbu New and High-tech Zone	39897.0	4.2	44797.8	4.6	20686.4	8.1
淮南市	**Huainan**	**35092.6**	**5.1**	**45477.0**	**4.9**	**19104.5**	**7.8**
大通区	Datong District	42208.3	5.2	47806.1	4.2	22276.3	6.8
田家庵区	Tianjiaan District	53242.5	5.0	53875.0	5.0	23742.5	7.8
谢家集区	Xiejiaji District	44453.4	4.9	46696.9	4.7	22586.6	7.6
八公山区	Bagongshan District	42594.8	4.0	42873.5	4.0	22870.4	7.3
潘集区	Panji District	33924.5	5.5	46645.7	4.8	20987.9	7.7
凤台县	Fengtai	29274.1	5.2	44106.4	4.6	21218.5	7.4
寿县	Shouxian	24200.2	5.3	34896.8	4.9	16371.0	8.0
毛集实验区	Maoji Experimental District	27513.0	4.5	36795.0	4.1	20960.1	7.0

3-35 续表 1 continued

单位：元 (yuan)

地区	Region	全体居民 Total Residents		城镇常住居民 Urban Residents		农村常住居民 Rural Residents	
		人均可支配收入 (Per Capita Disposable Income)	增速(%) Growth Rate (%)	人均可支配收入 (Per Capita Disposable Income)	增速(%) Growth Rate (%)	人均可支配收入 (Per Capita Disposable Income)	增速(%) Growth Rate (%)
马鞍山市	**Maanshan**	**52418.3**	**6.2**	**62509.9**	**5.2**	**32670.3**	**7.6**
花山区	Huashan District	72807.4	2.9	73963.0	4.2	43138.3	5.5
雨山区	Yushan District	75069.7	2.6	77205.4	4.3	42345.9	5.5
博望区	Bowang District	46983.2	4.8	58257.9	5.6	35454.5	6.0
当涂县	Dangtu	45911.1	6.4	52856.8	5.4	37351.3	8.1
含山县	Hanshan	35735.6	5.9	44615.8	5.4	28921.7	7.6
和县	Hexian	37971.8	5.7	46203.1	5.8	29036.1	7.2
淮北市	**Huaibei**	**34079.2**	**4.8**	**43785.7**	**5.0**	**18806.7**	**7.5**
杜集区	Duji District	38840.5	3.5	42230.0	5.0	19893.4	7.6
相山区	Xiangshan District	47293.8	3.8	49451.1	4.6	19275.6	7.2
烈山区	Lieshan District	33016.6	2.4	40649.0	4.5	19047.9	7.5
濉溪县	Suixi	26687.0	6.9	39796.6	5.1	18661.4	7.4
铜陵市	**Tongling**	**36590.1**	**7.2**	**48767.4**	**5.0**	**21864.9**	**7.9**
铜官区	Tongguan District	58867.1	5.1	58907.8	5.1	39926.2	7.1
义安区	Yi'an District	39990.4	6.9	46486.4	4.4	33866.0	8.3
郊区	Suburban District	32599.6	3.7	45349.6	4.2	20552.3	8.4
枞阳县	Congyang	24331.9	7.5	35357.0	4.7	18568.8	7.1
安庆市	**Anqing**	**30744.7**	**6.7**	**43609.5**	**5.2**	**19525.8**	**7.7**
迎江区	Yingjiang District	49196.3	6.2	55610.3	5.7	24467.4	8.3
大观区	Daguan District	49081.5	6.9	54365.4	5.6	23782.3	8.4
宜秀区	Yixiu District	31259.3	7.0	39350.3	5.8	24683.2	8.2
怀宁县	Huaining	32289.3	6.9	44113.0	5.1	22221.5	7.7
潜山市	Qianshan	27589.0	6.9	41996.5	4.9	18182.5	8.0
太湖县	Taihu	24525.3	6.5	37093.2	4.8	17435.9	7.9
宿松县	Susong	24233.4	6.7	36218.7	5.2	17423.4	7.8
望江县	Wangjiang	25507.9	6.8	38043.3	5.3	17586.5	7.5
岳西县	Yuexi	23900.7	7.4	36095.1	5.0	17534.0	8.1
安庆开发区	Anqing Development Zone	53119.6	5.5	53119.6	5.5		
桐城市	Tongcheng	32382.3	7.0	42791.3	5.4	23006.7	7.6
黄山市	**Huangshan**	**34655.3**	**7.1**	**45858.5**	**4.7**	**23464.5**	**8.1**
屯溪区	Tunxi District	48338.5	4.8	50286.1	4.7	24781.0	7.5
黄山区	Huangshan District	37210.4	5.5	48194.4	4.1	24126.3	7.5
徽州区	Huizhou District	38524.9	8.0	50267.1	5.3	24624.0	8.1
歙县	Shexian	30275.0	7.2	41866.7	4.4	23329.9	8.4
休宁县	Xiuning	29807.1	7.1	41955.1	4.7	23096.8	7.8
黟县	Yixian	30454.0	6.3	40509.7	4.2	23783.5	8.5
祁门县	Qimen	30440.2	7.4	41742.0	4.1	23031.6	7.8
滁州市	**Chuzhou**	**32223.8**	**7.7**	**43423.4**	**5.8**	**20176.5**	**8.3**
琅琊区	Langya District	50544.5	3.8	52219.6	4.0	21410.2	8.3
南谯区	Nanqiao District	36066.5	8.6	49769.6	6.1	20816.2	8.5
来安县	Laian	32283.5	8.8	45699.3	6.0	20203.7	8.6
全椒县	Quanjiao	31832.8	8.5	41132.7	6.3	20574.0	8.1
定远县	Dingyuan	26514.1	6.6	39353.1	6.2	18733.1	8.2
凤阳县	Fengyang	25276.3	8.7	36129.9	6.4	17811.0	8.4
滁州经开区	Chuzhou Economic-technology Development Zone	42107.8	3.9	42107.8	3.9		

3-35 续表 2 continued

单位：元 (yuan)

地区	Region	全体居民 Total Residents 人均可支配收入 (Per Capita Disposable Income)	全体居民 Total Residents 增速(%) Growth Rate (%)	城镇常住居民 Urban Residents 人均可支配收入 (Per Capita Disposable Income)	城镇常住居民 Urban Residents 增速(%) Growth Rate (%)	农村常住居民 Rural Residents 人均可支配收入 (Per Capita Disposable Income)	农村常住居民 Rural Residents 增速(%) Growth Rate (%)
天长市	Tianchang	39643.8	7.8	46525.8	6.0	28231.8	8.8
明光市	Mingguang	28757.9	6.5	39714.2	6.0	18789.8	8.8
阜阳市	**Fuyang**	**27357.5**	**5.5**	**41359.4**	**5.4**	**18232.2**	**8.1**
颍州区	Yingzhou District	37193.7	3.0	46363.0	4.9	20823.5	7.3
颍东区	Yingdong District	26956.0	5.0	39115.3	4.8	17162.4	8.1
颍泉区	Yingquan District	29849.0	2.9	41577.3	5.0	18375.3	7.4
临泉县	Linquan	23324.1	6.6	38108.3	5.6	17640.1	8.2
太和县	Taihe	27865.0	6.1	41388.0	5.4	18453.6	7.5
阜南县	Funan	23321.4	4.2	37912.7	5.3	17372.6	8.2
颍上县	Yingshang	26588.0	6.3	40925.8	5.3	18402.7	8.1
界首市	Jieshou	30362.1	5.7	43306.7	5.5	19933.4	8.3
宿州市	**Suzhou**	**27250.2**	**6.2**	**40894.9**	**5.1**	**18282.2**	**8.2**
埇桥区	Yongqiao District	32492.3	5.5	44890.6	5.0	18691.7	8.2
砀山县	Dangshan	27811.1	5.7	39381.3	5.1	18655.2	8.0
萧县	Xiaoxian	24463.3	6.5	38819.7	5.1	18135.7	8.2
灵璧县	Lingbi	24400.3	6.1	36861.2	4.9	18383.3	8.4
泗县	Sixian	23405.3	7.4	37103.8	5.2	17508.0	8.1
六安市	**Lu'an**	**28265.4**	**6.6**	**41278.5**	**6.2**	**18696.3**	**8.6**
金安区	Jinan District	33683.7	6.4	46044.0	6.0	19873.1	8.4
裕安区	Yuan District	31715.1	6.0	46676.6	5.8	20047.1	8.6
叶集区	Yeji District	26048.1	7.5	38259.5	6.3	18225.5	8.3
霍邱县	Huoqiu	22907.6	7.0	36309.4	6.2	17454.5	8.3
舒城县	Shucheng	27949.0	6.0	38253.0	5.8	18844.3	8.8
金寨县	Jinzhai	24010.9	6.6	35287.3	5.8	17671.7	8.9
霍山县	Huoshan	33355.0	6.5	40725.7	6.5	20678.3	8.3
亳州市	**Bozhou**	**27840.6**	**6.8**	**41725.8**	**6.0**	**19391.4**	**8.5**
谯城区	Qiaocheng District	31878.4	6.1	45187.5	5.5	21422.6	8.2
涡阳县	Guoyang	24480.6	5.8	36899.4	5.6	18142.9	8.2
蒙城县	Mengcheng	28427.4	9.6	41776.4	5.3	19935.1	8.7
利辛县	Lixin	25495.1	4.3	40690.3	6.1	17999.6	8.4
池州市	**Chizhou**	**33401.6**	**7.9**	**43439.5**	**5.9**	**22414.5**	**8.8**
贵池区	Guichi District	36208.3	8.1	44967.1	5.6	23249.7	8.6
东至县	Dongzhi	31719.4	7.1	41305.5	5.7	22397.7	8.8
石台县	Shitai	24110.4	7.2	37846.2	6.2	16214.4	8.5
青阳县	Qingyang	32912.0	6.0	44267.8	5.5	23555.1	8.9
宣城市	**Xuancheng**	**38952.0**	**8.5**	**51318.0**	**5.6**	**23979.0**	**8.7**
宣州区	Xuanzhou District	39249.7	7.2	51334.8	4.8	24196.2	8.1
郎溪县	Langxi	34806.6	8.6	49647.8	4.7	23190.4	8.9
广德市	Guangde	42981.2	8.6	55399.0	4.7	27228.6	8.7
泾县	Jingxian	31042.5	8.0	41934.7	5.2	21333.0	8.0
绩溪县	Jixi	32943.6	7.7	45845.5	5.7	19709.1	8.0
旌德县	Jingde	27335.9	7.6	36802.1	5.8	19022.4	7.9
宁国市	Ningguo	47643.5	7.2	56669.6	5.9	26741.3	7.8

主要指标解释

一、收入

可支配收入 指调查户在调查期内获得的、可用于最终消费支出和储蓄的总和，即调查户可以用来自由支配的收入。可支配收入既包括现金，也包括实物收入。按照收入的来源，可支配收入包含四项，分别为：工资性收入、经营净收入、财产净收入和转移净收入。按居民类型划分,有居民可支配收入、城镇常住居民可支配收入、农村常住居民可支配收入，计算公式为：

可支配收入 ＝ 工资性收入 ＋ 经营净收入 ＋ 财产净收入 ＋ 转移净收入

其中：经营净收入 ＝ 经营收入 － 经营费用 － 生产性固定资产折旧 － 生产税

财产净收入 ＝ 财产性收入 － 财产性支出

转移净收入 ＝ 转移性收入 － 转移性支出

工资性收入 指就业人员通过各种途径得到的全部劳动报酬和各种福利，包括受雇于单位或个人、从事各种自由职业、兼职和零星劳动得到的全部劳动报酬和福利。

经营净收入 指住户或住户成员从事生产经营活动所获得的净收入，是全部经营收入中扣除经营费用、生产性固定资产折旧和生产税之后得到的净收入。

财产净收入 指住户或住户成员将其所拥有的金融资产、住房等非金融资产和自然资源交由其他机构单位、住户或个人支配而获得的回报并扣除相关的费用之后得到的净收入。财产净收入包括利息净收入、红利收入、储蓄性保险净收益和转让承包土地经营权租金净收入、出租房屋净收入、出租其它资产净收入和自有住房折算净租金等。

转移性收入 指国家、单位、社会团体对住户的各种经常性转移支付和住户之间的经常性收入转移。包括养老金或退休金、社会救济和补助、政策性生活补贴、救灾款、经常性捐赠和赔偿以及报销医疗费等；住户之间的赡养收入、经常性捐赠和赔偿以及农村地区（村委会）在外（含国外）工作的本住户非常住成员寄回带回的收入等。

二、消费

消费支出 指住户用于满足家庭日常生活消费需要的全部支出，包括用于消费品的支出和用于服务性消费的支出。根据用途不同，消费支出可划分为食品烟酒、衣着、居住、生活用品及服务、交通通信、教育文化娱乐、医疗保健、其他用品及服务八大类。根据来源不同，消费支出可划分为现金消费支出、实物消费支出（含自产自用、来自单位、来自政府和其他社会组织）。

4

价格调查

Chapter 4 Price Survey

简要说明

一、本篇资料内容主要反映生产、消费等环节的价格变动趋势和变动幅度。内容主要包括各种价格总指数、居民消费价格指数、工业生产者出厂价格指数、工业生产者购进价格指数、新建商品住宅销售价格指数和二手住宅销售价格指数。

二、本篇所列价格指数的编制工作由国家统计局安徽调查总队组织实施。

三、居民消费价格指数采用分层随机抽样调查方法，以样本推断总体，调查实行月报，纳入全省汇总的调查市县 19 个。

四、农产品生产者价格调查采用抽样调查和重点调查相结合的方法，调查实行季报，目前抽选的调查县（区）为 31 个。

五、工业生产者出厂价格及工业生产者购进价格调查采用重点调查和典型调查相结合的方法，调查实行月报，调查对象包括全省 16 个市的 2230 家工业企业。

六、新建商品住宅销售价格调查为全面调查，二手住宅销售价格调查采用重点调查与典型调查相结合的方法，调查实行月报，全省调查城市为 9 个。

本版编辑：邓　泓、张军锋、刘玉如、王澜、伍曼琪

4-1 各种价格指数
Price Indices

(上年=100) (preceding year=100)

年 份 Year	居民消费价格指数 Consumer Price Index	城市居民消费价格指数 Urban Household	农村居民消费价格指数 Rural Household	商品零售价格指数 Retail Price Index	工业生产者出厂价格指数 Producer Price Index for Industrial Products	工业生产者购进价格指数 Purchasing Price Index for Industrial Producers
1978				100.0		
1979		102.6		102.1		
1980		104.1		103.4		
1981		103.2		101.7		
1982		100.1		101.0		
1983		102.2		101.1		
1984	102.1	102.1	102.0	102.0		
1985	107.1	107.8	106.4	106.4		
1986	106.2	105.8	106.5	105.2		
1987	109.1	109.9	108.3	109.7		
1988	120.9	121.4	119.1	121.8		
1989	117.2	115.7	118.8	117.1		
1990	102.7	102.6	102.8	101.9		
1991	106.1	107.4	104.1	105.7		
1992	108.2	108.8	108.0	106.6		
1993	114.7	114.4	115.4	112.9	125.3	128.7
1994	126.9	127.4	126.3	123.2	120.9	122.3
1995	114.8	115.9	113.7	112.7	117.2	117.9
1996	109.9	110.1	109.7	107.1	101.5	110.0
1997	101.3	101.9	100.7	99.4	99.3	101.7
1998	100.0	100.3	99.9	98.1	96.4	96.0
1999	97.8	97.6	98.0	96.6	95.9	94.5
2000	100.7	100.9	100.5	98.0	98.9	102.6
2001	100.5	100.0	101.3	99.6	98.6	100.2
2002	99.0	99.1	98.7	99.2	99.8	98.2
2003	101.7	101.8	101.7	101.3	103.5	106.7
2004	104.5	104.3	104.8	102.7	108.2	115.0
2005	101.4	101.0	101.9	100.6	103.3	107.2
2006	101.2	101.4	100.9	100.8	103.1	103.9
2007	105.3	105.3	105.2	104.5	103.6	105.1
2008	106.2	106.0	106.4	106.3	108.4	112.4
2009	99.1	98.9	99.4	99.0	92.8	95.3
2010	103.1	103.0	103.4	103.2	109.0	111.8
2011	105.6	105.4	105.9	105.3	108.3	110.8
2012	102.3	102.2	102.4	102.1	98.3	98.2
2013	102.4	102.4	102.5	101.2	98.2	96.9
2014	101.6	101.7	101.5	100.4	97.4	97.2
2015	101.3	101.3	101.3	99.7	93.9	93.5
2016	101.8	101.8	101.6	100.8	98.5	98.4
2017	101.2	101.3	101.1	101.7	108.0	109.2
2018	102.0	102.0	102.0	101.9	103.0	105.3
2019	102.7	102.7	102.8	101.9	100.3	99.9
2020	102.7	102.5	102.9	101.6	99.1	98.5
2021	100.9	101.1	100.7	101.6	107.7	111.5
2022	102.0	102.1	101.8	102.7	103.2	104.0
2023	100.2	100.1	100.5		96.6	95.1

注：自2023年，国家统计局取消编制省（区、市）和市、县商品零售价格指数。
Note: From 2023, the retail price index of province, city and country has been cancelled by National Bureau of Statistics of China.

4-2 各种价格定基指数

Fixed-base Price Indices

年　份 Year	居民消费价格指数 Consumer Price Index (1983=100)	城市居民消费价格指数 Urban Household (1978=100)	农村居民消费价格指数 Rural Household (1983=100)	商品零售价格指数 Retail Price Index (1978=100)	工业生产者出厂价格指数 Producer Price Index for Industrial Products (1992=100)	工业生产者购进价格指数 Purchasing Price Index for Industrial Producers (1992=100)
1979		102.6		102.1		
1980		106.8		105.6		
1981		110.2		107.4		
1982		110.3		108.4		
1983		112.8		109.6		
1984	102.1	115.1	102.0	111.8		
1985	109.3	124.1	108.5	119.0		
1986	116.1	131.3	115.6	125.2		
1987	126.7	144.3	125.2	137.3		
1988	153.2	175.2	149.1	167.2		
1989	179.5	202.7	177.1	195.8		
1990	184.4	208.0	182.1	199.6		
1991	195.6	223.4	189.5	210.9		
1992	211.7	243.0	204.7	224.9		
1993	242.8	278.0	236.2	253.9	125.3	128.7
1994	308.1	354.2	298.3	312.8	151.5	157.4
1995	353.7	410.5	339.2	352.5	177.5	185.6
1996	388.7	451.9	372.1	377.5	180.3	204.2
1997	393.7	460.5	374.7	375.2	179.0	207.6
1998	393.7	461.9	374.4	368.1	172.5	199.2
1999	385.1	450.8	366.9	355.6	165.4	188.2
2000	387.8	454.9	368.7	348.5	163.5	193.1
2001	389.7	454.9	373.5	347.1	161.3	193.4
2002	385.8	450.8	368.6	344.3	161.0	190.0
2003	392.4	458.9	374.9	348.8	166.6	202.8
2004	410.0	478.6	392.9	358.2	180.2	233.2
2005	415.8	483.4	400.4	360.4	186.2	250.0
2006	420.8	490.2	404.0	363.2	192.0	259.7
2007	443.1	516.2	425.0	379.6	199.0	273.0
2008	470.5	547.1	452.2	403.5	215.7	306.8
2009	466.3	541.1	449.5	399.5	200.2	292.3
2010	480.7	557.4	464.7	412.3	218.2	326.6
2011	507.7	587.5	492.2	434.1	236.3	361.9
2012	519.3	600.4	504.0	443.2	232.3	355.4
2013	531.8	614.8	516.6	448.5	228.1	344.4
2014	540.3	625.3	524.3	450.3	222.2	334.8
2015	547.3	633.4	531.1	448.9	208.6	313.0
2016	557.2	644.8	539.6	452.5	205.5	308.0
2017	563.9	653.2	545.5	460.2	221.9	336.3
2018	575.2	666.3	556.4	468.9	228.6	354.0
2019	590.7	684.3	572.0	477.8	229.4	353.7
2020	606.6	701.4	588.6	485.4	227.4	348.3
2021	612.1	709.1	592.7	493.2	244.9	388.4
2022	624.3	724.0	603.4	506.5	252.7	403.9
2023	625.5	724.7	606.4		244.1	384.1

4-3 居民消费价格分类指数(2023年)
Consumer Price Indices by Category (2023)

(上年＝100) (preceding year=100)

指 标	Item	全省 Provincial	城市 Urban	农村 Rural
居民消费价格指数	**Consumer Price Index**	**100.2**	**100.1**	**100.5**
非食品烟酒价格指数	Non-food Price Index	100.1	100.0	100.3
服务价格指数	Items of Service Price Index	100.8	100.7	101.0
工业品价格指数	Industrial Products Price Index	99.3	99.2	99.5
消费品价格指数	Consumable Products Price Index	99.8	99.7	100.1
扣除食品和能源价格指数	Deduction Food and Energy Price Index	100.7	100.6	100.9
扣除鲜菜鲜果价格指数	Deduction Fresh Vegetables and Fruits Price Index	100.2	100.1	100.4
一、食品烟酒	**Food, Tobacco and Liquor**	**100.5**	**100.3**	**100.9**
1.食品	Food	99.4	99.1	100.0
(1)粮食	Grain Crops	100.7	100.8	100.6
(2)薯类	Tubers	106.2	106.1	106.3
(3)豆类	Beans	101.3	99.8	103.7
(4)食用油	Edible Oil and Fats	101.1	100.3	102.4
(5)菜及食用菌	Vegetables and Edible Mushrooms	96.6	96.3	97.3
鲜菜	Fresh Vegetables	95.8	95.5	96.6
(6)畜肉类	Meat of Livestock	92.4	92.7	91.7
猪肉	Pork	84.2	83.8	84.8
牛肉	Beef	97.6	96.6	100.1
羊肉	Mutton	95.3	95.5	95.0
(7)禽肉类	Meat of Poultry	104.6	103.6	106.4
(8)水产品	Aquatic Products	98.0	97.5	99.1
(9)蛋类	Eggs	99.6	99.5	99.9
(10)奶类	Milk and Other Dairy Products	99.7	99.2	100.7
(11)干鲜瓜果类	Dried and Fresh Melons and Fruits	105.6	105.1	106.8
鲜果	Fresh Melons and Fruits	106.2	105.5	107.9
(12)糖果糕点类	Candy and Cake	101.7	101.9	101.1
(13)调味品	Flavoring	102.1	101.5	103.0
(14)其他食品类	Other Foods	100.9	100.5	101.6
2.茶及饮料	Tea and Beverages	106.0	105.8	106.4
3.烟酒	Tobacco and Liquor	101.3	100.8	102.0
(1)卷烟	Cigarette	101.8	101.3	102.4
(2)酒类	Liquor	100.6	100.1	101.5
4.在外餐饮	Dining Out	103.0	103.1	102.8
二、衣着	**Clothing**	**101.6**	**101.6**	**101.8**
1.服装	Garments	101.8	101.7	102.0
(1)男式服装	Men's Clothing	102.2	102.1	102.4
(2)女式服装	Women's Clothing	101.8	101.6	102.2
(3)儿童服装	Children's Clothing	101.3	101.3	101.2
(4)衣着材料及配件	Clothing Materials and Accessories	101.4	101.4	101.4

4-3 续表 1 continued

(上年＝100) (preceding year=100)

指　　标	Item	全省 Provincial	城市 Urban	农村 Rural
(5)衣着服务费	Clothing Service Fee	101.7	101.8	101.4
2.鞋类	Footwear	100.8	100.8	100.9
(1)鞋	Shoes	100.8	100.9	100.7
(2)鞋类服务	Footwear Services	103.5	100.4	108.2
三、居住	**Residence**	**99.7**	**99.6**	**100.0**
1.租赁房房租	Rent of Rental Housing	99.4	99.2	100.0
2.住房保养维修及管理	Housing Maintenance and Management	100.2	100.2	100.4
(1)住房装潢材料	Housing Decoration Materials	99.3	98.8	100.1
(2)住房维修管理费用	Housing Maintenance and Management Expenses	101.3	101.6	100.7
3.水电燃料	Water, Electricity and Fuels	99.7	99.8	99.5
(1)水	Water	100.1	100.1	100.1
(2)电	Electricity	100.0	100.0	100.0
(3)燃气	Gas	98.3	99.1	97.1
(4)其他水电燃料类	Others	100.2	99.6	101.6
四、生活用品及服务	**Articles for Daily Use and Services**	**100.1**	**100.0**	**100.1**
1.家具及室内装饰品	Furniture and Interior Decorations	99.8	99.8	99.7
(1)家具	Furniture	99.7	99.8	99.5
(2)室内装饰品	Interior Decorations	100.7	100.3	101.8
2.家用器具	Home Appliances	99.6	99.5	99.8
(1)大型家用器具	Large Household Appliances	99.7	99.6	99.8
(2)小家电	Small Home Appliances	99.1	98.8	99.7
3.家用纺织品	Home Textiles	99.8	99.6	100.5
(1)床上用品	Bedding	99.9	99.7	100.6
(2)窗帘门帘	Curtain	100.2	100.0	100.7
(3)其他家用纺织品	Other Home Textiles	98.5	98.2	99.1
4.家庭日用杂品	Daily-use Household Articles	99.6	99.4	99.9
(1)洗涤卫生用品	Sanitary Articles	99.9	100.0	99.8
(2)厨具餐具茶具	Kitchenware, Tableware, Tea set	100.2	99.7	101.3
(3)其他家庭日用杂品	Other Daily-use Household Articles	98.8	98.3	99.6
5.个人护理用品	Personal-care Supplies	100.5	100.5	100.3
(1)化妆品	Cosmetics	100.4	100.6	99.8
(2)其他护理用品类	Other Personal-care Supplies	100.5	100.4	100.7
6.家庭服务	Household Service	102.8	102.9	102.3
五、交通通信	**Transportation and Communication**	**97.5**	**97.4**	**97.6**
1.交通	Transportation	97.0	97.0	97.1
(1)交通工具	Transportation Facility	95.8	95.7	96.0
(2)交通工具用燃料	Fuels for Transport Facility	94.6	94.6	94.6
(3)交通工具使用和维修	Use and Maintenance of Transport Facility	99.8	100.0	99.3
(4)交通费	Traffic Fee	105.6	105.5	105.7

4-3 续表 2 continued

(上年＝100)				(preceding year=100)
指 标	Item	全省 Provincial	城市 Urban	农村 Rural
2.通信	Communication	98.7	98.5	99.1
(1)通信工具	Communication Facility	97.0	96.7	97.5
(2)通信服务	Communication Services	99.6	99.5	99.8
(3)邮递服务	Postal Service	99.5	99.4	99.7
六、教育文化娱乐	**Education, Culture and Recreation**	**102.0**	**101.9**	**102.0**
1.教育	Education	101.9	101.8	102.2
(1)教育用品	Education Articles	101.6	101.6	101.6
(2)教育服务	Education Services	101.9	101.8	102.2
2.文化娱乐	Culture and Recreation	102.0	102.2	101.5
(1)文娱耐用消费品	Durable Consumer Goods for Culture and Recreation	97.8	97.5	98.7
(2)其他文娱用品	Expenditure on Culture and Recreation	99.6	99.1	100.3
(3)文化娱乐服务	Culture and Recreation Services	101.3	100.9	102.3
(4)旅游	Tourism	106.4	106.8	104.8
七、医疗保健	**Health Care**	**100.7**	**100.3**	**101.3**
1.药品及医疗器具	Medical Instrument and Medicine	100.8	100.2	101.8
(1)中药	Traditional Chinese Medicine	106.4	104.8	108.8
(2)西药	Western Medicine	99.4	99.0	100.0
(3)滋补保健品	Nourishing Health Products	100.5	100.7	100.2
(4)医疗卫生器具	Medical Appliance	97.0	96.5	98.0
(5)保健器具	Health Care Appliance	102.5	102.4	102.6
2.医疗服务	Medical Services	100.6	100.3	101.1
(1)综合医疗类	General Medical	101.4	101.3	101.7
(2)诊断类	Diagnosis	100.5	100.0	101.5
(3)治疗类	Treatment	100.0	100.1	99.9
(4)康复类	Rehabilitation	100.4	100.0	101.1
(5)中医医疗服务类	Traditional Chinese Medical Services	100.4	100.0	101.0
(6)其他医疗保健服务	Other Health Care Services	101.8	100.7	103.5
八、其他用品及服务	**Other Articles and Services**	**103.2**	**103.3**	**103.0**
1.其他用品	Other Articles	104.8	105.1	104.1
(1)首饰手表	Jewelry and Watches	109.3	109.3	109.2
(2)母婴用品	Maternal and Infant Supplies	101.6	102.0	101.0
(3)其他杂项用品	Other Sundry Articles	99.9	99.6	100.4
2.其他服务	Other Services	101.0	101.0	101.1
(1)在外住宿	Accommodation Outside	101.9	101.4	103.6
(2)美容美发洗浴	Hairdressing Bath	100.9	100.6	101.5
(3)养老服务	Aged Services	101.5	102.1	100.0
(4)金融及保险服务	Financial and Insurance Services	100.8	100.9	100.3
(5)中介法律及其他服务	Intermediary Legal and Other Services	101.1	100.9	101.5

4-4 居民消费价格月度同比指数(2023年)

(上年同月=100)

指　标	Item	1月 January	2月 February	3月 March
居民消费价格指数	**Consumer Price Index**	**101.8**	**100.9**	**100.6**
非食品烟酒价格指数	Non-food Price Index	100.5	100.1	99.7
服务价格指数	Items of Service Price Index	100.2	99.8	100.2
工业品价格指数	Industrial Products Price Index	100.9	100.3	99.2
消费品价格指数	Consumable Products Price Index	102.8	101.6	100.9
扣除食品和能源价格指数	Deduction Food and Energy Price Index	100.7	100.4	100.4
扣除鲜菜鲜果价格指数	Deduction Fresh Vegetables and Fruits Price Index	101.5	100.7	100.6
一、食品烟酒	**Food, Tobacco and Liquor**	**104.9**	**103.0**	**102.8**
1.食品	Food	106.0	103.1	102.9
(1)粮食	Grain Crops	100.9	101.3	101.4
(2)薯类	Tubers	120.0	117.5	117.4
(3)豆类	Beans	103.9	101.9	102.3
(4)食用油	Edible Oil and Fats	107.9	107.3	107.4
(5)菜及食用菌	Vegetables and Edible Mushrooms	102.1	97.7	89.7
鲜菜	Fresh Vegetables	101.1	96.8	88.0
(6)畜肉类	Meat of Livestock	105.4	100.8	105.3
猪肉	Pork	106.3	99.4	109.3
牛肉	Beef	100.7	98.6	100.3
羊肉	Mutton	96.1	94.8	96.9
(7)禽肉类	Meat of Poultry	111.5	109.1	110.5
(8)水产品	Aquatic Products	102.4	95.3	96.9
(9)蛋类	Eggs	110.6	108.2	109.4
(10)奶类	Milk and Other Dairy Products	100.2	101.8	99.8
(11)干鲜瓜果类	Dried and Fresh Melons and Fruits	118.1	113.4	113.4
鲜果	Fresh Melons and Fruits	121.8	115.9	115.7
(12)糖果糕点类	Candy and Cake	101.9	103.1	103.5
(13)调味品	Flavoring	104.8	104.8	104.0
(14)其他食品类	Other Foods	101.3	102.5	102.5
2.茶及饮料	Tea and Beverages	105.0	105.4	104.6
3.烟酒	Tobacco and Liquor	101.2	101.5	101.5
(1)卷烟	Cigarette	101.7	101.8	101.7
(2)酒类	Liquor	100.5	101.2	101.2
4.在外餐饮	Dining Out	104.2	103.3	103.0
二、衣着	**Clothing**	**100.6**	**100.8**	**101.3**
1.服装	Garments	100.6	101.1	101.5
(1)男式服装	Men's Clothing	101.4	102.3	102.8
(2)女式服装	Women's Clothing	100.3	100.6	101.1
(3)儿童服装	Children's Clothing	99.6	99.7	100.3
(4)衣着材料及配件	Clothing Materials and Accessories	100.4	101.0	100.9

Consumer Price Indices by Month (2023)

(the same month last year=100)

4 月 April	5 月 May	6 月 June	7 月 July	8 月 August	9 月 September	10 月 October	11 月 November	12 月 December
99.9	**100.1**	**100.1**	**99.6**	**100.1**	**100.0**	**99.8**	**99.6**	**100.0**
99.5	99.5	99.1	99.9	100.4	100.7	100.7	100.4	100.5
100.4	100.6	100.8	101.4	101.5	101.5	101.3	101.1	101.2
98.4	98.3	97.3	98.2	99.3	99.8	100.1	99.6	99.8
99.6	99.9	99.7	98.5	99.2	99.1	99.0	98.8	99.3
100.4	100.5	100.5	101.0	101.0	101.1	101.0	100.9	100.9
100.2	100.1	99.6	99.6	100.2	100.2	99.9	99.6	99.9
100.9	**101.7**	**102.5**	**98.9**	**99.2**	**98.4**	**97.7**	**97.9**	**98.7**
100.1	101.2	102.4	96.9	97.4	96.2	95.2	95.4	96.8
101.0	100.5	100.4	99.6	99.9	101.1	100.9	100.8	100.8
105.5	102.4	106.0	104.4	104.6	104.1	100.0	99.3	94.6
101.3	100.9	101.1	101.2	100.9	101.0	100.8	100.6	100.4
105.8	103.9	102.7	100.6	99.6	97.3	95.2	94.6	93.3
82.7	100.6	114.5	95.0	93.3	88.8	92.4	103.4	107.5
80.7	99.9	115.9	94.4	92.5	88.1	91.8	103.0	108.4
102.2	100.3	96.1	84.1	90.1	88.1	80.9	79.8	84.9
101.7	96.4	88.6	69.5	81.4	77.8	66.9	66.6	75.6
98.9	97.7	96.5	94.8	96.6	97.3	97.2	96.0	96.1
96.9	97.6	97.0	95.4	94.3	94.1	92.9	93.0	94.5
109.3	108.1	105.8	102.6	101.9	101.3	100.1	98.6	98.3
96.9	98.2	97.4	97.6	97.4	96.4	99.0	99.4	99.9
101.7	98.7	99.0	97.7	103.2	98.4	93.2	89.0	90.0
99.5	99.7	99.7	99.4	99.8	99.8	99.0	98.9	98.3
107.4	101.4	107.5	103.8	98.9	100.6	103.8	100.8	98.8
108.3	100.8	108.5	103.8	98.0	100.1	103.9	100.5	98.3
102.7	102.5	102.2	101.4	101.0	100.3	100.6	100.7	100.5
103.2	102.6	102.0	101.5	101.3	100.5	100.6	100.7	99.7
101.2	100.9	100.7	101.2	100.3	100.5	100.2	100.2	99.7
105.7	107.0	106.9	107.1	106.7	106.5	105.9	105.8	105.5
101.3	101.5	101.5	101.4	101.2	101.1	101.3	101.1	100.9
101.9	101.9	101.8	101.9	102.0	101.4	101.7	101.7	101.6
100.5	100.9	100.9	100.7	100.1	100.7	100.7	100.2	99.8
102.9	102.8	103.0	103.0	102.8	102.9	103.0	102.7	102.8
101.4	**101.7**	**101.6**	**101.6**	**102.0**	**102.0**	**102.3**	**102.1**	**102.0**
101.6	101.9	101.8	102.0	102.3	102.3	102.5	102.2	102.1
102.6	102.4	102.1	102.1	102.3	102.2	102.5	102.1	101.6
101.2	101.9	102.0	102.3	102.6	102.3	102.5	102.2	102.3
100.6	101.0	100.9	101.2	101.6	102.6	102.8	102.2	102.7
101.0	101.2	101.5	101.5	102.1	101.9	101.7	102.0	101.3

4-4 续表 1

(上年同月=100)

指 标	Item	1 月 January	2 月 February	3 月 March
(5)衣着服务费	Clothing Service Fee	102.1	102.2	101.9
2.鞋类	Footwear	100.5	99.9	100.3
(1)鞋	Shoes	100.4	99.8	100.3
(2)鞋类服务	Footwear Services	104.4	104.0	104.4
三、居住	**Residence**	**98.4**	**98.8**	**98.6**
1.租赁房房租	Rent of Rental Housing	97.5	97.7	97.9
2.住房保养维修及管理	Housing Maintenance and Management	100.3	100.2	100.1
(1)住房装潢材料	Housing Decoration Materials	99.3	99.4	99.3
(2)住房维修管理费用	Housing Maintenance and Management Expenses	101.3	101.0	101.0
3.水电燃料	Water, Electricity and Fuels	100.4	100.7	99.4
(1)水	Water	100.0	100.0	100.0
(2)电	Electricity	100.0	100.0	100.0
(3)燃气	Gas	101.5	102.3	96.5
(4)其他水电燃料类	Others	101.3	102.2	102.2
四、生活用品及服务	**Articles for Daily Use and Services**	**101.7**	**101.2**	**100.6**
1.家具及室内装饰品	Furniture and Interior Decorations	100.6	100.6	100.3
(1)家具	Furniture	100.6	100.5	100.5
(2)室内装饰品	Interior Decorations	100.5	100.8	98.7
2.家用器具	Home Appliances	101.2	99.8	100.4
(1)大型家用器具	Large Household Appliances	101.2	99.6	100.5
(2)小家电	Small Home Appliances	101.2	100.6	99.9
3.家用纺织品	Home Textiles	99.6	99.4	99.7
(1)床上用品	Bedding	99.7	99.4	99.7
(2)窗帘门帘	Curtain	99.5	100.1	100.3
(3)其他家用纺织品	Other Home Textiles	98.6	98.8	98.3
4.家庭日用杂品	Daily-use Household Articles	101.4	101.1	100.4
(1)洗涤卫生用品	Sanitary Articles	103.2	102.6	100.4
(2)厨具餐具茶具	Kitchenware, Tableware, Tea set	102.5	101.6	101.8
(3)其他家庭日用杂品	Other Daily-use Household Articles	98.2	98.7	99.6
5.个人护理用品	Personal-care Supplies	104.9	103.8	100.8
(1)化妆品	Cosmetics	106.6	104.9	100.3
(2)其他护理用品类	Other Personal-care Supplies	103.0	102.7	101.4
6.家庭服务	Household Service	99.9	102.3	103.0
五、交通通信	**Transportation and Communication**	**101.5**	**99.5**	**97.7**
1.交通	Transportation	102.5	99.8	97.6
(1)交通工具	Transportation Facility	97.5	97.2	96.7
(2)交通工具用燃料	Fuels for Transport Facility	105.6	100.6	93.7
(3)交通工具使用和维修	Use and Maintenance of Transport Facility	103.7	99.8	100.6
(4)交通费	Traffic Fee	110.4	106.8	109.0

continued

(the same month last year=100)

4 月 April	5 月 May	6 月 June	7 月 July	8 月 August	9 月 September	10 月 October	11 月 November	12 月 December
102.2	101.8	101.8	101.8	101.8	101.6	100.9	101.2	101.2
100.7	101.1	100.8	100.1	100.9	101.0	101.2	101.7	102.0
100.6	101.1	100.7	100.0	100.8	100.9	101.2	101.7	102.0
104.6	104.6	104.6	104.3	104.3	104.3	100.8	100.8	101.2
98.7	**99.2**	**99.7**	**100.0**	**100.2**	**100.5**	**100.6**	**100.7**	**100.9**
98.1	98.7	99.6	100.0	100.3	100.6	100.6	100.7	100.8
100.2	100.2	100.4	100.4	100.3	100.2	100.1	100.2	100.4
99.4	99.2	99.4	99.3	99.2	99.2	99.2	99.2	99.2
101.1	101.2	101.5	101.6	101.5	101.2	101.0	101.3	101.8
99.2	99.0	98.9	99.0	99.3	99.6	100.0	100.2	100.3
100.0	100.0	100.0	100.0	100.0	100.1	100.1	100.5	100.5
100.0	100.0	100.0	100.0	100.0	100.0	100.0	100.0	100.0
96.0	95.5	95.5	95.9	97.0	98.6	100.2	100.8	100.9
101.3	100.1	99.1	98.9	99.3	99.3	99.0	100.2	100.0
99.7	**99.5**	**99.3**	**99.7**	**99.7**	**99.8**	**99.6**	**99.8**	**100.2**
99.6	99.3	99.1	99.4	99.4	99.4	99.5	100.3	99.9
99.6	99.4	99.0	99.4	99.2	99.0	99.3	99.6	99.6
99.6	98.0	99.8	99.9	100.7	102.9	101.0	105.0	101.7
99.4	98.7	98.6	98.9	98.8	99.0	100.2	100.4	100.1
99.4	98.6	98.6	99.0	99.0	99.3	100.6	100.5	100.1
99.4	99.0	98.6	98.1	97.7	97.6	97.9	99.7	99.8
99.5	99.3	99.3	99.4	100.2	100.2	100.5	100.4	100.4
99.6	99.3	99.3	99.6	100.3	100.3	100.8	100.5	100.5
100.2	100.1	100.1	100.1	100.1	100.3	100.1	100.9	101.1
98.0	98.1	98.3	97.3	99.4	98.9	98.4	98.9	98.3
98.1	99.0	98.7	99.2	99.3	100.0	98.2	98.9	100.9
98.2	99.5	98.9	99.8	99.3	100.1	97.0	98.2	102.2
99.7	99.3	98.0	98.9	99.6	101.4	99.6	101.0	98.6
97.2	98.0	98.5	98.4	99.2	99.2	99.6	99.1	99.8
100.7	99.9	99.9	100.5	99.9	99.6	98.9	98.4	98.6
101.3	100.1	99.5	100.5	99.8	98.9	98.8	97.5	97.8
100.1	99.7	100.5	100.5	100.0	100.3	99.1	99.4	99.5
103.2	103.0	103.1	103.3	103.4	103.4	103.0	102.8	102.7
96.2	**95.7**	**93.3**	**95.1**	**97.8**	**98.7**	**99.0**	**97.6**	**97.9**
95.6	94.8	91.5	93.9	97.3	98.5	99.1	97.2	97.5
95.8	95.7	95.1	95.5	95.5	95.5	95.3	95.2	94.7
89.7	88.9	82.3	86.8	95.5	98.9	101.8	97.0	98.5
99.9	99.4	99.1	98.8	98.7	99.0	99.3	99.3	99.6
108.7	104.7	100.7	104.9	106.8	107.3	104.0	102.4	101.6

4-4 续表 2

(上年同月=100)

指　　标	Item	1 月 January	2 月 February	3 月 March
2.通信	Communication	98.6	98.3	98.1
(1)通信工具	Communication Facility	97.7	97.6	96.1
(2)通信服务	Communication Services	99.1	98.7	99.1
(3)邮递服务	Postal Service	99.4	99.5	99.7
六、教育文化娱乐	**Education, Culture and Recreation**	**102.3**	**101.1**	**101.5**
1.教育	Education	101.9	101.8	101.8
(1)教育用品	Education Articles	102.0	101.3	101.5
(2)教育服务	Education Services	101.9	101.8	101.8
2.文化娱乐	Culture and Recreation	103.3	99.4	100.6
(1)文娱耐用消费品	Durable Consumer Goods for Culture and Recreation	98.7	98.5	98.2
(2)其他文娱用品	Expenditure on Culture and Recreation	100.7	100.2	100.0
(3)文化娱乐服务	Culture and Recreation Services	105.2	100.5	101.6
(4)旅游	Tourism	106.3	98.8	101.9
七、医疗保健	**Health Care**	**100.6**	**100.7**	**100.7**
1.药品及医疗器具	Medical Instrument and Medicine	100.1	100.3	100.3
(1)中药	Traditional Chinese Medicine	101.8	101.9	102.0
(2)西药	Western Medicine	99.9	99.9	99.8
(3)滋补保健品	Nourishing Health Products	100.4	101.9	102.0
(4)医疗卫生器具	Medical Appliance	95.3	95.2	95.0
(5)保健器具	Health Care Appliance	102.7	102.0	103.6
2.医疗服务	Medical Services	100.8	100.8	100.9
(1)综合医疗类	General Medical	102.5	102.5	102.5
(2)诊断类	Diagnosis	100.3	100.2	100.2
(3)治疗类	Treatment	100.4	100.4	100.4
(4)康复类	Rehabilitation	100.0	100.0	100.0
(5)中医医疗服务类	Traditional Chinese Medical Services	100.2	100.2	100.2
(6)其他医疗保健服务	Other Health Care Services	103.6	103.6	102.9
八、其他用品及服务	**Other Articles and Services**	**103.2**	**103.4**	**102.9**
1.其他用品	Other Articles	106.0	105.3	104.3
(1)首饰手表	Jewelry and Watches	107.2	105.4	103.7
(2)母婴用品	Maternal and Infant Supplies	108.1	108.9	107.9
(3)其他杂项用品	Other Sundry Articles	100.4	100.1	100.1
2.其他服务	Other Services	99.6	100.8	100.9
(1)在外住宿	Accommodation Outside	101.7	99.8	100.9
(2)美容美发洗浴	Hairdressing Bath	96.6	100.8	101.2
(3)养老服务	Aged Services	102.2	101.9	101.6
(4)金融及保险服务	Financial and Insurance Services	100.6	100.6	100.6
(5)中介法律及其他服务	Intermediary Legal and Other Services	101.7	101.8	100.5

continued

(the same month last year=100)

4 月 April	5 月 May	6 月 June	7 月 July	8 月 August	9 月 September	10 月 October	11 月 November	12 月 December
98.1	98.7	99.1	98.8	99.2	99.1	98.5	98.7	99.2
96.0	96.7	97.8	96.8	96.9	96.8	96.4	96.9	98.1
99.2	99.8	99.8	99.8	100.4	100.4	99.6	99.6	99.8
99.7	99.7	99.7	99.7	99.7	99.7	99.3	99.3	99.1
101.9	**101.8**	**101.7**	**102.7**	**102.8**	**102.2**	**102.2**	**101.6**	**101.7**
101.9	101.9	101.9	102.1	102.1	101.9	101.9	101.9	101.9
101.6	101.1	101.0	101.1	101.3	102.2	102.1	101.9	102.1
101.9	101.9	102.0	102.2	102.2	101.9	101.9	101.9	101.9
101.9	101.5	101.1	104.0	104.2	103.1	102.9	100.9	101.2
98.0	98.2	97.7	97.3	97.6	96.8	97.1	98.1	97.8
99.3	98.9	97.5	99.9	99.7	100.1	99.6	99.1	99.8
101.0	101.8	100.4	101.5	100.5	101.3	100.2	100.6	100.8
106.5	104.9	106.0	112.0	113.2	109.4	109.9	103.8	104.3
100.7	**100.7**	**100.7**	**101.1**	**100.5**	**100.6**	**100.6**	**100.5**	**100.5**
100.3	100.4	100.4	101.1	101.4	101.5	101.6	101.3	101.2
102.7	103.4	107.0	109.5	110.0	109.9	109.6	109.1	109.5
99.8	99.4	98.4	99.0	99.0	99.2	99.6	99.3	99.1
101.4	101.6	100.3	100.7	100.6	100.2	99.3	99.4	98.6
94.8	95.0	96.4	98.1	98.4	98.9	98.8	99.4	99.6
102.0	105.1	104.9	96.7	100.8	101.7	104.7	101.0	104.2
100.9	100.9	100.9	101.1	100.2	100.2	100.2	100.2	100.2
102.5	102.5	102.5	102.8	99.9	99.9	99.9	99.9	100.1
100.2	100.2	100.2	101.1	100.8	100.8	100.8	100.8	100.7
100.4	100.4	100.4	100.0	99.6	99.6	99.6	99.6	99.6
100.0	100.0	100.0	100.9	100.9	100.9	100.9	100.9	100.9
100.2	100.2	100.2	100.7	100.5	100.5	100.5	100.5	100.5
102.9	102.9	102.9	102.7	100.2	100.1	100.0	100.0	99.9
103.0	**102.4**	**101.8**	**103.8**	**103.3**	**104.1**	**103.5**	**103.5**	**103.4**
104.4	103.3	102.3	105.8	104.9	106.1	105.0	105.1	104.9
108.0	109.0	109.0	112.7	111.4	113.5	111.8	110.3	109.5
101.8	98.0	95.2	100.4	99.0	100.3	99.1	100.8	101.8
100.4	99.5	99.4	99.9	100.3	99.6	99.7	100.3	99.4
101.2	101.2	101.1	101.0	101.2	101.4	101.4	101.3	101.3
103.7	102.9	102.6	101.5	102.4	102.4	102.4	100.7	101.4
101.0	101.4	101.2	101.2	101.4	101.4	101.6	101.6	101.6
101.7	101.7	101.5	101.5	101.5	101.3	101.0	101.2	101.1
100.6	100.5	100.5	100.5	100.6	101.4	101.2	101.2	101.0
101.0	101.0	101.1	101.2	101.2	100.5	100.5	101.3	101.3

4-5 居民消费价格月度环比指数(2023年)

(上月=100)

指　　标	Item	1 月 January	2 月 February	3 月 March
居民消费价格指数	**Consumer Price Index**	**101.0**	**99.7**	**99.7**
非食品烟酒价格指数	Non-food Price Index	100.3	99.9	100.0
服务价格指数	Items of Service Price Index	100.9	99.7	100.0
工业品价格指数	Industrial Products Price Index	99.5	100.0	100.0
消费品价格指数	Consumable Products Price Index	101.0	99.6	99.5
扣除食品和能源价格指数	Deduction Food and Energy Price Index	100.4	99.8	100.0
扣除鲜菜鲜果价格指数	Deduction Fresh Vegetables and Fruits Price Index	100.1	99.7	99.8
一、食品烟酒	**Food, Tobacco and Liquor**	**102.6**	**99.2**	**98.9**
1.食品	Food	103.8	98.8	98.4
(1)粮食	Grain Crops	99.3	100.7	100.1
(2)薯类	Tubers	112.5	104.4	102.2
(3)豆类	Beans	101.9	99.0	99.4
(4)食用油	Edible Oil and Fats	98.0	99.4	99.2
(5)菜及食用菌	Vegetables and Edible Mushrooms	127.5	99.4	93.3
鲜菜	Fresh Vegetables	130.2	99.5	93.1
(6)畜肉类	Meat of Livestock	94.3	93.9	97.8
猪肉	Pork	88.3	88.6	96.7
牛肉	Beef	101.4	98.5	99.8
羊肉	Mutton	100.9	99.3	99.7
(7)禽肉类	Meat of Poultry	101.0	99.5	99.9
(8)水产品	Aquatic Products	108.5	99.2	99.0
(9)蛋类	Eggs	98.2	94.8	99.1
(10)奶类	Milk and Other Dairy Products	97.2	102.1	98.1
(11)干鲜瓜果类	Dried and Fresh Melons and Fruits	112.4	99.7	99.3
鲜果	Fresh Melons and Fruits	115.3	99.5	99.3
(12)糖果糕点类	Candy and Cake	98.2	101.1	100.1
(13)调味品	Flavoring	98.3	101.1	99.3
(14)其他食品类	Other Foods	98.2	100.7	100.3
2.茶及饮料	Tea and Beverages	99.9	100.1	98.7
3.烟酒	Tobacco and Liquor	99.8	100.4	100.2
(1)卷烟	Cigarette	100.2	100.3	100.1
(2)酒类	Liquor	99.2	100.5	100.5
4.在外餐饮	Dining Out	101.2	99.6	100.0
二、衣着	**Clothing**	**98.9**	**99.5**	**100.9**
1.服装	Garments	98.9	99.3	101.0
(1)男式服装	Men's Clothing	98.9	99.5	100.3
(2)女式服装	Women's Clothing	99.1	99.2	101.0
(3)儿童服装	Children's Clothing	98.3	99.2	102.4
(4)衣着材料及配件	Clothing Materials and Accessories	99.3	100.6	100.6

Consumer Price Indices on a Month-over-month Basis (2023)

(preceding month=100)

4 月 April	5 月 May	6 月 June	7 月 July	8 月 August	9 月 September	10 月 October	11 月 November	12 月 December
99.8	**99.9**	**99.7**	**100.1**	**100.3**	**100.3**	**99.9**	**99.4**	**100.2**
99.9	100.1	99.8	100.5	100.1	100.2	100.2	99.7	99.9
100.2	99.8	100.1	100.8	100.0	100.0	99.9	99.6	100.1
99.6	100.4	99.5	100.1	100.2	100.5	100.5	99.8	99.7
99.6	99.9	99.5	99.7	100.5	100.5	100.0	99.3	100.3
100.1	100.1	99.9	100.4	99.9	100.1	100.1	99.9	100.1
100.0	100.0	99.7	100.3	100.5	100.2	100.0	99.6	99.9
99.6	**99.3**	**99.4**	**99.1**	**100.8**	**100.6**	**99.4**	**98.8**	**101.0**
99.1	98.9	99.0	98.5	101.2	100.8	98.8	98.1	101.5
100.3	99.7	100.7	99.0	100.3	100.7	100.1	100.0	99.7
102.5	96.9	97.9	99.9	98.8	94.7	92.0	94.7	99.6
99.7	99.8	100.0	100.3	99.9	100.3	100.0	100.0	100.0
99.3	99.7	98.8	100.8	100.1	99.5	99.4	100.4	98.6
88.7	95.1	102.1	99.1	99.0	103.5	98.2	94.8	111.5
87.7	94.4	102.3	99.0	98.2	104.5	98.6	93.9	112.8
98.1	99.0	98.7	99.7	106.7	100.7	98.1	97.3	100.2
95.9	98.3	98.2	100.8	115.4	100.3	96.2	95.2	101.2
99.4	98.4	97.8	98.1	101.8	101.8	99.9	99.2	100.2
99.7	99.4	98.1	98.3	99.7	100.0	98.5	99.8	100.9
100.6	100.2	98.9	99.2	101.2	100.0	99.2	99.1	99.4
101.4	97.0	96.3	101.0	101.8	100.5	97.2	97.6	101.1
99.6	98.2	97.0	99.7	108.4	102.8	96.2	96.0	100.3
100.7	100.1	100.0	100.2	99.8	99.6	100.5	100.1	100.0
103.3	100.1	96.9	91.0	96.8	102.1	99.4	96.9	102.1
103.9	100.0	96.4	89.3	96.0	102.6	99.1	96.3	102.7
100.5	100.3	100.9	99.2	100.5	99.6	100.0	100.3	99.9
101.0	99.9	100.4	99.2	100.8	99.7	100.3	100.3	99.7
100.4	100.1	100.1	100.1	99.7	100.1	100.3	100.1	99.6
105.4	101.5	100.6	99.7	100.1	99.8	99.9	100.0	99.7
100.1	99.9	100.0	100.0	100.0	100.1	100.3	100.2	99.9
100.3	100.1	100.0	100.1	100.0	100.2	100.3	100.0	100.0
99.8	99.6	99.9	99.9	99.9	99.9	100.3	100.6	99.7
100.3	100.1	100.2	100.4	100.1	100.2	100.4	99.9	100.3
99.7	**102.1**	**99.4**	**99.0**	**99.4**	**100.8**	**101.4**	**101.3**	**99.7**
99.6	101.8	99.5	99.2	99.3	100.9	101.7	101.4	99.5
99.8	101.4	99.6	99.2	99.4	101.0	102.1	101.4	99.1
99.4	102.5	99.5	99.2	99.1	100.7	101.9	101.1	99.6
99.4	101.4	99.1	98.8	99.5	101.7	100.7	102.2	100.0
100.0	99.9	100.7	99.7	100.2	100.1	100.1	100.5	99.6

4-5 续表 1

(上月=100)

指　　标	Item	1 月 January	2 月 February	3 月 March
(5)衣着服务费	Clothing Service Fee	100.3	99.9	100.1
2.鞋类	Footwear	99.0	100.1	100.5
(1)鞋	Shoes	98.9	100.1	100.5
(2)鞋类服务	Footwear Services	100.5	100.0	100.0
三、居住	**Residence**	**100.0**	**100.4**	**100.0**
1.租赁房房租	Rent of Rental Housing	99.9	100.5	100.1
2.住房保养维修及管理	Housing Maintenance and Management	100.2	99.9	100.1
(1)住房装潢材料	Housing Decoration Materials	100.0	99.9	100.0
(2)住房维修管理费用	Housing Maintenance and Management Expenses	100.4	99.9	100.3
3.水电燃料	Water, Electricity and Fuels	100.2	100.1	99.7
(1)水	Water	100.0	100.0	100.0
(2)电	Electricity	100.0	100.0	100.0
(3)燃气	Gas	100.4	100.4	99.0
(4)其他水电燃料类	Others	101.1	100.4	99.5
四、生活用品及服务	**Articles for Daily Use and Services**	**100.0**	**100.0**	**99.6**
1.家具及室内装饰品	Furniture and Interior Decorations	100.0	99.8	99.9
(1)家具	Furniture	100.1	99.7	100.0
(2)室内装饰品	Interior Decorations	99.2	100.1	99.5
2.家用器具	Home Appliances	100.3	100.0	100.7
(1)大型家用器具	Large Household Appliances	100.3	100.0	100.8
(2)小家电	Small Home Appliances	100.1	99.6	100.0
3.家用纺织品	Home Textiles	100.0	99.6	100.2
(1)床上用品	Bedding	100.1	99.5	100.2
(2)窗帘门帘	Curtain	100.2	100.1	100.2
(3)其他家用纺织品	Other Home Textiles	99.0	99.8	99.9
4.家庭日用杂品	Daily-use Household Articles	99.3	100.4	99.3
(1)洗涤卫生用品	Sanitary Articles	99.5	99.7	98.8
(2)厨具餐具茶具	Kitchenware, Tableware, Tea set	99.3	100.5	99.9
(3)其他家庭日用杂品	Other Daily-use Household Articles	98.9	101.4	99.9
5.个人护理用品	Personal-care Supplies	99.5	100.1	97.6
(1)化妆品	Cosmetics	98.9	100.2	95.8
(2)其他护理用品类	Other Personal-care Supplies	100.1	100.0	99.7
6.家庭服务	Household Service	102.8	98.8	100.6
五、交通通信	**Transportation and Communication**	**100.5**	**99.3**	**99.5**
1.交通	Transportation	100.9	99.2	99.4
(1)交通工具	Transportation Facility	100.2	99.8	99.1
(2)交通工具用燃料	Fuels for Transport Facility	97.7	101.1	99.7
(3)交通工具使用和维修	Use and Maintenance of Transport Facility	103.1	97.1	100.0
(4)交通费	Traffic Fee	110.1	94.8	98.9

continued

(preceding month=100)

4 月 April	5 月 May	6 月 June	7 月 July	8 月 August	9 月 September	10 月 October	11 月 November	12 月 December
100.2	100.2	100.0	100.1	100.0	100.0	100.1	100.3	100.1
100.3	103.3	99.0	98.2	99.7	100.1	100.3	101.0	100.6
100.3	103.3	99.0	98.2	99.7	100.1	100.3	101.0	100.6
100.2	100.0	100.0	100.0	100.0	100.0	100.0	100.0	100.4
100.0	**99.9**	**100.0**	**100.3**	**100.1**	**100.0**	**100.1**	**100.0**	**100.0**
100.0	99.9	100.2	100.4	100.1	99.9	99.9	99.9	100.0
100.1	100.0	100.0	100.0	100.0	99.8	100.0	100.2	100.2
100.0	99.8	99.9	99.8	99.9	99.9	100.0	100.0	100.0
100.1	100.1	100.2	100.1	100.0	99.8	100.0	100.3	100.5
99.9	99.8	99.6	99.8	100.2	100.4	100.3	100.1	100.0
100.0	100.0	100.0	100.0	100.0	100.1	100.0	100.4	100.0
100.0	100.0	100.0	100.0	100.0	100.0	100.0	100.0	100.0
99.8	99.2	98.7	99.4	100.9	101.7	101.3	100.0	100.2
99.4	100.0	99.0	99.8	100.0	100.1	100.2	100.7	99.9
99.7	**100.1**	**99.5**	**100.7**	**99.8**	**100.1**	**100.2**	**99.9**	**100.6**
99.3	100.4	99.5	100.6	99.8	99.7	100.2	100.7	99.9
99.0	100.6	99.5	100.5	99.9	99.6	100.3	100.3	100.1
101.5	98.5	99.9	101.3	99.6	100.9	99.0	103.5	98.7
99.4	99.3	99.0	101.1	99.5	100.0	101.4	99.1	100.3
99.4	99.2	98.9	101.3	99.5	100.0	101.7	98.8	100.2
99.6	99.9	99.7	99.7	99.5	100.1	100.1	100.6	100.9
100.2	100.5	99.4	100.0	100.8	100.1	100.1	99.9	99.7
100.3	100.6	99.2	100.1	101.0	100.1	100.1	99.7	99.7
99.8	100.0	100.0	100.0	99.9	100.0	100.0	100.8	100.0
99.9	100.0	100.1	98.9	100.8	100.0	100.2	99.8	99.9
98.4	100.8	99.8	100.7	99.9	100.4	99.0	100.8	102.1
98.4	101.4	99.3	101.2	99.9	100.2	98.4	101.7	103.7
99.2	100.2	99.3	100.6	100.8	100.7	98.5	99.9	99.7
97.9	100.2	100.6	100.1	99.5	100.6	100.2	99.9	100.6
101.7	100.2	99.7	100.4	99.8	100.1	100.0	99.4	100.1
103.3	100.5	99.3	100.4	100.1	100.2	100.2	99.1	99.8
100.0	99.8	100.1	100.4	99.4	100.0	99.8	99.8	100.3
100.2	99.9	100.2	100.3	100.1	99.9	100.0	99.9	100.2
99.3	**99.5**	**99.7**	**101.0**	**100.8**	**100.3**	**100.0**	**98.7**	**99.1**
99.2	99.4	99.6	101.3	101.2	100.4	100.0	98.4	98.5
98.9	99.9	99.3	99.7	99.2	99.8	99.7	99.5	99.5
98.4	99.8	98.7	102.0	104.8	102.3	101.8	97.2	95.5
99.3	99.9	99.8	100.0	99.9	100.0	100.1	100.1	100.3
102.3	96.7	102.7	105.5	99.2	97.4	96.3	96.5	102.1

4-5 续表 2

(上月＝100)

指　　标	Item	1 月 January	2 月 February	3 月 March
2.通信	Communication	99.4	99.8	99.9
(1)通信工具	Communication Facility	98.3	99.3	99.7
(2)通信服务	Communication Services	100.0	100.0	100.0
(3)邮递服务	Postal Service	99.5	99.7	100.2
六、教育文化娱乐	**Education, Culture and Recreation**	**101.1**	**99.6**	**100.0**
1.教育	Education	100.0	100.8	100.0
(1)教育用品	Education Articles	99.8	100.5	100.3
(2)教育服务	Education Services	100.0	100.8	100.0
2.文化娱乐	Culture and Recreation	103.9	97.0	99.7
(1)文娱耐用消费品	Durable Consumer Goods for Culture and Recreation	98.9	100.2	99.8
(2)其他文娱用品	Expenditure on Culture and Recreation	100.0	99.4	100.2
(3)文化娱乐服务	Culture and Recreation Services	104.5	96.9	99.7
(4)旅游	Tourism	108.9	93.8	99.4
七、医疗保健	**Health Care**	**100.1**	**100.0**	**100.0**
1.药品及医疗器具	Medical Instrument and Medicine	100.3	100.1	100.1
(1)中药	Traditional Chinese Medicine	100.6	100.4	100.2
(2)西药	Western Medicine	100.2	99.9	100.0
(3)滋补保健品	Nourishing Health Products	99.7	100.8	100.1
(4)医疗卫生器具	Medical Appliance	99.7	99.8	99.9
(5)保健器具	Health Care Appliance	103.5	99.0	101.3
2.医疗服务	Medical Services	100.0	100.0	100.0
(1)综合医疗类	General Medical	100.0	100.0	100.0
(2)诊断类	Diagnosis	100.0	100.0	100.0
(3)治疗类	Treatment	100.0	100.0	100.0
(4)康复类	Rehabilitation	100.0	100.0	100.0
(5)中医医疗服务类	Traditional Chinese Medical Services	100.0	100.0	100.0
(6)其他医疗保健服务	Other Health Care Services	100.0	100.0	100.0
八、其他用品及服务	**Other Articles and Services**	**101.7**	**99.4**	**100.8**
1.其他用品	Other Articles	100.7	100.8	101.3
(1)首饰手表	Jewelry and Watches	101.4	100.1	102.0
(2)母婴用品	Maternal and Infant Supplies	100.3	102.1	100.8
(3)其他杂项用品	Other Sundry Articles	99.6	100.3	100.6
2.其他服务	Other Services	103.1	97.5	100.2
(1)在外住宿	Accommodation Outside	101.9	98.5	100.7
(2)美容美发洗浴	Hairdressing Bath	108.6	93.0	100.3
(3)养老服务	Aged Services	100.8	99.8	100.0
(4)金融及保险服务	Financial and Insurance Services	100.4	100.0	100.0
(5)中介法律及其他服务	Intermediary Legal and Other Services	100.0	100.0	100.0

continued

(preceding month=100)

4 月 April	5 月 May	6 月 June	7 月 July	8 月 August	9 月 September	10 月 October	11 月 November	12 月 December
99.8	99.7	99.9	100.3	99.8	100.1	99.8	99.6	101.1
99.4	99.3	99.8	100.8	99.4	100.3	99.8	98.7	103.4
100.0	100.0	100.0	100.0	100.0	100.0	99.9	100.0	100.0
100.0	100.0	100.0	100.0	100.0	100.0	99.7	100.0	100.1
100.4	**99.8**	**99.8**	**101.1**	**100.1**	**100.4**	**100.2**	**99.0**	**100.2**
100.0	100.0	100.0	100.2	100.0	100.8	100.0	100.0	100.0
100.1	99.8	100.0	100.0	100.2	101.4	100.0	99.8	100.2
100.0	100.0	100.0	100.2	100.0	100.8	100.0	100.0	100.0
101.4	99.4	99.2	103.3	100.4	99.5	100.7	96.7	100.4
99.6	99.6	98.8	99.9	100.1	100.0	100.5	100.0	100.5
100.1	100.0	99.9	100.4	99.8	100.1	100.0	99.2	100.7
99.4	100.0	99.6	100.8	99.6	100.8	100.0	99.5	100.3
104.5	98.5	98.6	108.5	101.2	98.2	101.6	92.0	100.3
100.0	**100.0**	**100.2**	**100.2**	**100.1**	**100.0**	**100.0**	**99.9**	**100.0**
100.0	100.1	100.7	100.2	100.3	99.9	99.8	99.7	100.0
100.7	100.7	103.4	102.3	100.7	100.1	99.8	100.0	100.2
100.1	99.8	100.1	99.9	99.9	99.9	99.7	99.7	99.8
99.6	100.2	99.4	100.3	100.0	99.6	99.6	99.7	99.4
99.4	99.9	100.7	100.0	100.4	100.0	99.8	99.9	100.1
98.8	102.7	99.9	91.9	104.2	100.9	103.0	96.4	103.1
100.0	100.0	100.0	100.3	100.0	100.0	100.0	100.0	100.0
100.0	100.0	100.0	100.1	100.0	100.0	100.0	100.0	100.0
100.0	100.0	100.0	100.8	100.0	100.0	100.0	100.0	99.9
100.0	100.0	100.0	99.6	100.0	100.0	100.0	100.0	100.0
100.0	100.0	100.0	100.9	100.0	100.0	100.0	100.1	100.0
100.0	100.0	100.0	100.5	100.0	100.0	100.0	100.0	100.0
100.0	100.0	100.0	99.8	100.0	100.2	100.0	100.0	100.0
100.4	**100.3**	**99.6**	**100.6**	**99.8**	**100.4**	**100.0**	**99.9**	**100.4**
100.5	100.6	99.4	101.1	99.6	100.4	99.8	100.1	100.6
102.9	101.3	99.3	100.5	100.3	100.7	100.0	100.2	100.4
97.5	100.2	98.9	102.3	98.6	100.5	99.0	100.4	101.4
99.7	99.3	100.2	100.6	99.5	99.7	100.6	99.5	99.9
100.2	100.0	100.0	99.9	100.2	100.4	100.2	99.6	100.0
102.2	99.6	100.5	98.4	101.5	100.6	101.0	96.0	100.8
99.7	100.3	99.8	100.1	100.0	100.0	100.3	100.2	100.1
100.1	100.0	100.0	100.2	100.0	100.0	100.0	100.2	100.0
100.0	100.0	100.0	100.0	100.0	100.8	100.0	100.0	99.8
100.5	100.1	100.0	100.0	99.9	100.0	100.0	100.8	100.0

4-6 各调查市县居民消费价格指数(1984-2023年)

(上年=100)

年 份 Year	合肥市 Hefei	庐江县 Lujiang	芜湖市 Wuhu	蚌埠市 Bengbu	淮南市 Huainan	马鞍山市 Maanshan	淮北市 Huaibei	铜陵市 Tongling	安庆市 Anqing	桐城市 Tongcheng
1984	102.0		101.7	100.5	101.3		101.0		101.5	98.5
1985	111.0		108.6	108.9	114.2		107.8		109.1	106.1
1986	107.4		106.5	106.8	106.4		104.9		107.1	104.4
1987	110.8		109.0	111.5	108.4		109.7		109.1	110.5
1988	120.5		120.1	119.4	120.9		124.1		117.6	117.9
1989	115.2		117.1	114.6	115.0	115.1	117.5		117.4	115.0
1990	103.6		105.5	101.9	102.5	102.6	103.5		105.2	98.1
1991	109.3		107.8	107.8	109.1	109.0	107.1	108.5	107.6	106.6
1992	109.7		110.1	106.8	109.1	110.6	108.5	108.5	111.0	111.3
1993	116.5		120.5	114.7	111.0	121.3	112.7	115.6	117.7	112.1
1994	127.6		131.4	124.8	126.8	125.7	124.1	132.3	129.9	123.9
1995	117.1		112.7	117.7	115.1	116.8	113.5	116.2	115.3	114.5
1996	111.5		109.6	109.1	108.7	111.0	109.2	108.5	109.9	111.1
1997	102.6		101.0	102.0	103.0	101.2	100.3	103.7	101.1	99.9
1998	99.1		101.5	101.2	101.7	100.3	99.4	99.4	100.1	99.0
1999	97.7		97.8	97.8	97.2	98.0	97.1	99.1	97.3	98.2
2000	101.3		100.8	102.0	101.6	102.5	99.6	99.8	101.1	99.3
2001	99.4		99.6	100.6	99.9	99.5	99.8	103.7	100.0	102.9
2002	99.1		99.9	98.1	99.5	100.2	98.8	99.9	99.3	99.9
2003	101.2		101.2	101.5	103.1	101.3	103.1	100.4	101.4	101.1
2004	102.2		104.5	105.2	105.1	103.8	104.5	105.1	103.6	104.9
2005	100.9		100.4	100.4	100.9	100.6	100.9	101.2	101.6	102.9
2006	100.9		101.2	102.3	100.1	102.7	101.3	100.9	102.0	101.5
2007	105.6		105.3	105.2	105.2	105.2	105.2	104.6	105.8	105.6
2008	106.4		106.6	106.6	105.0	105.2	106.2	106.1	107.2	106.4
2009	99.1		99.2	99.5	98.3	98.3	98.2	98.9	98.6	99.0
2010	102.7		103.8	103.0	102.3	103.0	102.9	103.0	103.6	103.4
2011	105.7		105.7	105.4	105.2	104.8	105.4	105.3	105.5	106.1
2012	102.2		102.4	102.2	102.2	102.0	102.2	102.5	102.1	102.8
2013	102.7		102.5	102.2	102.6	101.8	102.1	101.9	102.6	102.4
2014	102.0		101.9	102.2	101.4	101.6	101.3	101.1	101.3	101.3
2015	101.6		101.1	101.4	100.9	101.0	100.8	101.2	101.5	101.0
2016	102.6	101.5	102.0	101.6	101.2	101.9	101.3	101.1	101.8	101.3
2017	101.4	101.2	101.3	101.0	101.0	101.2	101.0	100.9	101.8	101.0
2018	102.0	101.9	102.3	102.2	101.7	101.6	102.2	102.1	102.0	102.5
2019	102.9	102.8	102.8	102.2	102.8	102.4	102.6	102.4	102.9	103.0
2020	102.3	102.9	102.7	102.6	102.3	102.8	103.0	103.0	102.7	102.4
2021	101.7	100.6	101.3	101.1	100.8	101.3	100.7	100.8	100.8	100.9
2022	102.4	101.9	102.4	101.9	101.9	101.8	102.5	102.0	102.2	102.2
2023	100.0	100.4	100.3	100.4	100.1	100.0	100.0	100.6	100.2	100.2

Consumer Price Index by Region (1984-2023)

(preceding year=100)

黄山市 Huangshan	歙　县 Shexian	滁州市 Chuzhou	阜阳市 Fuyang	阜南县 Funan	宿州市 Suzhou	六安市 Lu'an	金寨县 Jinzhai	亳州市 Bozhou	宣城市 Xuancheng
	100.8	101.2	102.8		105.4	102.7		99.5	101.2
	107.9	103.7	104.9		104.8	110.7		107.2	106.8
	107.2	107.2	104.5		108.8	107.7		108.1	106.6
	112.4	109.8	110.2		107.3	110.2		111.0	111.8
	121.3	116.4	123.8		119.8	123.0		122.1	122.7
	114.5	119.3	116.7		119.3	116.5		116.5	117.2
	102.8	102.8	103.1		104.4	104.0		98.6	102.6
	101.5	106.5	107.6		105.5	104.6		109.5	102.2
	109.6	110.5	110.0		108.7	109.3		110.2	107.8
	124.4	118.5	111.9		113.1	114.1		113.8	114.8
	125.2	125.4	121.3		124.2	133.5		125.8	126.1
	112.7	116.9	112.4		112.1	112.9		111.8	116.8
108.6	108.3	110.3	110.3		110.7	109.4		107.8	110.4
101.2	99.9	99.8	100.7		99.3	100.9		102.0	102.7
100.8	99.5	99.8	98.9		99.8	99.4		100.3	100.2
99.1	98.0	97.3	95.8		96.6	99.2		96.8	99.4
102.4	100.8	100.9	100.8		104.8			97.6	100.2
99.1	100.9	100.0	100.7					99.8	100.8
97.4	98.6	99.7	100.7		100.9			99.6	99.4
101.6	101.3	101.1	101.3		102.4			103.2	103.1
104.3	105.9	103.3	104.2		104.3			103.4	105.0
101.5	101.8	102.0	102.0		100.6			100.9	102.3
101.2	101.0	101.9	101.6		101.1			102.0	100.2
104.8	104.9	105.3	104.8		105.2			105.6	105.1
105.9	107.2	105.4	106.0		105.7			105.0	105.7
98.4	99.4	100.1	98.8		99.1			98.3	99.7
104.0	104.2	103.3	103.3		102.8			103.0	102.9
105.3	106.5	105.2	105.6		105.4	105.2		104.9	105.4
102.4	102.8	102.1	102.5		102.0	101.5		102.2	102.0
103.0	103.0	102.3	102.2		102.3	102.0		102.6	102.3
102.1	102.3	101.4	101.8		101.4	101.7		101.4	101.3
100.7	101.4	100.8	101.8		100.5	101.1		101.6	101.6
102.0	102.0	101.7	101.5	101.8	101.4	102.1	101.7	101.6	101.5
101.4	101.1	101.2	101.4	101.0	101.3	101.5	101.2	101.5	101.1
102.4	101.9	102.0	101.9	102.1	101.9	101.8	101.6	102.0	102.0
102.7	103.1	102.8	102.8	102.3	102.4	102.9	102.9	102.7	102.6
102.1	103.8	102.4	102.5	103.0	102.3	102.4	102.7	102.5	102.4
101.0	101.0	101.0	100.7	100.5	100.9	100.4	100.5	100.5	100.7
101.9	102.2	102.1	101.9	101.3	102.1	102.0	101.5	101.9	102.3
100.0	100.6	100.1	99.8	100.6	100.0	100.2	100.7	100.0	100.3

4-7 各调查市县居民消费价格分类指数(2023年)

(上年＝100)

指　　标	Item	合肥市 Hefei	庐江县 Lujiang	芜湖市 Wuhu
居民消费价格指数	**Consumer Price Index**	**100.0**	**100.4**	**100.3**
非食品烟酒价格指数	Non-food Price Index	99.8	100.3	99.9
服务价格指数	Items of Service Price Index	100.8	101.2	100.6
工业品价格指数	Industrial Products Price Index	98.7	99.4	99.1
消费品价格指数	Consumable Products Price Index	99.5	99.9	100.0
扣除食品和能源价格指数	Deduction Food and Energy Price Index	100.7	100.8	100.9
扣除鲜菜鲜果价格指数	Deduction Fresh Vegetables and Fruits Price Index	100.0	100.2	100.2
一、食品烟酒	**Food, Tobacco and Liquor**	**100.3**	**100.6**	**101.1**
1.食品	Food	98.6	100.2	98.8
2.茶及饮料	Tea and Beverages	109.2	101.1	106.3
3.烟酒	Tobacco and Liquor	101.2	102.2	103.4
4.在外餐饮	Dining Out	103.9	100.6	106.0
二、衣着	**Clothing**	**101.8**	**101.9**	**101.7**
1.服装	Garments	101.9	102.4	101.9
2.鞋类	Footwear	101.4	100.5	100.6
三、居住	**Residence**	**99.9**	**100.5**	**99.5**
1.租赁房房租	Rent of Rental Housing	99.4	101.0	99.4
2.住房保养维修及管理	Housing Maintenance and Management	99.4	100.0	99.8
3.水电燃料	Water, Electricity and Fuels	99.6	99.1	99.8
四、生活用品及服务	**Articles for Daily Use and Services**	**99.8**	**100.6**	**99.9**
1.家具及室内装饰品	Furniture and Interior Decorations	99.6	100.7	99.4
2.家用器具	Home Appliances	99.8	100.4	99.3
3.家用纺织品	Home Textiles	99.5	102.4	98.6
4.家庭日用杂品	Daily-use Household Articles	97.8	100.3	99.5
5.个人护理用品	Personal-care Supplies	100.9	100.4	100.2
6.家庭服务	Household Service	101.5	101.2	103.4
五、交通通信	**Transportation and Communication**	**96.8**	**97.7**	**97.5**
1.交通	Transportation	96.5	96.7	96.8
2.通信	Communication	98.0	100.1	99.7
六、教育文化娱乐	**Education, Culture and Recreation**	**101.5**	**101.4**	**101.9**
1.教育	Education	101.3	101.4	101.4
2.文化娱乐	Culture and Recreation	102.1	101.3	103.0
七、医疗保健	**Health Care**	**100.2**	**100.6**	**99.5**
1.药品及医疗器具	Medical Instrument and Medicine	100.5	99.9	97.9
2.医疗服务	Medical Services	100.0	100.8	100.0
八、其他用品及服务	**Other Articles and Services**	**103.0**	**103.1**	**104.9**
1.其他用品	Other Articles	104.5	104.2	107.6
2.其他服务	Other Services	101.1	101.3	101.3

Consumer Price Index by Region and Category (2023)

(preceding year=100)

蚌埠市 Bengbu	淮南市 Huainan	马鞍山市 Maanshan	淮北市 Huaibei	铜陵市 Tongling	安庆市 Anqing	桐城市 Tongcheng
100.4	**100.1**	**100.0**	**100.0**	**100.6**	**100.2**	**100.2**
100.4	99.7	99.9	100.3	100.8	100.4	99.9
101.1	100.3	100.3	101.1	102.0	101.4	100.1
99.6	99.1	99.5	99.4	99.3	99.3	99.8
100.0	99.9	99.8	99.4	99.8	99.5	100.2
100.8	100.4	100.7	100.7	101.1	100.9	100.6
100.3	99.9	100.1	100.1	100.5	100.1	100.1
100.4	**100.9**	**100.2**	**99.4**	**100.2**	**99.7**	**100.7**
100.0	99.9	98.5	98.7	99.9	98.6	99.6
100.9	103.5	109.6	102.1	105.9	104.5	104.8
99.6	101.5	101.7	99.9	99.6	99.5	103.0
102.0	103.5	103.7	101.2	101.3	102.6	101.3
101.5	**102.2**	**102.0**	**101.7**	**101.9**	**100.6**	**102.7**
101.4	102.6	102.5	101.6	102.4	100.8	103.4
101.8	100.5	99.6	101.9	99.7	99.5	100.1
100.2	**98.9**	**99.9**	**99.9**	**99.1**	**100.0**	**99.1**
99.9	100.6	99.9	98.0	98.6	100.2	96.6
102.0	98.8	101.5	99.8	99.3	101.6	100.1
99.9	100.2	100.0	99.1	100.0	99.0	99.2
99.5	**100.8**	**100.8**	**100.5**	**100.4**	**100.2**	**99.6**
100.1	100.8	101.6	101.1	99.4	99.6	99.9
98.1	99.0	100.0	99.9	98.8	99.5	99.6
99.2	99.6	98.7	100.5	101.1	98.7	99.2
99.9	102.6	100.8	98.2	101.1	100.0	99.2
100.7	100.7	100.8	100.4	99.6	100.1	100.3
100.0	104.6	103.6	108.2	106.0	105.4	99.2
98.3	**96.6**	**96.7**	**97.5**	**97.5**	**98.1**	**98.1**
98.5	96.2	97.0	96.9	97.2	97.5	97.9
97.9	98.0	95.9	99.2	98.6	99.9	98.9
102.5	**101.8**	**101.0**	**101.3**	**107.4**	**102.8**	**101.3**
102.7	101.6	100.8	101.7	108.6	103.3	101.6
102.2	102.1	101.5	100.6	104.4	101.5	100.5
99.9	**100.7**	**100.1**	**101.5**	**100.2**	**101.3**	**100.7**
99.6	102.0	100.5	100.6	100.7	102.4	103.3
100.0	100.2	100.0	101.9	100.0	100.8	99.6
103.5	**102.3**	**104.0**	**103.9**	**102.7**	**102.0**	**102.4**
106.9	103.5	105.8	105.4	106.0	103.6	103.5
99.8	100.7	101.7	102.3	99.2	100.2	100.8

4-7 续表

(上年＝100)

指　　标	Item	黄山市 Huangshan	歙　县 Shexian	滁州市 Chuzhou
居民消费价格指数	**Consumer Price Index**	**100.0**	**100.6**	**100.1**
非食品烟酒价格指数	Non-food Price Index	99.9	100.5	99.7
服务价格指数	Items of Service Price Index	100.3	101.0	100.6
工业品价格指数	Industrial Products Price Index	99.5	99.9	98.7
消费品价格指数	Consumable Products Price Index	99.8	100.4	99.8
扣除食品和能源价格指数	Deduction Food and Energy Price Index	100.2	101.1	100.5
扣除鲜菜鲜果价格指数	Deduction Fresh Vegetables and Fruits Price Index	99.9	100.6	99.9
一、食品烟酒	**Food, Tobacco and Liquor**	**100.1**	**101.0**	**101.0**
1.食品	Food	100.2	99.9	99.6
2.茶及饮料	Tea and Beverages	102.5	109.1	107.1
3.烟酒	Tobacco and Liquor	99.2	103.1	101.1
4.在外餐饮	Dining Out	100.0	101.3	104.9
二、衣着	**Clothing**	**102.2**	**102.7**	**101.0**
1.服装	Garments	102.9	102.9	101.4
2.鞋类	Footwear	99.1	102.3	99.0
三、居住	**Residence**	**99.9**	**100.3**	**99.7**
1.租赁房房租	Rent of Rental Housing	99.3	100.0	99.7
2.住房保养维修及管理	Housing Maintenance and Management	103.2	99.7	101.0
3.水电燃料	Water, Electricity and Fuels	100.5	101.7	99.2
四、生活用品及服务	**Articles for Daily Use and Services**	**100.1**	**100.3**	**99.1**
1.家具及室内装饰品	Furniture and Interior Decorations	99.8	100.5	99.0
2.家用器具	Home Appliances	99.3	100.1	99.3
3.家用纺织品	Home Textiles	100.5	100.5	96.7
4.家庭日用杂品	Daily-use Household Articles	100.3	100.7	99.5
5.个人护理用品	Personal-care Supplies	100.8	100.4	99.0
6.家庭服务	Household Service	101.2	99.2	100.0
五、交通通信	**Transportation and Communication**	**97.7**	**97.5**	**97.0**
1.交通	Transportation	97.2	96.8	96.4
2.通信	Communication	99.2	99.7	98.8
六、教育文化娱乐	**Education, Culture and Recreation**	**99.9**	**102.5**	**100.7**
1.教育	Education	100.0	102.0	100.0
2.文化娱乐	Culture and Recreation	99.6	103.6	102.6
七、医疗保健	**Health Care**	**100.4**	**101.0**	**100.8**
1.药品及医疗器具	Medical Instrument and Medicine	100.0	101.8	100.2
2.医疗服务	Medical Services	100.6	100.6	101.1
八、其他用品及服务	**Other Articles and Services**	**103.1**	**103.1**	**103.0**
1.其他用品	Other Articles	104.4	103.9	104.1
2.其他服务	Other Services	101.4	101.8	101.9

continued

(preceding year=100)

阜阳市 Fuyang	阜南县 Funan	宿州市 Suzhou	六安市 Lu'an	金寨县 Jinzhai	亳州市 Bozhou	宣城市 Xuancheng
99.8	**100.6**	**100.0**	**100.2**	**100.7**	**100.0**	**100.3**
99.8	100.0	99.9	100.4	100.9	99.8	99.9
100.4	101.0	100.4	101.1	102.4	100.6	100.1
99.2	99.0	99.3	99.5	99.3	98.9	99.6
99.4	100.4	99.7	99.7	99.7	99.7	100.3
100.4	101.0	100.2	100.8	101.3	100.2	100.7
99.9	100.5	99.9	100.3	100.8	100.0	100.2
99.6	**101.8**	**100.1**	**99.9**	**100.1**	**100.5**	**101.2**
98.5	100.5	99.9	99.0	99.5	100.0	99.9
105.9	112.0	104.0	106.3	104.7	103.2	100.7
99.9	101.3	99.6	99.4	100.4	100.2	101.8
101.5	107.6	101.0	102.4	102.2	102.1	104.7
101.6	**99.9**	**100.8**	**101.2**	**102.1**	**100.0**	**102.1**
101.2	99.8	101.0	101.4	101.9	100.8	101.9
103.5	100.3	100.1	100.2	102.9	96.9	103.1
99.6	**99.4**	**100.1**	**99.6**	**101.0**	**98.6**	**98.2**
100.0	99.7	100.0	98.9	104.4	97.5	95.3
100.5	100.4	99.6	100.0	102.1	102.3	100.9
99.2	98.3	100.3	100.1	100.3	100.0	99.9
99.8	**100.2**	**100.1**	**100.1**	**99.7**	**99.4**	**100.3**
97.6	98.7	100.6	100.3	98.9	99.0	100.8
100.2	99.4	99.1	99.3	99.7	100.0	99.0
100.3	99.2	101.2	100.5	100.7	100.2	97.9
98.9	100.7	99.7	99.5	98.6	98.1	100.3
99.9	100.4	100.5	101.6	99.6	100.1	100.7
103.7	106.1	101.6	101.4	106.4	99.7	104.8
97.5	**97.6**	**97.5**	**98.6**	**96.9**	**98.1**	**97.9**
97.1	97.2	97.1	98.1	96.7	97.9	97.8
98.9	98.9	98.5	100.0	97.3	98.5	98.3
101.3	**101.2**	**100.3**	**102.9**	**105.3**	**102.8**	**101.1**
100.6	100.9	101.0	103.1	107.2	102.4	100.1
103.0	102.3	98.6	102.2	100.2	103.9	103.4
99.3	**102.5**	**100.3**	**100.3**	**101.2**	**99.8**	**102.4**
100.0	101.8	99.7	100.7	102.3	99.3	99.1
99.0	102.7	100.6	100.1	100.8	100.0	103.5
102.5	**103.5**	**102.5**	**103.2**	**102.6**	**104.1**	**104.2**
104.4	104.5	104.3	105.4	104.6	106.5	104.7
100.2	102.0	100.2	100.8	99.2	101.5	103.5

4-8 各调查市县居民消费价格月度同比指数(2023年)

(上年同月=100)

市(县)		1 月 January	2 月 February	3 月 March	4 月 April	5 月 May
合肥市	Hefei	101.5	100.5	100.4	99.6	99.9
庐江县	Lujiang	102.1	101.3	101.0	100.2	100.2
芜湖市	Wuhu	102.6	101.3	100.7	99.4	100.2
蚌埠市	Bengbu	101.8	101.2	101.0	100.1	100.2
淮南市	Huainan	101.4	101.2	100.4	99.8	100.0
马鞍山市	Maanshan	102.2	100.8	100.1	100.0	100.1
淮北市	Huaibei	101.4	101.2	100.8	100.3	100.3
铜陵市	Tongling	101.7	101.2	100.7	100.5	100.2
安庆市	Anqing	102.3	100.9	101.2	100.5	100.2
桐城市	Tongcheng	102.1	100.7	100.7	100.1	100.0
黄山市	Huangshan	102.0	100.9	100.5	99.6	99.7
歙　县	Shexian	103.0	102.0	101.5	100.3	100.5
滁州市	Chuzhou	101.6	100.9	100.6	99.9	100.1
阜阳市	Fuyang	101.4	100.3	99.7	99.2	99.5
阜南县	Funan	101.6	100.9	100.5	100.0	100.6
宿州市	Suzhou	102.0	101.0	100.2	99.9	100.0
六安市	Lu'an	100.6	100.2	100.2	99.6	99.9
金寨县	Jinzhai	102.5	101.7	102.1	101.2	101.2
亳州市	Bozhou	100.8	100.5	100.2	99.5	100.0
宣城市	Xuancheng	102.7	101.0	100.4	99.7	100.1

Monthly Consumer Price Index by Region (2023)

(the same month last year=100)

6 月 June	7 月 July	8 月 August	9 月 September	10 月 October	11 月 November	12 月 December
99.8	99.3	99.9	99.8	99.8	99.5	99.9
100.2	99.7	100.1	100.0	100.0	100.0	100.1
100.1	99.6	99.8	99.7	99.7	99.9	100.2
100.0	99.8	100.3	100.2	100.1	100.0	100.1
99.8	99.3	100.0	100.5	99.7	99.2	99.6
99.8	99.3	99.6	99.4	99.6	99.5	99.7
99.5	99.3	99.6	99.6	99.5	99.1	99.6
100.7	100.5	100.5	100.4	100.3	100.2	100.5
99.9	99.7	99.9	99.6	99.5	99.1	99.3
100.2	99.3	100.1	99.7	99.6	99.4	99.9
99.6	99.4	99.7	99.9	99.6	99.4	99.5
100.9	100.5	100.4	99.9	99.6	99.2	99.8
100.3	99.7	99.5	99.6	99.5	99.5	99.8
99.9	99.2	99.8	99.6	99.3	99.5	99.9
100.7	100.3	100.8	100.7	100.5	100.2	100.3
99.9	99.4	99.1	99.3	99.5	99.5	99.8
99.6	99.9	100.7	100.9	100.3	100.1	100.8
100.6	100.1	100.3	100.1	99.6	99.3	99.7
100.2	99.0	100.2	100.1	99.9	99.6	100.1
99.8	99.1	99.3	100.1	100.4	100.2	100.5

4-9 各调查市县居民消费价格月度环比指数(2023年)

(上月=100)

市(县)	Region	1 月 January	2 月 February	3 月 March	4 月 April
合肥市	Hefei	100.6	99.7	100.0	99.7
庐江县	Lujiang	100.8	99.9	99.1	99.9
芜湖市	Wuhu	101.1	99.4	99.6	99.7
蚌埠市	Bengbu	101.3	99.7	99.8	99.6
淮南市	Huainan	100.5	100.1	99.4	100.1
马鞍山市	Maanshan	101.3	99.3	99.5	100.2
淮北市	Huaibei	100.4	100.0	99.9	99.5
铜陵市	Tongling	101.4	100.1	99.6	99.8
安庆市	Anqing	101.1	99.0	99.9	99.5
桐城市	Tongcheng	100.9	99.2	99.7	100.0
黄山市	Huangshan	100.5	99.7	99.8	99.7
歙　县	Shexian	101.0	99.9	99.6	99.7
滁州市	Chuzhou	101.0	99.5	99.8	99.7
阜阳市	Fuyang	101.0	99.8	99.9	99.9
阜南县	Funan	101.4	99.7	99.4	99.7
宿州市	Suzhou	101.4	99.2	99.6	99.7
六安市	Lu'an	101.3	100.1	99.8	99.8
金寨县	Jinzhai	100.7	99.6	100.0	99.8
亳州市	Bozhou	100.9	99.7	99.7	99.7
宣城市	Xuancheng	101.2	99.3	99.5	100.0

Consumer Price Index by Region on a Month-over-month Basis (2023)

(preceding month=100)

5 月 May	6 月 June	7 月 July	8 月 August	9 月 September	10 月 October	11 月 November	12 月 December
99.7	99.8	100.1	100.3	100.5	99.9	99.4	100.2
100.3	100.0	99.9	100.2	100.4	100.0	99.6	99.9
100.3	99.5	100.2	100.1	100.2	100.1	99.7	100.4
99.5	99.4	100.6	100.2	100.1	100.0	99.5	100.2
99.5	99.7	99.5	101.0	100.4	99.8	99.1	100.4
99.6	99.6	100.3	100.2	100.0	100.3	99.5	100.0
100.1	99.2	100.1	100.3	100.4	99.9	99.6	100.1
99.7	99.5	100.1	100.5	100.4	100.0	99.2	100.3
99.9	99.4	100.3	100.3	100.3	100.0	99.4	100.0
99.9	99.9	100.0	100.4	100.2	100.0	99.5	100.2
99.9	99.6	100.2	100.0	100.6	100.0	99.5	100.0
99.9	99.8	100.0	100.0	100.4	100.0	99.3	100.3
99.9	99.5	100.3	100.1	100.5	99.7	99.5	100.4
99.3	99.8	99.9	100.2	100.4	99.9	99.5	100.3
99.9	99.8	100.2	100.6	100.4	99.8	99.4	100.2
99.3	99.9	100.0	99.9	100.4	100.2	99.6	100.5
99.8	99.7	100.1	100.5	100.3	99.6	99.3	100.5
100.1	99.4	100.2	100.3	100.1	100.0	99.4	100.1
100.3	99.9	99.4	100.4	100.0	100.1	99.5	100.4
100.1	99.5	100.1	100.4	100.7	100.0	99.3	100.3

4-10 工业生产者出厂价格分类指数(1993-2023年)

(上年=100)

年份 Year	工业生产者出厂价格指数 Producer Price Indices for Industrial Products	轻工业 Light Industry	以农产品为原料 Agricultural Products as Raw materials	以非农产品为原料 Non-agricultural Products as Raw Materials
1993	125.3	109.1	109.3	108.3
1994	120.9	125.3	129.0	113.2
1995	117.2	124.0	126.4	115.7
1996	101.5	99.9	100.3	99.0
1997	99.3	99.1	99.4	98.7
1998	96.4	96.4	96.7	96.1
1999	95.9	94.4	94.1	96.4
2000	98.9	95.7	95.4	97.6
2001	98.6	96.9	96.9	97.1
2002	99.8	97.5	97.1	98.7
2003	103.5	101.7	102.7	100.7
2004	108.2	104.6	106.5	102.7
2005	103.3	99.0	99.6	98.5
2006	103.1	99.8	99.7	99.8
2007	103.6	103.4	103.8	103.0
2008	108.4	105.4	107.1	103.8
2009	92.8	97.0	97.9	96.2
2010	109.0	104.8	106.4	103.2
2011	108.3	107.7	109.9	103.6
2012	98.3	101.4	101.3	101.5
2013	98.2	101.5	102.2	100.1
2014	97.4	100.4	100.8	99.8
2015	93.9	99.6	99.5	100.0
2016	98.5	99.1	99.4	98.6
2017	108.0	101.8	102.2	101.3
2018	103.0	100.9	101.0	100.8
2019	100.3	100.0	100.7	99.0
2020	99.1	99.9	101.5	97.6
2021	107.7	102.8	103.0	102.5
2022	103.2	103.5	102.2	105.2
2023	96.6	98.8	100.6	96.7

Producer Price Indices for Industrial Products by Category (1993-2023)

(preceding year=100)

重工业 Heavy Industry	采掘 Mining & Quarrying Industry	原料 Raw Materials Industry	加工 Processing Industry	生产资料 Means of Production	生活资料 Consumer Goods
143.6	135.1	161.7	121.5	140.0	109.0
116.3	117.3	112.6	120.1	116.9	125.7
110.1	116.0	104.4	115.0	113.2	121.9
103.5	113.8	103.1	101.9	102.7	100.5
99.4	99.3	100.2	98.5	98.9	100.1
96.1	92.1	96.0	97.0	95.7	97.1
97.3	94.2	97.9	97.2	96.9	94.5
102.1	101.0	106.1	97.7	102.1	93.7
100.2	105.2	99.0	100.2	99.8	96.3
101.6	115.4	99.2	100.0	100.1	99.3
104.9	102.4	107.2	103.8	105.3	98.9
110.9	116.7	115.6	106.5	110.9	101.4
106.3	112.2	111.3	101.3	105.0	98.7
105.1	98.0	115.2	99.9	104.6	98.4
103.8	104.2	102.9	104.3	103.7	103.3
110.1	119.0	104.9	111.7	109.3	105.4
90.5	95.4	90.3	89.5	91.4	97.8
111.4	111.0	116.6	108.1	110.9	103.0
108.5	104.8	110.9	107.7	109.2	105.6
97.1	96.9	99.3	96.1	97.0	101.7
96.9	92.9	96.9	97.4	96.9	101.5
96.3	90.1	95.9	97.2	96.2	100.7
91.8	81.1	91.2	93.3	91.7	100.2
98.2	98.8	96.3	98.8	98.1	99.4
110.7	126.4	114.4	108.0	110.8	101.1
103.9	99.6	106.5	103.5	103.9	100.7
100.5	108.8	99.6	100.0	100.1	100.9
98.8	99.6	97.0	99.3	98.6	100.5
110.1	127.3	114.4	107.3	110.1	101.4
103.0	112.6	106.9	100.8	103.7	101.6
95.6	93.8	94.9	96.0	95.4	99.8

4-11　分月工业生产者出厂价格指数(2023年)

(上年同月＝100)

类　别	Item	全　年 Total	1 月 January	2 月 February	3 月 March
工业生产者出厂价格指数	**Producer Price Indices for Industrial Products**	**96.6**	**98.2**	**98.1**	**97.1**
轻工业	Light Industry	98.8	102.4	102.0	100.3
以农产品为原料	Agricultural Products as Raw Materials	100.6	102.3	102.2	101.8
以非农产品为原料	Non-agricultural Products as Raw Materials	96.7	102.5	101.8	98.6
重工业	Heavy Industry	95.6	96.3	96.2	95.6
采掘	Mining and Quarrying	93.8	102.6	103.1	102.2
原料	Raw Material	94.9	96.7	95.8	94.6
加工	Processing	96.0	95.7	95.9	95.5
生产资料	Means of Production	95.4	96.8	96.9	95.8
采掘	Mining and Quarrying	93.8	102.6	103.1	102.2
原料	Raw Material	95.4	96.9	96.0	95.0
加工	Processing	95.5	96.4	96.8	95.6
生活资料	Consumer Goods	99.8	102.1	101.3	100.7
食品	Food	100.8	104.1	103.4	102.6
衣着	Clothing	104.2	105.1	104.9	104.9
一般日用品	Articles for Daily Use	100.1	101.1	100.5	100.6
耐用消费品	Durable Consumer Goods	97.0	99.2	98.0	96.9

Producer Price Indices for Industrial Products by Month (2023)

(the same month last year=100)

4 月 April	5 月 May	6 月 June	7 月 July	8 月 August	9 月 September	10 月 October	11 月 November	12 月 December
96.5	**95.4**	**94.7**	**95.3**	**96.6**	**97.1**	**97.1**	**96.6**	**96.9**
99.5	98.3	97.7	97.7	98.2	98.2	98.0	97.0	96.9
101.1	100.2	100.0	100.0	100.4	100.6	100.4	99.3	99.4
97.7	96.1	95.0	95.1	95.5	95.4	95.2	94.3	94.0
95.0	94.1	93.3	94.2	95.8	96.6	96.7	96.4	96.9
99.3	96.2	88.0	85.0	86.8	88.1	90.7	91.4	92.3
92.7	91.5	90.7	93.0	96.0	97.4	97.6	95.8	96.9
95.7	95.0	94.6	95.3	96.4	96.8	96.8	97.0	97.1
95.2	94.0	93.1	94.0	95.2	96.0	96.2	95.9	96.1
99.3	96.2	88.0	85.0	86.8	88.1	90.7	91.4	92.3
93.3	92.1	91.3	93.7	96.8	98.2	98.5	96.5	97.5
95.7	94.6	94.0	94.6	95.2	95.8	95.8	96.0	95.9
99.9	99.3	99.1	99.0	100.1	99.8	99.5	98.5	98.8
101.9	100.4	100.3	100.0	100.2	100.4	99.6	98.3	98.4
104.7	104.6	104.7	104.8	104.4	103.4	103.5	102.4	102.8
99.8	99.5	99.1	99.3	99.7	100.0	100.1	100.6	100.8
95.8	95.9	95.6	95.5	98.9	97.7	97.7	95.9	96.6

4-12 分行业工业生产者出厂价格指数(2023年)

(上年同月＝100)

类　别	Item	全年 Total
总指数	**General Index**	**96.6**
煤炭开采和洗选业	Mining and Washing of Coal	91.8
烟煤和无烟煤开采洗选	Mining and Washing of Bituminous Coal and Anthracite Coal	91.8
黑色金属矿采选业	Mining and Processing of Ferrous Metal Ores	96.4
铁矿采选	Mining and Processing of Iron Ores	96.4
有色金属矿采选业	Mining and Processing of Non-Ferrous Metal Ores	102.9
常用有色金属矿采选	Mining and Processing of General Non-Ferrous Metal Ores	100.1
贵金属矿采选	Mining and Processing of Noble Non-Ferrous Metal Ores	114.5
非金属矿采选业	Mining and Processing of Non-metal Ores	90.2
土砂石开采	Mining and Processing of Gravel	90.0
化学矿开采	Mining and Processing of Chemical Ores	87.7
采盐	Mining and Processing of Salt	86.2
石棉及其他非金属矿采选	Mining and Processing of Asbestos and Other Non-Metal Ores	96.6
农副食品加工业	Processing of Food from Agricultural Products	100.3
谷物磨制	Whetting of Cereals	101.6
饲料加工	Processing of Forage	99.4
植物油加工	Processing of Planting-Oil	93.0
屠宰及肉类加工	Slaughtering and Processing of Meat	100.2
水产品加工	Processing of Aquatic Products	91.4
蔬菜、菌类、水果和坚果加工	Processing of Vegetable, Mushroom, Fruit and Nuts	105.3
其他农副食品加工	Processing of Other Food from Agricultural Products	99.7
食品制造业	Manufacturing of Foods	100.9
焙烤食品制造	Manufacturing of Baked Foods	100.9
糖果、巧克力及蜜饯制造	Manufacturing of Candy, Chocolate and Preserves	100.9
方便食品制造	Manufacturing of Convenient Foods	101.1
乳制品制造	Manufacturing of Dairy Products	100.5
罐头食品制造	Manufacturing of Canning	105.3
调味品、发酵制品制造	Manufacturing of Condiment and Ferment Products	101.5
其他食品制造	Manufacturing of Other Foods	99.1
酒、饮料及精制茶制造业	Manufacturing of Alcohol, Beverages and Refined Tea	101.1
酒的制造	Manufacturing of Alcohol	100.5
饮料制造	Manufacturing of Beverages	102.3
精制茶加工	Manufacturing of Refined-tea	101.4
烟草制品业	Manufacturing of Tobacco	100.0
卷烟制造	Manufacturing of Cigarettes	100.0
纺织业	Manufacturing of Textiles	97.9
棉纺织及印染精加工	Cotton Textile and Refined Processing	96.0
毛纺织及染整精加工	Wool Textile and Refined Processing	93.5
麻纺织及染整精加工	Hemp Textile and Refined Processing	104.6
丝绢纺织及印染精加工	Silk-textile and Refined Processing	105.1

Producer Price Indices for Industrial Products by Sector (2023)

(the same month last year=100)

1 月 January	2 月 February	3 月 March	4 月 April	5 月 May	6 月 June	7 月 July	8 月 August	9 月 September	10 月 October	11 月 November	12 月 December
98.2	**98.1**	**97.1**	**96.5**	**95.4**	**94.7**	**95.3**	**96.6**	**97.1**	**97.1**	**96.6**	**96.9**
105.8	105.6	104.7	101.7	99.0	86.6	81.8	80.7	81.0	84.8	85.9	86.5
105.8	105.6	104.7	101.7	99.0	86.6	81.8	80.7	81.0	84.8	85.9	86.5
93.7	93.9	91.7	86.4	82.6	80.3	84.4	93.0	106.0	115.0	123.0	127.2
93.7	93.9	91.7	86.4	82.6	80.3	84.4	93.0	106.0	115.0	123.0	127.2
99.1	101.0	101.4	100.2	99.6	97.6	98.7	106.5	109.3	109.6	107.8	105.9
97.0	98.7	99.4	97.5	96.5	94.0	94.8	103.7	106.8	106.9	104.6	102.9
107.8	110.3	109.8	111.8	112.7	112.8	114.8	117.4	118.7	120.1	119.6	116.9
96.5	97.4	96.2	94.9	91.3	89.2	85.2	91.5	89.6	86.2	82.0	81.8
95.7	96.3	95.3	95.6	95.2	94.7	90.5	92.1	85.3	81.0	78.1	78.7
115.7	120.1	112.6	86.4	53.6	42.6	41.4	84.7	191.9	176.0	113.5	99.7
81.7	84.1	84.8	85.7	85.0	84.7	80.0	75.9	77.7	98.6	98.6	101.1
99.1	99.4	99.2	99.3	97.5	95.9	94.7	94.9	93.5	94.9	95.8	94.8
105.1	105.1	103.5	101.6	99.6	99.2	98.8	99.6	99.9	98.9	96.6	96.8
104.4	104.7	101.8	100.4	98.7	100.1	100.3	100.9	103.6	103.1	100.8	100.7
108.2	107.4	101.4	97.6	97.8	97.5	97.6	98.9	99.6	98.5	95.2	94.3
98.0	96.2	91.9	90.6	89.9	85.8	91.9	94.6	94.7	93.9	93.9	95.2
109.9	109.8	114.6	110.0	104.4	101.8	96.8	98.7	93.8	91.6	88.0	89.8
112.0	108.6	107.8	102.5	94.5	85.8	89.8	84.7	82.9	82.2	78.3	77.4
102.1	104.8	106.5	108.7	108.4	108.4	106.2	103.1	105.3	103.7	103.5	103.2
100.2	100.9	101.0	101.7	100.2	100.4	99.5	100.4	99.5	98.8	97.7	96.3
102.5	101.3	101.5	101.2	101.0	100.7	100.6	99.8	101.0	101.5	100.7	99.1
102.8	103.4	102.9	102.4	102.5	102.0	101.4	100.0	100.2	100.0	100.1	93.6
102.3	102.6	102.9	102.3	101.3	101.1	100.5	100.1	99.8	99.7	99.4	98.5
103.0	102.7	101.7	100.7	100.8	100.6	100.6	100.2	100.6	100.8	100.5	101.2
100.4	100.2	100.6	98.2	98.6	100.5	97.9	97.4	102.8	105.1	103.1	102.0
108.6	106.5	107.6	109.1	108.5	106.4	105.7	104.4	103.2	102.9	101.0	100.6
111.9	98.8	100.6	102.1	101.7	100.8	102.0	99.9	99.9	101.7	100.7	98.9
97.8	97.9	98.8	99.6	98.7	97.7	99.5	99.4	100.5	100.6	99.9	98.4
100.5	100.8	100.9	101.2	101.3	101.8	101.3	101.7	101.4	101.4	100.7	100.7
100.3	100.9	101.1	100.7	100.7	100.9	99.8	100.2	99.9	101.0	100.3	100.0
102.3	102.4	102.1	103.3	102.9	103.6	103.5	103.4	102.9	100.9	100.4	100.4
97.8	97.6	98.2	99.7	100.4	101.8	102.7	104.1	104.0	103.6	102.7	104.2
100.0	100.0	100.0	100.0	100.0	100.0	100.0	100.0	100.0	100.0	100.0	100.0
100.0	100.0	100.0	100.0	100.0	100.0	100.0	100.0	100.0	100.0	100.0	100.0
96.4	96.0	96.1	96.8	96.0	96.2	97.3	98.8	100.1	100.1	100.9	100.8
92.9	92.0	92.1	92.6	91.6	93.2	96.6	98.5	100.4	100.0	101.9	101.4
95.2	98.0	95.9	95.4	93.9	93.7	89.8	91.0	91.6	91.2	91.6	95.0
103.5	102.6	101.8	100.4	105.0	103.5	102.7	102.4	103.4	106.7	109.2	113.5
98.7	98.7	99.6	102.3	103.7	105.6	106.6	107.7	109.0	109.6	109.3	110.5

4-12 续表 1

(上年同月＝100)

类　别	Item	全 年 Total
化纤织造及印染精加工	Chemical Fiber and Refined Processing	98.8
针织或钩针编织物及其制品制造	Manufacturing of Knitted Fabric and Its Products	112.8
家用纺织制成品制造	Manufacturing of Textile Products	100.2
产业用纺织制成品制造	Manufacturing of Knitwear, Knitted Products	96.3
纺织服装、服饰业	Manufacturing of Textile Wearing Apparel and Accessories	104.5
机织服装制造	Manufacturing of Woven Clothing	105.6
针织或钩针编织服装制造	Manufacturing of Knitted Fabric Clothing	100.6
服饰制造	Manufacturing of Textile Clothing	106.2
皮革、毛皮、羽毛及其制品和制鞋业	Manufacturing of Leather, Fur, Feather and Related Products	103.5
皮革鞣制加工	Leather Processing	104.0
皮革制品制造	Manufacturing of Leather Products	103.1
羽毛(绒)加工及制品制造	Manufacturing of Feather Processing and Its Products	105.9
制鞋业	Manufacturing of Footware	99.5
木材加工和木、竹、藤、棕、草制品业	Processing of Timber, Manufacturing of Wood, Bamboo, Rattan,Palm and Straw Products	98.6
木材加工	Processing of Timber	101.0
人造板制造	Manufacturing of Artificial Plank	97.6
木制品制造	Manufacturing of Wood Products	98.8
竹、藤、棕、草制品制造	Manufacturing of Bamboo, Rattan,Palm and Straw Products	100.4
家具制造业	Manufacturing of Fumiture	97.7
木质家具制造	Manufacturing of Timber Furniture	98.7
金属家具制造	Manufacturing of Metal Furniture	92.7
其他家具制造	Manufacturing of Other Furniture	95.8
造纸和纸制品业	Manufacturing of Paper and Paper Products	97.1
造纸	Manufacturing of Paper	88.3
纸制品制造	Manufacturing of Paper Products	104.4
印刷和记录媒介复制业	Printing and Reproduction of Recorded Media	99.2
印刷	Printing	99.2
文教、工美、体育和娱乐用品制造业	Manufacturing of Articles for Culture, Education, Arts and Crafts,Sport and Entertainment Activities	102.5
文教办公用品制造	Manufacturing of Articles for Culture, Education and Office	99.0
工艺美术及礼仪用品制造	Manufacturing of Articles for Arts ,Crafts and Etiquette	102.5
体育用品制造	Manufacturing of Articles for Sport	104.4
玩具制造	Manufacturing of Toys	102.7
石油、煤炭及其他燃料加工业	Processing of Petroleuim, Coal and Other Fuels	90.7
精炼石油产品制造	Manufacturing of Refined Coking Petroleum	93.7
煤炭加工	Processing of Coal	81.8
生物质燃料加工	Processing of Biomass Fuel	99.4
化学原料和化学制品制造业	Manufacturing of Raw Chemical Materials and Chemical Products	88.4
基础化学原料制造	Manufacturing of Raw Chemical Materials	86.5
肥料制造	Manufacturing of Fertilizer	88.1

continued

(the same month last year=100)

1 月 January	2 月 February	3 月 March	4 月 April	5 月 May	6 月 June	7 月 July	8 月 August	9 月 September	10 月 October	11 月 November	12 月 December
102.5	101.4	99.4	100.8	100.2	98.1	95.7	95.4	97.1	98.4	98.2	98.9
111.1	110.8	110.6	111.3	113.7	115.4	115.6	115.6	114.4	112.8	111.2	110.6
98.6	98.7	98.9	98.1	98.2	100.4	102.6	102.9	101.5	101.4	101.1	100.7
98.5	99.4	100.6	102.3	99.0	94.8	91.1	93.7	94.6	94.6	93.8	93.3
105.8	105.5	105.5	105.2	104.7	104.9	105.1	104.7	103.6	103.8	102.4	103.0
107.9	107.1	106.4	105.8	105.2	105.2	105.2	105.5	104.9	105.1	104.4	104.3
101.1	101.5	101.7	100.9	100.0	99.3	99.9	100.1	99.8	101.3	101.2	100.7
105.5	105.9	107.8	109.0	109.8	111.7	111.9	108.4	104.1	103.0	97.7	101.5
100.3	101.7	102.8	103.3	104.0	104.3	104.9	104.3	103.1	104.7	104.3	104.5
98.8	99.7	99.6	99.9	100.1	100.3	100.4	99.9	98.3	116.5	117.7	117.3
101.0	100.8	101.9	103.5	104.1	104.0	103.8	103.1	103.2	103.5	103.9	103.9
100.7	103.2	105.5	106.1	106.8	107.5	108.9	108.2	106.2	106.6	105.5	106.2
99.9	100.0	99.8	99.7	100.4	100.4	100.4	99.7	99.2	98.5	98.6	98.1
100.4	98.3	99.1	99.2	98.4	98.0	99.0	98.2	97.8	98.2	98.0	98.1
103.4	102.9	106.6	105.7	101.6	101.4	101.1	98.4	98.1	97.6	96.8	99.1
99.9	95.9	97.3	97.4	96.8	97.4	98.8	97.7	97.3	98.1	97.6	97.0
100.3	100.9	98.9	99.7	100.5	97.2	97.8	97.9	97.7	97.6	98.2	98.5
99.2	99.2	100.5	99.7	98.4	99.5	100.9	102.5	100.1	101.6	102.0	101.6
99.3	98.9	98.6	97.7	97.0	96.6	96.2	96.9	98.9	97.1	97.4	97.5
100.2	99.4	99.4	98.7	97.8	97.3	97.2	97.8	100.1	98.6	98.9	98.6
91.4	91.4	91.3	90.7	91.5	91.6	96.3	95.5	95.4	91.7	91.5	94.5
99.3	99.8	98.5	96.6	96.0	95.8	92.1	93.9	95.8	93.2	94.1	94.3
99.8	99.7	99.3	97.8	96.4	96.0	95.8	95.9	96.0	95.8	96.2	96.5
95.5	94.8	92.0	88.9	85.8	85.4	85.5	85.3	86.6	86.6	87.4	85.8
103.3	103.7	105.4	105.3	105.5	105.0	104.4	104.5	103.5	103.1	103.3	105.5
99.9	100.2	100.2	100.1	99.5	99.9	98.8	99.1	98.6	97.8	98.3	98.5
99.9	100.2	100.2	100.1	99.5	99.9	98.8	99.1	98.6	97.8	98.3	98.5
103.6	103.0	102.7	102.9	102.8	102.6	102.0	103.0	102.2	102.0	101.7	101.7
96.0	97.8	102.7	100.5	98.6	99.3	98.3	97.1	97.7	102.2	98.5	99.6
102.0	101.6	100.5	101.3	102.0	102.2	102.2	104.3	103.6	103.7	103.6	103.5
109.5	108.6	106.9	107.7	107.1	106.1	103.5	103.0	102.1	99.8	99.8	99.9
107.4	105.1	105.6	104.7	103.6	102.6	102.3	102.5	100.9	99.2	99.8	99.6
104.1	98.0	91.8	88.0	82.7	76.3	79.1	91.5	92.9	98.1	95.0	95.7
106.8	101.1	92.5	89.3	87.7	80.4	83.8	94.5	96.6	102.2	97.5	96.5
97.5	90.0	88.4	82.8	69.0	63.4	65.1	82.6	82.4	87.4	87.5	93.5
96.6	97.0	99.2	99.2	103.2	98.9	98.8	102.8	98.7	98.4	102.5	98.2
94.5	93.0	91.7	88.1	84.2	81.7	82.5	86.6	88.9	89.8	90.6	90.4
94.7	92.0	87.6	82.9	80.1	79.4	81.5	86.4	88.5	89.4	88.6	88.3
111.4	110.4	106.4	96.0	81.3	69.3	68.1	77.2	83.3	85.7	90.2	89.6

4-12 续表 2

(上年同月＝100)

类　别	Item	全 年 Total
农药制造	Manufacturing of Pesticide	74.1
涂料、油墨、颜料及类似产品制造	Manufacturing of Coating, Printing Ink, Pigment and Similar Products	97.7
合成材料制造	Manufacturing of Synthetic Materials	89.6
专用化学产品制造	Manufacturing of Specialized Chemicals	88.1
炸药、火工及焰火产品制造	Manufacturing of Explosive and Fireworks	98.3
日用化学产品制造	Manufacturing of Daily Chemicals	93.5
医药制造业	Manufacturing of Medicines	100.5
化学药品原料药制造	Manufacturing of Raw Materials of Chemicals	94.3
化学药品制剂制造	Manufacturing of Chemical Medicine Agent	98.6
中药饮片加工	Processing of Chinese Herbal Pieces	103.5
中成药生产	Manufacturing of Chinese Patent Drug	96.4
生物药品制品制造	Manufacturing of Biopharmaceutical Products	105.3
卫生材料及医药用品制造	Manufacturing of Medical Products	100.4
药用辅料及包装材料制造	Manufacturing of Pharmaceutical Recipients and Packaging Materials	100.6
化学纤维制造业	Manufacturing of Chemical Fibres	97.1
纤维素纤维原料及纤维制造	Manufacturing of Cellulose Fiber Material and Fiber	99.3
合成纤维制造	Manufacturing of Synthetic Fiber	95.1
生物基材料制造	Manufacturing of Bio-based Materials	98.8
橡胶和塑料制品业	Manufacturing of Rubber and Plastic Products	96.8
橡胶制品业	Manufacturing of Rubber Products	100.8
塑料制品业	Manufacturing of Plastic Products	95.3
非金属矿物制品业	Manufacturing of Non-metallic Mineral Products	88.2
水泥、石灰和石膏制造	Manufacturing of Cement, Lime and Gypsum	78.1
石膏、水泥制品及类似制品制造	Manufacturing of Cement and Gypsum Products	89.2
砖瓦、石材等建筑材料制造	Manufacturing of Brick, Stone and Other Building Materials	90.5
玻璃制造	Manufacturing of Glass	96.7
玻璃制品制造	Manufacturing of Glass Products	96.1
玻璃纤维和玻璃纤维增强塑料制品制造	Manufacturing of Fiberglass and Reinforced Plastic Products	93.6
陶瓷制品制造	Manufacturing of Ceramics Products	95.2
耐火材料制品制造	Manufacturing of Refractor Products	94.8
石墨及其他非金属矿物制品制造	Manufacturing of Graphite and Other Non-metal Minerals	98.4
黑色金属冶炼和压延加工业	Smelting and Pressing of Ferrous Metals	90.3
炼铁	Making of Iron	86.5
炼钢	Making of Steel	90.3
钢压延加工	Processing of Steel	90.5
有色金属冶炼和压延加工业	Smelting and Pressing of Non-ferrous Metals	97.3
常用有色金属冶炼	Smelting of General Non-ferrous Metals	96.5
贵金属冶炼	Smelting of Noble Non-ferrous Metals	116.5
有色金属合金制造	Manufacturing of Non-ferrous Metal Alloy	87.2
有色金属压延加工	Pressing of Non-ferrous Metals	100.8

continued

(the same month last year=100)

1 月 January	2 月 February	3 月 March	4 月 April	5 月 May	6 月 June	7 月 July	8 月 August	9 月 September	10 月 October	11 月 November	12 月 December
94.1	87.7	83.4	75.3	70.5	68.1	65.7	66.6	69.3	67.6	70.2	71.0
101.2	99.9	99.8	99.9	97.9	96.8	96.7	95.8	96.0	96.4	95.8	96.1
86.9	88.0	88.6	87.5	86.4	86.3	87.5	90.2	92.8	94.5	94.6	93.7
85.3	85.0	86.5	85.7	83.5	83.3	85.8	90.1	92.4	92.5	94.4	95.1
100.2	99.1	98.4	98.2	97.4	97.1	97.6	97.1	98.8	98.5	96.9	100.6
97.9	95.5	99.0	96.8	93.3	90.2	89.9	93.0	91.0	93.0	91.6	91.1
107.8	103.2	100.9	100.4	98.3	98.5	99.6	99.5	100.3	98.2	99.0	100.3
96.7	95.6	91.3	91.1	90.9	92.0	93.6	95.5	95.6	96.5	96.6	97.0
106.2	95.9	99.3	95.9	96.1	90.7	96.5	95.3	101.5	100.5	98.0	108.0
117.0	111.3	106.1	106.2	101.6	102.4	103.6	102.6	102.4	97.0	97.7	96.7
100.2	96.4	95.8	96.0	95.1	95.1	94.8	95.8	95.7	96.4	96.4	99.6
105.7	107.5	105.3	107.7	102.7	104.6	104.1	104.5	104.7	105.2	105.0	106.2
105.9	101.6	98.9	97.1	97.1	103.6	99.1	98.9	98.9	96.9	107.9	100.5
104.8	103.8	103.6	103.2	102.1	102.0	100.5	98.3	98.2	97.5	97.4	96.2
96.5	97.0	98.3	97.6	96.5	94.7	94.6	95.5	97.5	98.7	97.7	100.3
103.9	107.2	107.2	100.8	98.5	98.1	95.1	97.0	97.9	97.6	94.5	94.2
93.3	94.3	93.9	95.2	94.3	90.8	92.1	93.4	95.7	97.3	98.7	102.3
95.9	93.1	99.1	99.1	99.1	99.1	99.1	97.9	100.6	102.3	98.6	102.3
95.7	96.9	96.1	96.4	96.4	95.9	97.0	97.1	97.6	96.9	97.3	98.4
96.9	100.6	98.8	101.8	101.7	101.2	103.2	103.4	101.7	98.5	99.3	103.1
95.3	95.5	95.1	94.5	94.5	94.0	94.7	94.8	96.1	96.3	96.6	96.6
86.5	88.0	87.3	89.8	88.8	89.0	87.8	87.0	87.6	88.1	89.0	89.0
73.6	78.1	77.6	79.2	80.0	84.2	82.4	78.6	77.0	76.2	75.0	76.0
90.5	90.7	89.3	89.6	88.6	88.7	88.1	87.8	88.9	89.5	89.2	89.7
87.7	87.9	87.7	102.2	95.5	86.6	82.9	82.4	85.3	90.5	100.2	98.5
94.3	93.3	94.2	96.2	100.0	98.9	95.9	96.6	98.5	98.8	97.7	97.0
92.5	92.4	93.2	93.9	94.7	94.3	94.6	98.1	100.0	98.7	100.9	100.9
87.7	93.0	95.5	94.6	94.6	95.3	92.1	94.1	95.4	100.6	94.6	87.5
91.7	92.3	95.0	93.7	94.0	96.3	96.2	94.7	94.0	96.9	99.2	99.2
103.3	100.1	96.1	96.6	95.1	94.7	93.4	92.2	91.8	91.2	92.7	90.6
105.0	104.4	103.8	103.1	95.0	97.2	97.7	97.7	96.7	95.5	94.1	92.0
88.7	87.9	88.2	88.1	85.0	83.3	86.2	91.2	94.7	95.5	98.5	100.6
87.0	88.8	87.9	87.8	81.9	82.1	79.9	83.0	89.1	89.5	90.0	92.3
91.6	85.7	88.7	84.9	81.7	82.8	87.7	93.6	93.4	95.8	101.2	101.8
88.4	88.2	88.1	88.6	85.5	83.4	86.3	91.2	95.1	95.7	98.5	100.8
91.7	93.2	91.6	92.3	90.5	93.0	101.9	102.8	104.8	105.4	103.5	101.4
91.9	94.0	93.9	90.7	88.5	88.5	101.0	105.1	104.7	103.4	101.5	99.0
110.5	108.7	106.5	110.9	113.0	117.3	124.5	121.2	126.6	124.5	117.4	117.6
79.1	78.8	74.0	79.1	82.3	85.9	92.2	89.9	97.3	102.0	98.8	99.1
95.9	98.2	97.3	97.8	94.0	96.8	104.7	105.6	106.5	106.7	105.5	102.4

4-12 续表 3

(上年同月＝100)

类　别	Item	全 年 Total
金属制品业	Manufacturing of Metal Products	96.0
结构性金属制品制造	Manufacturing of Structural Metal Products	95.9
金属工具制造	Manufacturing of Metal Tools	96.7
集装箱及金属包装容器制造	Manufacturing of Container and Metal Packing Container	98.7
金属丝绳及其制品制造	Manufacturing of Wire Rope and Its Products	95.5
建筑、安全用金属制品制造	Manufacturing of Metal Products for Buildings and Safety	96.3
金属表面处理及热处理加工	Processing of Metal Finishing and Heat Treatment	96.0
锻造及其他金属制品制造	Manufacturing of Forging and Other Metal Products	95.7
通用设备制造业	Manufacturing of General Purpose Machinery	99.1
锅炉及原动设备制造	Manufacturing of Boiler and Original Motor	102.1
金属加工机械制造	Manufacturing of Metal Processing Machinery	99.5
物料搬运设备制造	Manufacturing of Hoisting Transportation Equipments	98.9
泵、阀门、压缩机及类似机械制造	Manufacturing of Pump, Valve, Compressor and Similar Mechanicals	98.8
轴承、齿轮和传动部件制造	Manufacturing of Bearing, Gear Wheel and Drive Parts	97.4
烘炉、风机、包装等设备制造	Manufacturing of Wind-fanning Machine, Scaling and Packing Equipments	99.7
通用零部件制造	Manufacturing of General Machine Components	98.5
其他通用设备制造	Manufacturing of Other General Equipments	99.5
专用设备制造业	Manufacturing of Special Purpose Machinery	98.8
采矿、冶金、建筑专用设备制造	Manufacturing of Mining, Metallurgy and Building Equipments	99.8
化工、木材、非金属加工专用设备制造	Manufacturing of Chemical Engineering, Timber, Non-Metal Processing Equipments	95.6
食品、饮料、烟草及饲料生产专用设备制造	Manufacturing of Food, Beverage, Tobacco and Fodder Producing Equipments	102.9
印刷、制药、日化及日用品生产专用设备制造	Manufacturing of Printing, Pharmacy and Commodities	109.6
电子和电工机械专用设备制造	Manufacturing of Electronics and Electrical Machinery	98.8
农、林、牧、渔专用机械制造	Manufacturing of Agriculture, Forestry, Animal Husbandry and Fishery Machinery	101.6
医疗仪器设备及器械制造	Manufacturing of Medical Instruments	100.7
环保、邮政、社会公共服务及其他专用设备制造	Manufacturing of Environment Protection, Post, Social Service and Other Equipments	96.2
汽车制造业	Manufacturing of Automobiles	99.7
汽车整车制造	Manufacturing of Entire Vehicles	100.9
汽车用发动机制造	Manufacturing of Automotive Engines	98.5
改装汽车制造	Manufacturing of Refit Vehicles	100.7
汽车车身、挂车制造	Manufacturing of Vehicle Body and Trailers	99.4
汽车零部件及配件制造	Manufacturing of Auto Parts	98.8
铁路、船舶、航空航天和其他运输设备制造业	Manufacturing of Railway, Ship, Aerospace and Other Transport Equipments	104.2

continued

(the same month last year=100)

1 月 January	2 月 February	3 月 March	4 月 April	5 月 May	6 月 June	7 月 July	8 月 August	9 月 September	10 月 October	11 月 November	12 月 December
94.5	94.2	94.9	95.1	94.9	94.6	96.8	97.6	96.8	97.1	98.1	98.4
93.6	93.8	94.0	95.3	96.2	95.5	96.8	97.0	96.5	97.5	97.0	97.9
102.4	96.1	98.5	93.7	92.0	96.8	96.3	98.7	99.9	93.3	96.9	96.5
96.1	96.1	96.2	97.0	97.0	98.3	98.5	99.5	99.6	100.7	102.7	103.2
92.4	92.7	92.8	91.8	91.4	90.9	95.7	100.5	101.0	100.3	99.3	99.9
105.9	105.3	106.4	101.7	93.8	89.4	98.7	91.2	91.4	90.4	93.4	89.5
102.9	94.5	94.8	94.0	95.6	91.7	94.6	95.0	94.3	95.4	100.0	99.7
92.1	93.1	94.4	95.1	94.2	94.5	97.1	98.2	96.1	96.6	98.6	98.6
99.7	99.6	99.1	99.1	99.1	99.0	98.5	98.8	98.9	98.9	99.2	99.1
103.8	103.6	102.9	102.3	102.1	102.5	102.7	103.2	100.6	100.5	101.0	99.8
98.8	100.0	100.6	101.1	100.8	99.4	99.0	99.8	98.9	98.7	98.3	98.8
97.1	99.6	96.3	98.0	98.6	98.8	97.8	96.8	98.9	100.5	102.1	102.2
99.9	99.4	98.7	97.9	98.2	97.8	97.9	99.1	99.3	98.9	99.1	99.5
98.0	98.5	98.2	98.0	98.3	97.1	96.1	96.5	99.2	95.4	97.3	95.7
102.5	99.3	99.0	99.0	98.7	100.9	99.4	99.7	99.5	98.9	99.5	99.6
99.6	99.3	99.3	99.2	98.6	98.4	98.0	98.0	97.3	98.7	98.2	97.5
99.4	99.6	99.6	100.4	100.4	98.9	99.2	99.2	99.0	99.3	99.1	99.7
98.2	98.4	98.9	99.0	99.4	99.4	99.1	98.4	98.6	99.0	98.1	98.4
97.7	97.5	99.0	100.7	101.0	100.3	100.2	100.5	100.3	100.6	99.9	100.2
97.0	96.0	95.5	95.4	95.5	96.3	96.2	95.3	96.4	96.5	94.5	92.7
104.3	101.9	103.3	103.5	104.3	105.2	104.9	103.3	102.1	101.7	99.9	100.5
92.2	108.3	111.2	110.4	111.5	116.4	106.8	104.7	121.0	116.7	108.5	108.5
100.7	100.0	99.7	98.1	98.0	97.7	97.7	98.6	98.6	99.0	98.7	98.8
100.0	101.6	100.8	100.9	101.1	100.2	102.7	102.7	102.3	102.3	101.9	102.6
102.8	101.7	103.3	101.6	100.0	100.9	99.3	100.1	99.4	99.8	99.8	100.4
96.7	96.9	96.4	96.5	97.4	97.3	97.4	94.9	94.2	95.4	95.3	96.5
100.2	100.5	100.2	99.4	99.8	99.9	99.7	99.4	99.3	99.3	99.0	99.7
101.5	102.0	101.9	100.6	100.8	100.7	100.1	101.1	100.8	100.6	99.3	101.3
100.5	101.1	100.5	100.5	98.8	98.0	97.2	97.4	96.9	96.9	97.2	97.2
97.3	97.3	97.1	97.3	99.9	101.8	102.3	100.9	102.5	102.5	105.1	104.8
101.3	101.2	100.0	99.6	99.1	99.0	99.7	99.7	99.3	98.3	97.9	98.0
99.5	99.7	99.3	98.8	99.1	99.3	99.2	98.2	98.0	98.1	98.3	98.2
107.2	108.9	104.5	104.0	104.1	104.5	104.4	104.1	103.6	104.6	99.9	100.7

4-12 续表 4

(上年同月=100)

类　别	Item	全 年 Total
铁路运输设备制造	Manufacturing of Railway Transport Equipments	106.1
船舶及相关装置制造	Manufacturing of Ship and Related Equipments	101.4
助动车制造	Manufacturing of Bicycles	105.7
电气机械和器材制造业	Manufacturing of Electrical Machinery and Apparatus	95.8
电机制造	Manufacturing of Electrical Machinery	98.3
输配电及控制设备制造	Manufacturing of Electricity Mixed and Control Equipments	91.0
电线、电缆、光缆及电工器材制造	Manufacturing of Wire, Cable, Fiber Optic Cable and Electrical Equipments	98.3
电池制造	Manufacturing of Battery	98.0
家用电力器具制造	Manufacturing of Electrical Household Appliance	95.3
非电力家用器具制造	Manufacturing of Non-electrical Household Appliance	97.7
照明器具制造	Manufacturing of Luminaires	100.7
其他电气机械及器材制造	Manufacturing of Other Electric Machines and Equipments	102.1
计算机、通信和其他电子设备制造业	Manufacturing of Computers, Communication and Other Electronic Equipment	97.3
计算机制造	Manufacturing of Computers	101.3
通信设备制造	Manufacturing of Tele-communication Equipments	99.3
雷达及配套设备制造	Manufacturing of Radar and Corollary Equipments	100.0
非专业视听设备制造	Manufacturing of Non-professional Audio-visual Equipments	92.9
智能消费设备制造	Manufacturing of Intelligent Consumption Equipments	91.5
电子器件制造	Manufacturing of Electronic Appliances	95.7
电子元件及电子专用材料制造	Manufacturing of Electronic Components	92.0
其他电子设备制造	Manufacturing of Other Electronic Equipments	97.4
仪器仪表制造业	Manufacturing of Measuring Instruments and Machinery	93.2
通用仪器仪表制造	Manufacturing of General Measuring Instruments and Machinery	94.4
专用仪器仪表制造	Manufacturing of Special Measuring Instruments and Machinery	91.4
其他制造业	Other Manufacturing	100.6
日用杂品制造	Manufacturing of Daily Groceries	100.3
其他未列明制造业	Other Unspecified Manufacturing Industries	101.2
废弃资源综合利用业	Utilization of Waste Resources	95.3
金属废料和碎屑加工处理	Processing of Metal Scrap	95.1
非金属废料和碎屑加工处理	Processing of Non-metal Scrap	95.2
电力、热力生产和供应业	Production and Supply of Electric Power and Heat Power	102.1
电力生产	Production of Electric Power	103.9
电力供应	Supply of Electric Power	100.5
热力生产和供应	Production and Supply of Heat Power	103.1
燃气生产和供应业	Production and Supply of Gas	106.4
燃气生产和供应业	Production and Supply of Gas	106.4
水的生产和供应业	Production and Supply of Water	100.9
自来水生产和供应	Production and Supply of Tapping-water	99.4
污水处理及其再生利用	Treatment and Recycled Use of Sewage	103.6

continued

(the same month last year=100)

1 月 January	2 月 February	3 月 March	4 月 April	5 月 May	6 月 June	7 月 July	8 月 August	9 月 September	10 月 October	11 月 November	12 月 December
117.2	118.1	106.3	106.6	106.3	106.0	106.9	106.3	106.4	107.3	95.0	94.8
100.3	102.8	102.8	102.0	101.3	102.1	101.1	101.1	101.1	100.8	100.8	100.8
104.0	105.6	104.4	103.3	105.2	106.1	106.0	105.7	103.4	106.9	106.9	110.9
102.1	102.2	97.9	97.1	95.8	93.9	93.9	94.4	94.4	94.2	92.4	91.6
96.8	97.0	96.9	97.8	98.3	98.5	98.2	99.0	99.6	99.9	99.1	98.2
97.9	98.3	97.7	97.5	95.3	90.9	88.8	87.7	87.2	85.7	82.5	83.1
96.9	96.3	94.5	94.4	97.3	97.1	99.5	100.1	101.3	101.6	100.9	100.4
131.4	130.9	104.7	99.9	91.8	87.8	91.5	93.6	93.0	94.4	88.7	81.6
98.0	98.4	96.1	95.7	95.4	94.4	93.6	94.6	94.5	94.3	93.8	94.4
102.3	102.0	99.2	100.0	96.1	97.2	96.7	94.8	94.7	96.0	96.3	97.3
99.1	101.5	104.4	103.2	98.9	98.7	98.5	100.1	100.6	101.9	101.6	99.8
112.2	107.3	104.9	101.9	99.8	96.4	99.4	98.8	100.3	98.5	102.3	105.1
98.3	97.0	96.8	95.7	96.4	96.5	96.4	99.6	98.3	97.9	97.3	96.9
104.4	104.0	104.2	103.4	102.9	102.9	100.8	100.5	100.4	97.8	97.7	97.6
99.0	97.8	98.2	97.8	97.6	96.6	96.7	97.6	100.6	100.7	104.8	104.4
99.4	99.5	99.6	99.2	100.1	100.2	100.2	100.6	100.3	99.6	100.4	100.3
86.6	85.8	84.9	83.4	84.9	89.4	94.6	102.0	97.6	104.4	104.0	102.3
90.9	91.7	99.5	93.4	91.5	91.4	92.8	91.8	88.0	90.2	88.7	87.3
94.5	95.8	94.7	93.5	95.5	94.9	95.1	95.7	95.7	97.3	98.1	97.8
90.7	89.7	90.2	89.9	90.7	91.1	91.4	92.3	93.7	93.7	96.0	95.8
117.0	95.3	92.0	90.2	92.6	89.1	89.1	124.9	109.7	101.6	85.6	84.4
96.7	93.9	90.9	91.4	93.4	93.2	92.5	95.6	94.1	91.0	92.4	92.8
97.5	97.5	92.3	92.2	95.5	95.3	94.0	99.4	94.8	89.5	92.0	92.5
95.5	89.0	89.0	90.3	90.3	90.3	90.3	90.3	93.1	93.1	93.1	93.1
101.6	101.7	101.7	100.6	100.8	101.3	100.7	99.9	100.4	99.9	99.7	98.8
101.6	102.1	101.9	100.4	100.3	100.7	99.9	99.0	99.8	99.2	99.9	98.7
101.6	100.9	101.2	101.1	101.8	102.5	102.4	101.9	101.6	101.4	99.4	99.1
99.9	99.2	98.4	93.3	90.2	89.0	89.0	96.8	98.6	98.2	97.5	95.3
93.7	93.3	92.3	89.6	87.7	88.7	92.7	101.0	102.4	102.6	102.2	99.1
106.5	105.6	105.0	97.0	92.5	89.0	85.2	92.4	95.0	93.6	92.6	91.3
102.8	103.3	103.5	102.8	103.5	103.3	103.1	102.5	103.1	101.0	96.5	100.5
104.6	103.1	103.7	104.3	104.7	104.7	104.8	104.6	104.8	104.9	101.3	102.1
101.3	103.4	103.2	101.5	102.5	102.2	101.8	100.7	101.7	97.7	92.3	99.1
106.7	105.8	109.2	106.6	103.1	103.8	100.5	99.5	99.8	101.0	101.1	101.1
109.7	111.2	112.1	109.1	112.8	105.5	103.8	103.7	102.8	101.0	103.1	102.8
109.7	111.2	112.1	109.1	112.8	105.5	103.8	103.7	102.8	101.0	103.1	102.8
99.5	101.0	100.8	100.5	101.0	100.7	100.5	100.2	101.3	101.6	101.8	102.0
98.6	98.5	98.5	98.8	99.2	99.0	98.9	98.7	100.1	100.6	100.7	101.4
101.0	105.4	105.1	103.5	104.1	103.9	103.5	103.0	103.3	103.6	103.9	103.2

4-13 工业生产者购进价格指数

(上年＝100)

年 份 Year	总指数 General Index	燃料、动力类 Fuel and Power	黑色金属材料类 Ferrous Metals	钢 材 Rolled Steel	有色金属材料和电线类 Non-ferrous Metals and Wires
1993	128.7	129.6	169.4	167.3	127.3
1994	122.3	119.9	101.9	99.6	109.6
1995	117.9	107.4	94.4	94.1	129.3
1996	110.0	114.2	99.7	100.3	93.8
1997	101.7	106.5	95.4	94.6	100.7
1998	96.0	100.5	95.4	94.4	86.0
1999	94.5	96.9	94.8	94.5	89.0
2000	102.6	103.2	102.9	102.3	110.5
2001	100.2	101.6	98.7	97.3	95.8
2002	98.2	101.7	99.1	98.8	96.3
2003	106.7	105.9	108.9	111.7	104.8
2004	115.0	113.9	122.2	118.7	128.4
2005	107.2	115.0	108.4	106.7	116.4
2006	103.9	105.7	99.2	99.5	135.1
2007	105.1	102.4	105.8	105.7	106.2
2008	112.4	116.7	119.4	118.8	97.5
2009	95.3	98.5	86.9	88.2	84.3
2010	111.8	110.9	113.5	105.3	124.9
2011	103.4	108.0	102.0	103.0	101.4
2012	98.2	100.1	94.0	94.7	95.4
2013	96.9	91.6	96.9	95.4	93.8
2014	97.2	93.3	95.9	96.1	95.6
2015	93.5	89.4	88.2	90.3	90.6
2016	98.4	95.7	97.1	97.4	101.6
2017	109.2	114.5	114.1	114.1	122.2
2018	105.3	110.1	106.8	107.8	103.1
2019	99.9	97.3	102.6	98.7	93.2
2020	98.5	91.2	100.7	99.1	96.7
2021	111.5	117.8	119.8	116.5	121.2
2022	104.0	121.1	94.1	99.1	101.5
2023	95.1	92.1	92.3	90.5	99.4

Purchasing Price Indices for Industrial Producers

(preceding year=100)

化工原料类 Raw Chemical Materials	木材及纸浆类 Timber and Paper Pulp	建筑材料及非金属矿类 Building Material and Non-metal Ore	其他工业原材料及半成品类 Other Materials and Semi-finished Category	农副产品类 Agricultural Products	纺织原料类 Textile Materials
120.3	122.2	145.6	112.7	103.1	112.5
121.1	132.4	106.3	113.5	139.5	150.1
127.7	121.1	115.2	107.1	146.0	117.5
95.6	107.0	99.9	104.3	128.1	93.4
97.7	104.9	99.7	95.3	100.7	96.1
91.3	95.3	99.9	88.8	92.9	93.7
94.8	93.4	98.7	92.5	91.9	93.8
109.0	100.2	95.2	100.8	94.3	104.0
98.5	99.1	95.8	99.5	100.1	100.3
97.1	97.8	99.5	97.5	94.2	95.8
105.2	100.5	100.6	103.3	111.0	110.7
112.7	103.9	107.1	112.6	116.5	107.5
107.2	103.2	106.2	104.5	98.1	95.4
102.1	102.1	100.7	102.6	102.8	102.6
104.4	104.3	103.3	106.4	110.6	100.1
107.8	110.5	110.3	110.7	114.9	102.2
90.5	99.3	100.2	94.2	96.1	97.0
111.3	103.9	106.9	105.9	110.1	108.5
100.8	112.2	98.5	100.5	108.0	99.5
97.1	104.4	98.3	98.1	103.1	96.2
97.9	99.6	95.7	98.7	103.4	100.3
98.3	100.4	99.8	98.4	100.8	99.1
94.0	99.7	98.7	97.4	96.7	96.9
96.8	99.5	96.1	99.7	98.5	100.8
109.1	104.8	105.6	104.5	101.4	104.6
106.9	104.1	107.1	104.1	100.0	103.3
97.2	99.3	103.9	102.1	102.0	98.6
93.1	99.7	105.5	100.2	105.3	95.8
114.6	102.9	110.0	105.6	103.8	104.4
102.2	104.2	94.8	102.1	105.1	105.5
90.0	98.4	90.1	96.5	97.4	96.8

4-14　分月工业生产者购进价格指数(2023年)

(上年同月=100)

类　别	Item	累　计 Total	1 月 January	2 月 February
总指数	**General Index**	**95.1**	**97.6**	**97.3**
燃料、动力类	Fuels and Power	92.1	107.7	105.3
黑色金属材料类	Ferrous Metals	92.3	90.9	91.4
#钢材	Rolled Steel	90.5	89.1	89.6
其他	Other	97.0	96.4	96.1
有色金属材料及电线类	Non-ferrous Metals and Wires	99.4	95.8	96.2
化工原料类	Raw Chemical Materials	90.0	90.5	89.9
木材及纸浆类	Timber and Paper Pulp	98.4	101.7	101.5
建筑材料及非金属类	Building Material and Non-metal Ore	90.1	84.9	85.3
其他工业原材料及半成品类	Other Materials and Semi-finished Category	96.5	98.5	98.1
农副产品类	Agricultural Products	97.4	102.9	103.0
纺织原料类	Textile Materials	96.8	98.3	98.3

Purchasing Price Indices for Industrial Producer by Month (2023)

(the same month last year=100)

3 月 March	4 月 April	5 月 May	6 月 June	7 月 July	8 月 August	9 月 September	10 月 October	11 月 November	12 月 December
96.5	**94.8**	**93.4**	**92.2**	**93.4**	**94.9**	**95.9**	**95.4**	**94.9**	**95.4**
101.3	95.2	91.6	87.2	85.1	85.8	87.2	86.8	86.1	89.1
91.2	90.6	88.6	87.5	89.7	92.5	95.4	95.6	97.9	98.5
89.1	89.1	87.9	87.2	88.3	91.1	93.6	93.2	94.5	95.0
96.8	94.4	90.0	88.0	93.3	96.3	100.2	101.8	106.7	107.1
95.0	95.1	94.1	95.1	102.7	104.7	106.0	105.3	103.1	102.4
89.3	87.8	86.4	85.8	86.6	90.2	92.6	94.1	93.4	94.0
101.6	100.3	99.1	98.4	97.1	96.5	96.3	96.3	96.4	95.8
87.8	86.3	86.0	88.1	93.0	94.3	94.5	95.4	94.5	94.7
97.7	97.3	96.5	95.3	96.1	96.3	96.4	95.0	95.1	95.1
102.2	99.7	98.0	95.6	94.0	96.0	96.3	95.0	93.4	93.5
97.6	96.3	95.6	94.8	95.5	96.3	97.0	97.2	97.3	97.2

4-15 分月工业生产者购进价格环比指数(2023年)

(上月＝100)

类 别	Item	1 月 January	2 月 February	3 月 March
总指数	**General Index**	**99.4**	**99.8**	**100.0**
燃料、动力类	Fuels and Power	99.7	99.1	97.8
黑色金属材料类	Ferrous Metals	100.5	101.0	101.1
#钢材	Rolled Steel	100.1	100.4	100.1
其他	Other	101.6	102.6	103.5
有色金属材料及电线类	Non-ferrous Metals and Wires	100.2	101.3	100.3
化工原料类	Raw Chemical Materials	98.6	98.9	100.0
木材及纸浆类	Timber and Paper Pulp	100.0	99.8	99.9
建筑材料及非金属类	Building Material and Non-metal Ore	99.2	98.7	101.4
其他工业原材料及半成品类	Other Materials and Semi-finished Category	99.8	99.7	100.0
农副产品类	Agricultural Products	97.7	99.6	100.6
纺织原料类	Textile Materials	99.5	100.2	100.2

Purchasing Price Indices for Industrial Producer on a Month-over-month Basis (2023)

(preceding month=100)

4 月 April	5 月 May	6 月 June	7 月 July	8 月 August	9 月 September	10 月 October	11 月 November	12 月 December
99.7	**98.9**	**98.5**	**99.2**	**99.9**	**100.5**	**100.0**	**99.6**	**99.8**
98.2	97.2	96.1	96.7	99.4	101.0	102.8	100.6	100.1
100.1	98.0	98.2	99.0	98.9	100.2	100.0	100.6	100.8
100.4	98.8	98.2	98.6	99.5	99.8	99.4	99.8	100.0
99.5	96.3	98.4	100.0	97.4	101.3	101.6	102.4	102.5
101.6	98.7	99.4	100.6	100.3	100.8	99.1	99.9	100.2
99.1	98.7	99.3	98.7	100.4	101.7	100.7	98.4	99.5
99.2	99.2	99.4	99.0	99.6	99.8	100.1	100.6	99.2
100.7	99.9	98.6	98.3	98.3	99.6	100.4	99.9	99.6
99.9	99.4	98.4	99.5	99.8	99.9	99.2	99.5	99.7
98.7	99.3	98.5	99.9	101.3	100.7	99.4	98.5	99.3
99.4	99.9	99.5	100.1	99.9	99.4	99.7	99.7	99.7

4-16 合肥市住宅销售价格指数(2023年)

指标		Item	1月 January
同比价格指数 The Same Month Last Year = 100	**新建商品住宅价格指数**	**Newly Built Commodity Residential Housing**	**102.4**
	一、$90m^2$及以下	$90m^2$ and below	102.8
	二、$90\text{-}144m^2$	$90\text{-}144m^2$	102.6
	三、$144m^2$以上	Above $144m^2$	101.3
	二手住宅价格指数	**Existing Residential Housing**	**98.8**
	一、$90m^2$及以下	$90m^2$ and below	98.7
	二、$90\text{-}144m^2$	$90\text{-}144m^2$	99.3
	三、$144m^2$以上	Above $144m^2$	97.0
环比价格指数 Preceding Month = 100	**新建商品住宅价格指数**	**Newly Built Commodity Residential Housing**	**100.7**
	一、$90m^2$及以下	$90m^2$ and below	101.1
	二、$90\text{-}144m^2$	$90\text{-}144m^2$	100.8
	三、$144m^2$以上	Above $144m^2$	100.3
	二手住宅价格指数	**Existing Residential Housing**	**99.8**
	一、$90m^2$及以下	$90m^2$ and below	99.9
	二、$90\text{-}144m^2$	$90\text{-}144m^2$	99.9
	三、$144m^2$以上	Above $144m^2$	99.0

Sales Price Indices of Residential Housing in Hefei (2023)

2 月 February	3 月 March	4 月 April	5 月 May	6 月 June	7 月 July	8 月 August	9 月 September	10 月 October	11 月 November	12 月 December
103.3	**104.0**	**104.3**	**104.4**	**103.8**	**102.8**	**102.3**	**101.5**	**101.2**	**100.8**	**100.7**
104.1	104.6	104.0	103.7	102.6	101.8	100.7	99.7	99.8	99.6	99.0
103.3	103.9	104.3	104.4	104.1	103.1	102.8	102.1	101.6	101.0	100.7
103.0	104.1	104.2	104.7	103.6	102.3	101.4	100.4	100.4	101.1	101.4
99.5	**100.0**	**100.8**	**100.9**	**99.9**	**98.7**	**98.2**	**97.6**	**97.2**	**96.7**	**96.0**
99.5	100.7	101.0	101.3	100.8	98.9	98.5	98.1	97.3	96.1	95.3
99.9	99.9	100.9	100.9	99.5	98.8	98.2	97.5	97.3	97.1	96.4
97.8	97.9	99.1	99.5	98.7	97.7	96.6	96.0	96.0	97.1	97.1
100.3	**100.3**	**100.1**	**100.2**	**99.9**	**99.7**	**99.8**	**99.9**	**100.2**	**99.8**	**99.8**
100.0	100.3	99.9	99.8	99.4	99.8	99.6	99.8	100.2	99.6	99.5
100.3	100.2	100.2	100.2	100.2	99.7	99.9	99.9	100.1	99.7	99.6
100.4	100.4	100.1	100.5	99.3	99.7	99.6	100.0	100.8	100.1	100.2
100.5	**100.2**	**99.9**	**99.6**	**99.6**	**99.5**	**99.7**	**99.6**	**99.5**	**99.1**	**99.0**
100.3	100.6	100.0	99.9	99.6	99.2	99.8	99.7	99.1	98.6	98.7
100.4	100.0	99.9	99.4	99.5	99.8	99.6	99.5	99.7	99.4	99.1
101.6	100.1	99.8	100.0	99.7	99.2	99.2	99.1	99.8	99.9	99.7

4-17 蚌埠市住宅销售价格指数(2023年)

指　标		Item	1 月 January
同比价格指数 The Same Month Last Year = 100	**新建商品住宅价格指数**	**Newly Built Commodity Residential Housing**	**97.7**
	一、90m²及以下	90m² and below	95.3
	二、90-144m²	90-144m²	98.0
	三、144m²以上	Above 144m²	97.9
	二手住宅价格指数	**Existing Residential Housing**	**96.8**
	一、90m²及以下	90m² and below	96.5
	二、90-144m²	90-144m²	97.0
	三、144m²以上	Above 144m²	96.8
环比价格指数 Preceding Month = 100	**新建商品住宅价格指数**	**Newly Built Commodity Residential Housing**	**100.4**
	一、90m²及以下	90m² and below	100.1
	二、90-144m²	90-144m²	100.3
	三、144m²以上	Above 144m²	100.7
	二手住宅价格指数	**Existing Residential Housing**	**99.7**
	一、90m²及以下	90m² and below	99.9
	二、90-144m²	90-144m²	99.6
	三、144m²以上	Above 144m²	99.2

Sales Price Indices of Residential Housing in Bengbu (2023)

2 月 February	3 月 March	4 月 April	5 月 May	6 月 June	7 月 July	8 月 August	9 月 September	10 月 October	11 月 November	12 月 December
97.8	**97.9**	**99.4**	**100.1**	**99.6**	**99.8**	**99.9**	**99.7**	**99.6**	**100.0**	**99.6**
95.3	95.4	96.4	98.3	97.3	98.9	99.7	99.8	100.3	100.6	100.3
98.3	98.4	99.9	100.3	100.0	100.0	99.8	99.6	99.4	99.8	99.4
97.7	97.5	99.4	100.1	99.3	100.0	100.1	100.0	100.0	100.0	100.0
97.2	**97.6**	**97.6**	**98.3**	**98.0**	**98.1**	**98.5**	**98.5**	**98.3**	**97.4**	**96.9**
96.6	97.2	97.3	97.5	97.1	97.1	97.9	97.7	97.9	97.4	96.6
97.6	97.9	97.9	98.8	98.6	98.9	99.0	99.0	98.6	97.4	97.1
96.4	96.5	96.6	97.7	97.7	97.9	97.9	98.2	98.0	97.1	96.7
100.3	**100.3**	**100.4**	**100.2**	**99.7**	**99.8**	**99.9**	**99.7**	**99.8**	**99.7**	**99.5**
100.2	100.5	100.2	100.7	99.3	100.4	100.4	100.0	99.9	99.3	99.3
100.3	100.3	100.3	100.1	99.9	99.7	99.8	99.6	99.8	99.8	99.4
100.3	100.0	100.6	100.3	99.3	99.7	99.8	99.8	99.8	99.6	99.9
100.2	**100.1**	**99.9**	**99.8**	**99.6**	**99.9**	**99.8**	**99.6**	**99.4**	**99.5**	**99.3**
100.0	100.2	99.9	99.6	99.5	99.8	99.9	99.5	99.5	99.5	99.1
100.4	100.1	99.9	99.9	99.6	99.9	99.8	99.6	99.3	99.6	99.3
100.1	100.0	99.8	100.1	99.9	99.9	99.8	99.8	99.4	99.2	99.5

4-18 安庆市住宅销售价格指数(2023年)

指 标		Item	1 月 January
同比价格指数 The Same Month Last Year = 100	新建商品住宅价格指数	**Newly Built Commodity Residential Housing**	**95.7**
	一、90m²及以下	90m² and below	96.7
	二、90-144m²	90-144m²	95.3
	三、144m²以上	Above 144m²	96.6
	二手住宅价格指数	**Existing Residential Housing**	**93.7**
	一、90m²及以下	90m² and below	94.4
	二、90-144m²	90-144m²	93.3
	三、144m²以上	Above 144m²	93.2
环比价格指数 Preceding Month = 100	新建商品住宅价格指数	**Newly Built Commodity Residential Housing**	**100.2**
	一、90m²及以下	90m² and below	99.6
	二、90-144m²	90-144m²	100.4
	三、144m²以上	Above 144m²	100.0
	二手住宅价格指数	**Existing Residential Housing**	**99.7**
	一、90m²及以下	90m² and below	99.5
	二、90-144m²	90-144m²	99.8
	三、144m²以上	Above 144m²	99.7

Sales Price Indices of Residential Housing in Anqing (2023)

2 月 February	3 月 March	4 月 April	5 月 May	6 月 June	7 月 July	8 月 August	9 月 September	10 月 October	11 月 November	12 月 December
96.6	**97.7**	**98.3**	**99.0**	**99.3**	**100.2**	**100.3**	**100.6**	**99.5**	**98.9**	**98.4**
97.2	97.2	97.3	97.1	97.1	99.2	100.2	100.2	100.2	100.2	99.2
96.4	97.8	98.5	99.3	99.6	100.2	100.2	100.4	99.4	98.7	98.3
97.4	97.9	98.5	99.2	99.6	100.9	100.8	101.3	99.4	98.8	97.8
94.2	**95.2**	**95.3**	**95.3**	**95.6**	**95.7**	**96.0**	**96.4**	**96.2**	**96.5**	**96.0**
95.2	95.6	95.7	95.6	95.9	96.4	96.7	97.0	96.8	97.0	96.7
93.6	95.0	95.1	95.0	95.3	95.2	95.4	95.9	95.8	96.0	95.4
93.8	94.8	95.0	95.5	96.0	96.2	96.4	97.0	96.7	97.7	97.4
100.4	**100.6**	**100.2**	**100.2**	**99.8**	**99.9**	**99.7**	**99.8**	**99.0**	**99.3**	**99.2**
100.5	100.1	100.0	99.9	100.0	100.1	100.0	100.0	100.0	100.0	99.0
100.5	100.8	100.1	100.3	99.7	99.8	99.6	99.7	99.0	99.2	99.3
100.3	100.0	100.3	100.2	100.1	100.1	99.8	100.0	98.5	99.3	99.0
100.1	**100.2**	**99.9**	**99.4**	**99.6**	**99.7**	**99.8**	**99.9**	**99.3**	**99.4**	**99.1**
100.0	100.0	99.9	99.7	99.7	99.9	99.9	99.8	99.5	99.5	99.1
100.1	100.3	99.8	99.2	99.4	99.5	99.6	99.9	99.3	99.3	99.1
100.3	100.1	100.0	99.9	99.9	99.8	99.9	99.9	99.1	99.6	99.3

4-19 农产品生产者价格指数
Producers Price Indices for Agricultural Products

(上年＝100) (preceding year=100)

指 标	Item	2020	2021	2022	2023
总指数	**General Index**	**115.6**	**101.3**	**102.8**	**96.7**
农业产品	**Crop Products**	**104.2**	**107.6**	**105.3**	**97.3**
谷物	Cereals	104.2	106.4	107.0	99.1
稻谷	Rice	103.4	103.6	98.4	104.7
小麦	Wheat	101.8	107.2	117.3	92.1
玉米	Corn	112.6	121.8	105.5	101.3
薯类	Tubers	103.7	97.1	121.5	109.4
油料	Oil-bearing Crops	111.4	103.0	110.2	101.9
豆类	Beans	120.4	115.9	107.0	96.3
棉花(籽棉)	Cotton	96.4	115.3	94.7	96.6
蔬菜	Vegetables	101.0	109.5	100.6	94.6
茶叶	Tea	100.5	104.0	99.1	101.7
绿茶	Green Tea	100.5	104.2	99.1	101.7
林业产品	**Forestry Products**	**102.9**	**102.2**	**100.4**	**98.8**
苗木类	Seedlings	99.4	102.7	101.9	100.4
木材采伐产品	Felling and Transport of Wood	104.1	102.2	99.5	95.8
原木	Log	104.1	102.2	99.5	95.8
竹材采伐产品	Felling and Transport of Bamboo	98.8	100.5	100.8	101.5
饲养动物及其产品	**Animal Husbandry Products**	**129.3**	**83.7**	**97.8**	**90.6**
活牲畜	Livestock raising	145.3	71.6	94.1	85.4
猪	Hogs	153.3	64.0	93.9	84.4
活牛	Cattle and Buffaloes	110.3	105.9	98.7	91.1
活羊	Sheep and Goats	102.5	108.2	90.6	89.3
活家禽	Live Poultry	94.9	102.1	103.9	101.5
活鸡	Chicken	94.8	101.6	103.6	101.0
活鸭	Duck	93.1	106.0	104.7	111.7
畜禽产品	Livestock and Poultry Products	83.1	115.5	107.1	100.7
禽蛋	Poultry Eggs	83.1	113.9	107.9	99.2
渔业产品	**Fishery Products**	**103.4**	**109.2**	**102.2**	**99.8**
淡水养殖产品	Freshwater Aquatic Products	103.4	109.2	102.2	99.8
养殖淡水鱼	Freshwater Fish	103.7	108.6	99.8	98.6
淡水养殖虾	Freshwater Shrimps	98.0	112.0	111.9	106.3
淡水养殖蟹	Freshwater Crab	92.3	113.3	115.6	103.6
其他淡水养殖产品	Other Freshwater Aquatic Products	102.9	103.2	97.0	97.6

4-20 分季农产品生产者价格指数(2023年)

Producers Price Indices for Agricultural Products by Quarter (2023)

(上年＝100) (preceding year=100)

指　　标	Item	全　年 Annual Year	1季度 1st Quarter	2季度 2nd Quarter	3季度 3rd Quarter	4季度 4th Quarter
总指数	**General Index**	**96.7**	**99.3**	**96.3**	**96.4**	**95.7**
农业产品	**Crop Products**	**97.3**	**97.2**	**95.8**	**98.3**	**97.7**
谷物	Cereals	99.1	103.5	92.4	98.2	99.4
稻谷	Rice	104.7	103.1	109.1	106.8	102.5
小麦	Wheat	92.1	103.5	85.5	90.1	90.9
玉米	Corn	101.3	105.4	100.0	104.2	95.5
大麦	Barley					
薯类	Tubers	109.4	132.3	135.6	74.0	92.0
油料	Oil-bearing Crops	101.9	102.0	96.7	97.5	102.6
花生	Peanuts	101.6	101.6	102.3	100.7	101.8
油菜籽	Rapeseeds	101.7	114.9	96.2	97.0	100.0
芝麻	Sesames	110.5		112.5	112.3	106.7
油茶籽	Camellia Seed	109.4				109.4
豆类	Beans	96.3	98.4	99.6	92.7	95.0
大豆	Soybean	96.3	98.4	99.6	92.7	95.0
黄大豆	Soybean	96.3	98.4	99.6	92.7	95.0
棉花	Cotton	96.6	83.2	102.5	108.6	94.0
籽棉	Unginned Cotton	96.6	83.2	102.5	108.6	94.0
未加工烟草	Unmanufactured Tobacco	103.6			103.3	103.9
蔬菜及食用菌	Vegetables and Edible Mushrooms	94.9	88.9	95.1	99.9	96.4
蔬菜	Vegetables	94.6	88.6	94.8	99.8	96.4
食用菌	Edible Mushrooms	103.3	97.0	105.9	102.1	100.3
水果及坚果	Fruits and Nuts	99.0	95.5	107.5	96.6	91.1
水果(园林水果)	Fruits	98.6		107.5	98.3	87.1
食用坚果	Edible Nuts	100.6	95.5	101.6	91.7	105.9
茶及饮料原料	Tea and Beverage Materials	101.7	99.5	104.7	99.9	100.3
茶叶	Tea	101.7	99.5	104.7	99.9	100.3
红茶	Black Tea	101.2	99.5	104.5	100.0	100.0
绿茶	Green Tea	101.7	99.5	104.7	99.9	100.3
中草药材	Chinese Herbal Medicinal Materials	99.3	99.5	100.2	98.9	100.1

4-20 续表 continued

(上年＝100) (preceding year=100)

指标	Item	全年 Annual Year	1季度 1st Quarter	2季度 2nd Quarter	3季度 3rd Quarter	4季度 4th Quarter
林业产品	**Forestry Products**	**98.8**	**98.9**	**99.0**	**98.5**	**97.3**
育种及苗木	Seedlings	100.4	103.8	100.0	97.9	99.3
木材采伐产品	Felling and Transport of Wood	95.8	93.1	93.3	98.1	96.1
原木	Log	95.8	93.1	93.3	98.1	96.1
竹材采伐产品	Felling and Transport of Bamboo	101.5	101.5	104.4	100.6	99.6
饲养动物及其产品	**Animal Husbandry Products**	**90.6**	**100.6**	**97.0**	**87.4**	**84.1**
活牲畜	Livestock Raising	85.4	99.4	94.6	81.0	72.8
猪	Pigs	84.4	100.5	96.0	79.7	69.9
其他活猪	Other Live Pigs	84.4	100.5	96.0	79.7	69.9
牛	Cattle and Buffaloes	91.1	97.4	84.5	91.4	91.1
黄牛	Yellow Cattle	91.1	97.4	84.5	91.4	91.1
羊	Sheep and Goats	89.3	87.7	94.0	91.4	84.2
山羊	Goats	89.3	87.7	94.0	91.4	84.2
活家禽	Live Poultry	101.5	101.3	101.6	100.1	100.8
活鸡	Chicken	101.0	101.3	101.2	99.9	101.5
活鸭	Duck	111.7		170.6	102.1	93.4
畜禽产品	Livestock and Poultry Products	100.7	105.6	100.4	101.9	96.4
禽蛋	Poultry Eggs	99.2	105.6	97.7	99.7	94.2
鸡蛋	Hen Eggs	98.7	105.1	96.8	99.1	94.2
鸭蛋	Duck Eggs	103.9	115.3	104.6	101.3	94.3
渔业产品	**Fishery Products**	**99.8**	**100.1**	**97.8**	**101.7**	**101.2**
淡水养殖产品	Freshwater Aquatic Products	99.8	100.1	97.8	101.7	101.2
养殖淡水鱼	Freshwater Fish	98.6	100.0	95.6	101.0	98.0
淡水养殖虾	Freshwater Shrimps	106.3	102.7	108.2	105.8	109.2
淡水养殖蟹	Freshwater Crab	103.6	99.5	102.8	101.8	110.8
其他淡水养殖产品	Other Freshwater Aquatic Products	97.6	98.5	95.6	99.2	97.1

4-21 分月农村集贸市场农副产品价格(2023年)

Prices of Agricultural Products by Month in Rural Market (2023)

单位：元/公斤 (yuan/kg)

指 标	Item	省平均价 Average Price	1 月 January	2 月 February	3 月 March	4 月 April	5 月 May	6 月 June
一、粮食	**Grain Crops**							
籼稻	Nonglutinous Rice	2.71	2.65	2.67	2.67	2.69	2.71	2.71
粳稻	Round-grained Rice	2.91	2.88	2.88	2.89	2.89	2.89	2.89
小麦	Wheat	2.67	2.85	2.82	2.79	2.69	2.55	2.52
玉米	Corn//Maize	2.81	2.79	2.84	2.85	2.84	2.81	2.82
大豆	Soybean	6.06	6.23	6.16	6.09	6.01	5.99	6.02
籼米	Long-grained Nonglutinous Rice	4.62	4.55	4.56	4.56	4.56	4.58	4.61
粳米	Polished Round-grained Rice	5.15	5.13	5.13	5.12	5.11	5.13	5.13
二、经济作物类	**Economic Crops**							
棉花(籽棉)	Cotton	8.20	8.36	8.16	8.16	8.16	8.12	7.96
花生仁	Peanut	14.92	13.42	13.73	14.08	14.44	14.78	15.20
油菜籽	Rapeseeds	5.66	5.65	5.65	5.65	5.65	5.67	5.76
三、畜产品	**Livestock Products**							
活猪	Live Hogs	16.46	19.01	16.95	16.66	15.25	15.22	14.79
仔猪	Piglet	37.42	38.44	41.41	40.78	40.33	39.00	38.89
猪肉	Pork	25.59	30.20	26.10	25.80	24.10	23.70	23.60
活牛	Live Cattle	33.87	37.80	37.40	37.40	35.80	34.33	32.83
牛肉	Beef	82.12	86.38	84.88	85.13	83.11	82.44	82.11
活羊	Live Sheep	30.97	33.80	33.60	33.00	31.67	30.33	29.33
羊肉	Mutton	71.10	76.00	74.29	71.67	70.57	70.00	69.71
活鸡	Live Chickens	21.94	22.70	22.40	22.60	22.30	21.60	21.40
鸡蛋	Hen Eggs	11.60	12.74	11.48	11.90	11.35	11.03	10.65
四、水产品	**Aquatic Products**							
草鱼	Grass Carp	17.33	18.50	16.60	16.60	17.40	17.35	17.60
鲤鱼	Carp	11.19	12.95	10.60	10.75	10.85	10.85	10.95
鲢鱼	Silver Carp	11.78	12.70	11.10	11.40	11.40	11.60	11.65
带鱼	Hairtail	28.29	28.33	27.67	27.83	28.00	28.50	28.67
五、蔬菜	**Vegetables**							
大白菜	Chinese Cabbage	2.80	2.52	1.93	2.43	2.39	2.83	3.61
黄瓜	Cucumber	6.96	12.43	9.70	7.60	5.00	4.62	3.90
西红柿	Tomato	7.05	8.50	7.20	9.30	7.90	6.50	5.62
菜椒	Sweetbell	6.91	10.62	11.30	8.95	6.70	6.16	4.65
四季豆	Kidney Beans	14.38	22.50	17.83	16.50	14.13	9.00	10.17
六、水果	**Fruits**							
红富士苹果	Redfuji Apples	11.46	11.04	10.80	11.01	10.92	11.66	11.83
香蕉	Bananas	7.33	8.00	7.62	7.80	7.95	7.72	7.71
橙子	Oranges	14.03	14.40	13.20	13.40	13.40	13.80	14.00

4-21 续表 continued

单位：元/公斤 (yuan/kg)

指标	Item	7月 July	8月 August	9月 September	10月 October	11月 November	12月 December
一、粮食	**Grain Crops**						
籼稻	Nonglutinous Rice	2.73	2.72	2.69	2.74	2.76	2.74
粳稻	Round-grained Rice	2.90	2.90	2.90	2.96	2.95	2.95
小麦	Wheat	2.56	2.64	2.66	2.67	2.67	2.63
玉米	Corn//Maize	2.83	2.86	2.85	2.78	2.77	2.69
大豆	Soybean	6.12	6.19	6.11	5.98	5.96	5.87
籼米	Long-grained Nonglutinous Rice	4.68	4.69	4.64	4.69	4.66	4.66
粳米	Polished Round-grained Rice	5.17	5.17	5.17	5.21	5.19	5.18
二、经济作物类	**Economic Crops**						
棉花(籽棉)	Cotton	7.96	7.96	8.36	8.36	8.40	8.48
花生仁	Peanut	15.50	15.80	15.89	15.40	15.40	15.40
油菜籽	Rapeseeds	5.65	5.65	5.65	5.65	5.65	5.65
三、畜产品	**Livestock Products**						
活猪	Live Hogs	14.91	17.47	17.26	16.49	16.55	16.98
仔猪	Piglet	37.00	39.33	38.00	34.67	31.22	30.00
猪肉	Pork	23.20	26.10	26.65	26.10	25.80	25.70
活牛	Live Cattle	31.67	32.27	32.17	31.60	31.83	31.37
牛肉	Beef	80.78	80.44	81.00	79.44	79.67	80.00
活羊	Live Sheep	29.00	30.17	30.58	29.67	30.67	29.83
羊肉	Mutton	68.67	69.33	69.33	71.71	70.86	71.00
活鸡	Live Chickens	21.45	21.86	22.00	21.60	21.75	21.60
鸡蛋	Hen Eggs	11.19	11.98	12.48	11.40	11.61	11.37
四、水产品	**Aquatic Products**						
草鱼	Grass Carp	18.00	18.28	17.67	17.22	16.00	16.70
鲤鱼	Carp	11.25	11.20	11.25	10.85	11.35	11.45
鲢鱼	Silver Carp	12.10	12.10	12.20	11.90	11.55	11.60
带鱼	Hairtail	28.50	28.17	28.67	28.50	28.50	28.17
五、蔬菜	**Vegetables**						
大白菜	Chinese Cabbage	3.25	3.13	3.25	2.93	2.70	2.63
黄瓜	Cucumber	5.16	5.57	6.79	6.80	7.90	8.00
西红柿	Tomato	6.14	5.20	6.12	6.60	6.90	8.67
菜椒	Sweetbell	5.62	5.40	6.06	5.32	5.20	6.95
四季豆	Kidney Beans	12.83	13.17	15.83	14.17	13.90	12.47
六、水果	**Fruits**						
红富士苹果	Redfuji Apples	12.21	11.91	12.05	11.65	11.31	11.16
香蕉	Bananas	6.96	6.85	6.95	6.76	6.86	6.72
橙子	Oranges	15.00	14.75	14.20	14.00	14.00	14.20

4-22 全国及分省(区、市)居民消费价格指数
Consumer Price Indices by Province

(上年=100) (preceding year=100)

省(区、市)	Province	2020	2021	2022	2023
全国平均	**National Average**	**102.5**	**100.9**	**102.0**	**100.2**
北　京	Beijing	101.7	101.1	101.8	100.4
天　津	Tianjin	102.0	101.3	101.9	100.4
河　北	Hebei	102.1	101.0	101.8	100.6
山　西	Shanxi	102.9	101.0	102.1	99.9
内蒙古	Inner Mongolia	101.9	100.9	101.8	100.6
辽　宁	Liaoning	102.4	101.1	102.0	100.1
吉　林	Jilin	102.3	100.6	102.1	99.9
黑龙江	Heilongjiang	102.3	100.6	101.9	100.6
上　海	Shanghai	101.7	101.2	102.5	100.3
江　苏	Jiangsu	102.5	101.6	102.2	100.4
浙　江	Zhejiang	102.3	101.5	102.2	100.3
安　徽	**Anhui**	**102.7**	**100.9**	**102.0**	**100.2**
福　建	Fujian	102.2	100.7	101.9	100.0
江　西	Jiangxi	102.6	100.9	102.0	100.3
山　东	Shandong	102.8	101.2	101.7	100.1
河　南	Henan	102.8	100.9	101.5	99.8
湖　北	Hubei	102.7	100.3	102.1	100.1
湖　南	Hunan	102.3	100.5	101.8	100.2
广　东	Guangdong	102.6	100.8	102.2	100.4
广　西	Guangxi	102.8	100.9	101.9	99.8
海　南	Hainan	102.3	100.3	101.6	100.3
重　庆	Chongqing	102.3	100.3	102.1	99.7
四　川	Sichuan	103.2	100.3	102.0	100.0
贵　州	Guizhou	102.6	100.1	101.6	99.7
云　南	Yunnan	103.6	100.2	101.6	100.3
西　藏	Xizang	102.2	100.9	101.5	99.9
陕　西	Shaanxi	102.5	101.5	102.1	100.1
甘　肃	Gansu	102.0	100.9	101.9	100.5
青　海	Qinghai	102.6	101.3	102.4	100.5
宁　夏	Ningxia	101.5	101.4	102.3	100.4
新　疆	Xinjiang	101.5	101.2	101.8	100.0

4-23 全国及分省(区、市)居民消费价格月度同比指数

(上年同月=100)

省(区、市)	Province	1 月 January	2 月 February	3 月 March	4 月 April	5 月 May
全国平均	**National Average**	**102.1**	**101.0**	**100.7**	**100.1**	**100.2**
北 京	Beijing	102.0	101.2	100.7	100.3	100.2
天 津	Tianjin	101.9	101.0	100.4	100.2	99.9
河 北	Hebei	101.5	101.1	100.9	100.4	100.6
山 西	Shanxi	102.0	100.9	100.4	99.6	99.9
内 蒙 古	Inner Mongolia	101.7	100.9	100.5	100.1	100.5
辽 宁	Liaoning	102.1	101.2	100.4	99.9	100.2
吉 林	Jilin	101.8	100.9	100.0	99.0	99.5
黑 龙 江	Heilongjiang	102.3	101.4	100.9	100.1	100.3
上 海	Shanghai	102.6	101.3	100.9	98.9	98.6
江 苏	Jiangsu	102.7	101.7	100.9	100.0	100.4
浙 江	Zhejiang	102.4	101.0	100.9	100.0	100.2
安 徽	**Anhui**	**101.8**	**100.9**	**100.6**	**99.9**	**100.1**
福 建	Fujian	102.4	100.9	100.7	100.3	100.2
江 西	Jiangxi	102.7	101.2	100.7	100.3	100.2
山 东	Shandong	101.5	100.9	100.4	100.1	100.1
河 南	Henan	101.1	100.6	100.4	99.9	99.9
湖 北	Hubei	102.3	101.3	100.8	100.5	100.2
湖 南	Hunan	101.8	100.9	100.6	100.4	100.5
广 东	Guangdong	102.7	100.8	100.8	100.6	100.3
广 西	Guangxi	102.2	100.5	100.4	100.0	99.7
海 南	Hainan	103.7	100.8	100.8	100.3	100.4
重 庆	Chongqing	102.2	100.5	100.3	100.0	99.9
四 川	Sichuan	102.3	100.6	100.7	100.3	100.2
贵 州	Guizhou	101.8	100.3	100.1	99.8	99.9
云 南	Yunnan	102.1	101.1	100.9	100.4	100.3
西 藏	Xizang	101.9	101.6	100.8	100.0	99.8
陕 西	Shaanxi	101.0	100.7	100.3	100.1	100.3
甘 肃	Gansu	102.2	101.3	100.9	100.7	100.8
青 海	Qinghai	102.0	101.0	100.9	100.0	100.3
宁 夏	Ningxia	102.2	101.2	100.7	100.4	100.5
新 疆	Xinjiang	102.0	101.5	101.2	100.8	100.5

Monthly Consumer Price Indices by Province

(the same month last year=100)

6 月 June	7 月 July	8 月 August	9 月 September	10 月 October	11 月 November	12 月 December
100.0	**99.7**	**100.1**	**100.0**	**99.8**	**99.5**	**99.7**
100.1	100.1	100.3	100.4	100.0	99.7	99.5
99.8	100.0	100.5	100.5	100.4	100.1	100.0
100.7	100.3	100.8	100.4	100.3	100.0	100.2
99.8	99.3	99.7	99.7	99.3	99.0	99.2
100.4	100.3	100.9	100.9	100.4	100.0	100.3
99.7	99.5	100.1	99.8	99.7	99.5	99.6
99.5	99.1	100.0	99.9	99.6	99.5	99.6
100.1	100.0	100.9	100.7	100.3	100.2	100.4
100.1	100.4	100.7	100.8	100.4	99.8	99.7
100.2	99.9	100.1	100.0	99.9	99.6	99.8
99.9	99.5	99.9	99.9	100.0	99.9	99.7
100.1	**99.6**	**100.1**	**100.0**	**99.8**	**99.6**	**100.0**
99.6	99.4	99.9	99.8	99.6	99.0	99.0
99.7	99.4	99.8	100.0	99.9	99.8	100.2
100.1	99.7	100.1	100.0	99.6	99.3	99.5
99.9	99.2	99.6	99.6	99.1	98.9	99.5
99.6	99.4	99.7	99.2	99.4	99.3	99.8
99.9	99.5	99.9	99.8	99.7	99.5	99.8
99.6	99.8	100.4	100.4	100.2	99.9	99.7
99.1	98.9	99.5	99.6	99.5	99.3	99.2
99.7	99.7	99.2	99.5	100.2	100.0	99.7
99.8	99.3	99.4	99.1	99.3	98.5	98.7
100.0	99.6	99.8	99.2	99.5	99.2	99.3
99.4	99.2	99.4	98.7	99.1	99.1	99.4
99.9	100.0	100.3	99.9	99.7	99.3	99.5
99.6	99.4	99.5	99.4	99.2	98.6	98.8
100.4	99.8	100.0	99.8	99.7	99.6	99.7
100.4	99.9	100.2	100.2	100.1	99.5	99.9
100.0	100.1	100.3	100.9	100.6	99.6	100.1
100.2	99.9	100.2	100.4	99.7	99.5	99.7
100.1	100.0	99.4	99.5	98.1	97.6	98.7

4-24 全国及分省(区、市)居民消费价格月度环比指数

(上月=100)

省(区、市)	Province	1 月 January	2 月 February	3 月 March	4 月 April	5 月 May
全国平均	**National Average**	**100.8**	**99.5**	**99.7**	**99.9**	**99.8**
北　京	Beijing	100.4	99.6	99.8	99.9	100.0
天　津	Tianjin	101.1	99.4	99.5	99.8	99.6
河　北	Hebei	100.6	99.9	99.8	99.7	99.7
山　西	Shanxi	100.6	99.4	99.7	99.7	100.1
内 蒙 古	Inner Mongolia	100.5	99.7	99.8	99.8	100.2
辽　宁	Liaoning	100.9	99.7	99.5	99.6	99.9
吉　林	Jilin	100.9	99.4	99.7	99.3	99.8
黑 龙 江	Heilongjiang	100.9	99.6	99.6	99.5	99.9
上　海	Shanghai	101.1	99.3	99.9	100.1	99.9
江　苏	Jiangsu	101.0	99.6	99.6	99.7	99.8
浙　江	Zhejiang	101.2	99.4	99.8	99.9	99.6
安　徽	**Anhui**	**101.0**	**99.7**	**99.7**	**99.8**	**99.9**
福　建	Fujian	100.7	99.4	99.6	100.0	99.9
江　西	Jiangxi	101.0	99.3	99.6	99.9	100.0
山　东	Shandong	100.6	99.6	99.8	99.8	99.8
河　南	Henan	100.5	99.7	99.9	99.7	99.7
湖　北	Hubei	100.6	99.6	99.6	99.8	99.8
湖　南	Hunan	100.4	99.6	99.7	100.0	100.0
广　东	Guangdong	101.0	99.1	99.7	100.1	99.7
广　西	Guangxi	100.5	99.3	99.7	100.0	99.8
海　南	Hainan	101.9	98.8	99.3	99.7	99.9
重　庆	Chongqing	100.0	99.3	99.4	100.0	100.0
四　川	Sichuan	100.8	99.2	99.8	100.0	99.9
贵　州	Guizhou	100.6	99.4	99.6	99.8	100.1
云　南	Yunnan	100.5	99.6	99.8	99.8	99.9
西　藏	Xizang	100.0	99.7	99.7	99.5	99.8
陕　西	Shaanxi	100.7	99.5	99.8	100.1	100.0
甘　肃	Gansu	100.6	99.8	99.6	99.8	100.0
青　海	Qinghai	100.3	99.6	99.8	99.7	100.0
宁　夏	Ningxia	100.7	99.7	99.7	99.9	99.7
新　疆	Xinjiang	100.1	99.6	99.6	99.7	99.6

Consumer Price Indices by Province on a Month-over-month Basis

(preceding month=100)

6 月 June	7 月 July	8 月 August	9 月 September	10 月 October	11 月 November	12 月 December
99.8	**100.2**	**100.3**	**100.2**	**99.9**	**99.5**	**100.1**
99.8	100.4	100.1	100.2	99.7	99.6	100.1
100.1	100.7	100.4	100.0	99.7	99.5	100.1
99.9	100.0	100.4	100.1	99.8	99.8	100.5
99.6	99.8	100.1	100.3	99.8	99.7	100.2
99.9	100.2	100.4	100.1	99.8	99.8	100.3
99.5	100.2	100.7	99.8	99.8	99.7	100.2
99.6	100.0	100.6	99.9	99.9	100.1	100.3
99.7	100.2	100.7	99.9	99.8	100.1	100.6
99.6	100.5	100.0	100.3	99.7	99.4	100.2
99.9	100.4	100.2	100.1	99.9	99.4	100.1
99.8	100.2	100.1	100.3	99.9	99.5	100.0
99.7	**100.1**	**100.3**	**100.3**	**99.9**	**99.4**	**100.2**
99.7	100.2	100.2	100.1	99.9	99.3	99.9
99.7	100.1	100.2	100.6	100.1	99.5	100.3
100.0	100.1	100.3	100.1	99.7	99.5	100.3
99.8	99.9	100.3	100.3	99.8	99.5	100.4
99.7	100.2	100.3	100.4	100.1	99.6	100.0
99.8	100.1	100.4	100.3	100.0	99.6	99.9
99.9	100.4	100.2	100.3	100.0	99.5	99.9
99.5	100.1	100.3	100.5	100.0	99.5	99.9
99.6	100.4	100.2	99.9	100.3	99.6	100.2
99.7	100.3	100.3	100.2	100.1	99.5	100.0
99.8	100.4	100.2	100.1	100.1	99.3	99.7
99.8	99.9	100.3	100.2	100.1	99.6	99.9
100.0	100.3	100.2	99.9	100.0	99.6	99.8
99.8	100.1	100.4	100.0	100.0	99.9	99.9
99.9	100.1	100.1	100.1	99.8	99.5	100.1
99.9	100.2	100.1	100.1	100.1	99.5	100.3
99.6	100.6	100.0	100.8	100.0	99.6	100.1
99.7	100.0	100.2	100.3	100.0	99.7	100.2
99.9	100.3	99.7	100.1	99.7	99.6	100.7

4-25　36个大中城市居民消费价格指数
Consumer Price Indices in 36 Large-scale and Medium-scale Cities

(上年=100)　　(preceding year=100)

地　区	Region	2020	2021	2022	2023
全国平均	**National Average**	**102.1**	**101.1**	**102.1**	**100.4**
北　京	Beijing	101.7	101.1	101.8	100.4
天　津	Tianjin	102.0	101.3	101.9	100.4
石家庄	Shijiazhuang	102.3	100.9	101.2	100.7
太　原	Taiyuan	102.6	101.0	102.1	99.7
呼和浩特	Hohhot	102.0	100.9	102.1	100.5
沈　阳	Shenyang	102.3	101.3	101.7	100.3
大　连	Dalian	102.1	101.4	102.2	100.4
长　春	Changchun	101.9	100.5	101.9	99.8
哈尔滨	Harbin	101.4	100.6	101.9	100.7
上　海	Shanghai	101.7	101.2	102.5	100.3
南　京	Nanjing	102.4	101.5	102.2	100.6
杭　州	Hangzhou	102.1	101.3	102.4	100.2
宁　波	Ningbo	101.9	102.1	102.3	100.4
合　肥	**Hefei**	**102.3**	**101.7**	**102.4**	**100.0**
福　州	Fuzhou	102.4	100.6	102.4	100.2
厦　门	Xiamen	102.5	101.2	101.8	100.2
南　昌	Nanchang	102.5	101.0	101.8	100.6
济　南	Jinan	102.4	101.5	101.4	100.6
青　岛	Qingdao	102.4	101.5	102.0	100.5
郑　州	Zhengzhou	102.3	101.1	101.2	99.4
武　汉	Wuhan	102.4	100.6	102.3	100.4
长　沙	Changsha	101.8	101.1	101.7	100.4
广　州	Guangzhou	102.6	101.1	102.4	101.0
深　圳	Shenzhen	102.3	100.9	102.3	100.8
南　宁	Nanning	102.3	101.4	101.7	99.7
海　口	Haikou	101.6	100.5	101.1	100.3
重　庆	Chongqing	102.3	100.3	102.1	99.7
成　都	Chengdu	102.5	100.5	102.4	100.2
贵　阳	Guiyang	102.4	100.5	101.9	100.1
昆　明	Kunming	103.1	100.2	101.7	100.8
拉　萨	Lhasa	102.0	100.5	101.8	100.3
西　安	Xi'an	102.1	101.7	102.2	100.0
兰　州	Lanzhou	102.0	101.3	102.3	100.6
西　宁	Xining	102.7	101.3	102.5	100.3
银　川	Yinchuan	101.8	101.4	102.0	100.6
乌鲁木齐	Urumqi	100.9	101.3	101.6	100.2

4-26 全国及分省(区、市)工业生产者出厂价格指数
Producer Price Indices for Industrial Products by Province

(上年同月=100) (the same month last year=100)

省(区、市)	Province	2020	2021	2022	2023
全　国	**National**	**98.2**	**108.1**	**104.1**	**97.0**
北　京	Beijing	99.1	101.1	102.3	99.2
天　津	Tianjin	97.1	110.9	105.8	96.4
河　北	Hebei	98.5	116.4	100.5	94.7
山　西	Shanxi	96.7	130.2	111.4	91.3
内蒙古	Inner Mongolia	99.7	128.5	108.6	92.1
辽　宁	Liaoning	97.0	113.6	107.9	96.6
吉　林	Jilin	98.6	105.1	101.9	98.1
黑龙江	Heilongjiang	93.4	112.3	110.9	95.7
上　海	Shanghai	98.3	102.1	102.6	99.7
江　苏	Jiangsu	97.8	106.3	103.2	96.7
浙　江	Zhejiang	96.9	106.3	104.0	97.3
安　徽	**Anhui**	**99.1**	**107.7**	**103.2**	**96.6**
福　建	Fujian	98.4	104.9	102.9	98.2
江　西	Jiangxi	98.3	110.5	103.5	96.6
山　东	Shandong	98.1	110.3	105.1	96.5
河　南	Henan	99.2	107.8	105.0	97.4
湖　北	Hubei	99.1	104.1	103.4	97.4
湖　南	Hunan	99.0	105.9	102.0	98.5
广　东	Guangdong	99.0	103.4	103.0	98.5
广　西	Guangxi	99.4	108.9	102.5	97.0
海　南	Hainan	93.8	113.5	115.0	97.3
重　庆	Chongqing	99.1	103.2	102.3	97.8
四　川	Sichuan	98.8	105.9	102.8	97.6
贵　州	Guizhou	98.3	106.5	105.7	98.1
云　南	Yunnan	98.6	110.0	105.4	96.7
西　藏	Xizang	99.4	101.5	104.1	101.1
陕　西	Shaanxi	95.1	116.9	107.3	94.9
甘　肃	Gansu	93.9	116.4	110.9	95.9
青　海	Qinghai	96.6	114.5	112.2	96.3
宁　夏	Ningxia	96.9	119.9	111.1	92.7
新　疆	Xinjiang	91.6	119.4	112.3	93.5

4-27 全国及分省(区、市)工业生产者购进价格指数
Purchasing Price Indices for Industrial Producers by Province

(上年同月=100) (the same month last year=100)

省(区、市)	Province	2020	2021	2022	2023
全　国	**National**	**97.7**	**111.0**	**106.1**	**96.4**
北　京	Beijing	99.5	103.7	106.2	98.7
天　津	Tianjin	96.9	114.7	104.4	96.0
河　北	Hebei	98.4	119.8	104.7	93.8
山　西	Shanxi	97.2	116.3	109.7	94.7
内蒙古	Inner Mongolia	99.5	128.0	111.2	93.0
辽　宁	Liaoning	98.2	115.0	110.1	95.8
吉　林	Jilin	98.7	106.2	104.6	98.9
黑龙江	Heilongjiang	95.1	110.5	110.0	97.5
上　海	Shanghai	96.9	107.3	104.9	98.9
江　苏	Jiangsu	96.5	113.8	105.8	96.4
浙　江	Zhejiang	95.9	114.5	106.1	94.8
安　徽	**Anhui**	**98.5**	**111.5**	**104.0**	**95.1**
福　建	Fujian	98.6	109.2	105.2	96.2
江　西	Jiangxi	97.0	112.3	109.4	95.8
山　东	Shandong	97.5	109.5	105.8	97.0
河　南	Henan	99.4	109.5	105.7	95.3
湖　北	Hubei	98.4	108.5	107.8	95.9
湖　南	Hunan	98.9	108.1	104.8	97.5
广　东	Guangdong	97.4	108.0	104.1	97.6
广　西	Guangxi	98.5	110.7	107.3	95.7
海　南	Hainan	92.0	116.5	119.8	100.5
重　庆	Chongqing	99.9	107.2	104.4	97.0
四　川	Sichuan	98.1	107.5	105.8	97.1
贵　州	Guizhou	98.6	112.0	111.2	95.7
云　南	Yunnan	97.3	108.9	107.9	96.8
西　藏	Xizang				
陕　西	Shaanxi	97.6	116.3	106.2	94.3
甘　肃	Gansu	94.1	118.1	113.5	92.5
青　海	Qinghai	96.1	111.5	114.0	97.7
宁　夏	Ningxia	94.7	120.8	117.6	94.1
新　疆	Xinjiang	93.4	115.0	114.6	93.6

主要指标解释

居民消费价格指数（简称 CPI） 反映一定时期内居民所购买并用于日常生活的商品及服务项目的价格水平变动趋势和变动程度。居民消费价格水平的变动率在一定程度上反映了通货膨胀（或紧缩）的程度。编制居民消费价格指数的目的，是了解全国各地价格变动的基本情况，分析研究价格变动对社会经济和居民生活的影响，满足各级政府制定政策和计划、进行宏观调控的需要，并为国民经济核算提供参考依据。

农产品生产者价格指数 是反映一定时期内，农产品生产者出售农产品价格水平变动趋势及幅度的相对数。该指数可以客观反映全国农产品生产者价格水平和结构变动情况，满足农业与国民经济核算需要。

工业生产者价格指数 包括工业企业产品第一次出售时的出厂价格（简称工业生产者出厂价格）和企业作为中间投入的原材料、燃料、动力购进价格（简称工业生产者购进价格）。工业生产者价格调查的目的在于及时、准确、科学地反映各工业行业产品价格水平及其变动趋势和幅度，为国民经济核算、计算工业发展速度、宏观经济分析和调控、理顺价格体系等提供科学、准确的依据。

住宅销售价格指数 是反映住宅销售水平整体变化趋势和变化幅度的相对数，是住宅销售价格变动趋势定量分析的指标，是党中央、国务院掌握房地产市场情况和科学决策的重要依据，也是社会公众了解市场、进行交易的重要参考。

5

专项调查

Chapter 5 Special Survey

简要说明

农民工调查简介：农民工是指户籍仍在农村，在本地从事非农产业或外出从业 6 个月及以上的农村劳动力，包括举家外出的农村劳动力。农民工监测调查是根据国家统计局《农民工监测调查方案》，由安徽调查总队组织实施。

本版编辑：王　方

5-1 农民工监测情况
Situation of Migrant Workers

(全省抽样调查样本数) (Sample Size of Anhui Province)

指 标	Item	单位	Unit	2022	2023
一.农村劳动力全年从业情况	**Employment**				
(一)本年度主要从业地区	Working Area	人	person	7769	7157
1.乡内	Town	人	person	4782	4212
2.乡外县内	Other Town of this County	人	person	658	725
3.县外省内	Other County of this Province	人	person	751	722
4.省外国内	Other Provinces	人	person	1578	1498
5.国外及港澳台地区	Abroad, Hong Kong, Macao or Taiwan	人	person		
(二)本年度从事主要行业	Industries Engaged	人	person	7769	7157
1.第一产业	Primary Industry	人	person	1963	1898
(1)农、林、牧、渔业	Agriculture, Forestry, Animal Husbandry and Fishery	人	person	1963	1898
2.第二产业	Secondary Industry	人	person	2773	2540
(2)采矿业	Mining	人	person	61	36
(3)制造业	Manufacturing	人	person	1365	1209
(4)电力、热力、燃气及水的生产和供应业	Production and Supply of Electricity, Heating, Gas and Water	人	person	65	64
(5)建筑业	Construction	人	person	1282	1231
3.第三产业	Tertiary Industry	人	person	3033	2719
(6)批发和零售业	Wholesale and Retail Trades	人	person	705	631
(7)交通运输、仓储和邮政业	Transport, Storage and Post	人	person	381	298
(8)住宿和餐饮业	Hotels and Catering Services	人	person	383	367
(9)信息传输、软件和信息技术服务业	Information Transmission, Software and Information Technology Services	人	person	96	113
(10)金融业	Financial Intermediation	人	person	36	30
(11)房地产业	Real Estate	人	person	37	38
(12)租赁和商务服务业	Leasing and Business Services	人	person	41	33
(13)科学研究和技术服务	Scientific Research, Technical Services	人	person	11	12
(14)水利、环境和公共设施管理业	Management of Water Conservancy, Environment and Public Facilities	人	person	54	37
(15)居民服务、修理和其他服务业	Services to Households, Repair and Other Services	人	person	715	728
(16)教育	Education	人	person	156	120
(17)卫生、社会工作	Health and Social Service	人	person	124	113
(18)文化、体育和娱乐业	Culture, Sports and Entertainment	人	person	31	35
(19)公共管理、社会保障和社会组织	Public Management, Social Security and Social Organization	人	person	263	164
(20)国际组织	International Organizations	人	person		
(三)本年度从事主要职业	Profession Engaged	人	person	7769	7157
1.国家机关、党群组织、企业、	Responsible Persons of State Organs, Party Mass	人	person	51	41

5-1 续表 1 continued

(全省抽样调查样本数) (Sample Size of Anhui Province)

指 标	Item	单位	Unit	2022	2023
事业单位负责人	Organizations, Enterprises and Institutions				
2.专业技术人员	Professional and Technical Personnel	人	person	569	563
3.办事人员和有关人员	Clerk and Related Workers	人	person	741	474
4.商业、服务业人员	Business, Services Workers	人	person	2013	2062
5.农、林、牧、渔、水利业生产人员	Agriculture, Forestry, Animal Husbandry, Fishery and Water Conservancy	人	person	1935	1830
6.生产、运输设备操作人员及有关人员	Operators of Production and Transport Equipment and Related Workers	人	person	1792	1439
7.军人	Solider	人	person	4	0
8.不便分类的其他从业人员	Others	人	person	664	748
(四)本年度本地规模或特色农业自营	Local Scale or Characteristic Agricultural Self Operation				
1.从事过本地规模或特色农业自营的人数	Number of People	人	person	132	97
2.从事本地规模或特色农业自营的时间	Time	月	month	952.5	717.4
(五)本年度本地一般农业自营	Local General Agricultural Self Operation				
1.从事过本地一般农业自营的人数	Number of People	人	person	2274	2136
2.从事本地一般农业自营的时间	Time	月	month	11172.5	10209.7
(六)本年度本地农业务工	Local Agricultural Worker				
1.从事过本地农业务工的人数	Number of People	人	person	207	421
2.从事本地农业务工的时间	Time	月	month	939.7	1680.5
3.从事本地农业务工的收入	Income	元	yuan	2761143	5760638
二.外出从业农民工情况	**Conditions of Working Outside**				
(一)外出地区	Working Area	人	person	2632	3160
1.本省	In the Province	人	person	1194	1150
(1)乡外县内	Other Town of this County	人	person	539	544
(2)县外省内	Other County of this Province	人	person	655	606
2.省外	Outside the Province	人	person	1438	2010
(1)东部地区	The East Area	人	person	1336	1848
北京	Beijing	人	person	32	21
天津	Tianjin	人	person	8	12
河北	Hebei	人	person	13	11
上海	Shanghai	人	person	250	244
江苏	Jiangsu	人	person	409	443
浙江	Zhejiang	人	person	506	433
福建	Fujian	人	person	31	28
山东	Shandong	人	person	30	10
广东	Guangdong	人	person	54	54
海南	Hainan	人	person	3	4
(2)中部地区	The Central Area	人	person	57	98
山西	Shanxi	人	person	3	9

5-1 续表 2 continued

(全省抽样调查样本数) (Sample Size of Anhui Province)

指 标	Item	单位	Unit	2022	2023
安徽	Anhui	人	person	0	0
江西	Jiangxi	人	person	11	10
河南	Henan	人	person	22	13
湖北	Hubei	人	person	17	21
湖南	Hunan	人	person	4	8
(3)西部地区	The West Area	人	person	41	58
内蒙古	Inner Mongolia	人	person	2	5
广西	Guangxi	人	person	5	7
重庆	Chongqing	人	person	2	0
四川	Sichuan	人	person	11	6
贵州	Guizhou	人	person	3	2
云南	Yunnan	人	person	7	0
西藏	Xizang	人	person	1	0
陕西	Shaanxi	人	person	7	10
甘肃	Gansu	人	person	1	3
青海	Qinghai	人	person	1	3
宁夏	Ningxia	人	person	0	0
新疆	Xinjiang	人	person	1	3
(4)东北地区	The Northeast Area	人	person	4	3
辽宁	Liaoning	人	person	3	3
吉林	Jilin	人	person	1	0
黑龙江	Heilongjiang	人	person	0	0
(5)其他地区	Other Area	人	person	0	3
港澳台	Hong Kong, Macao or Taiwan	人	person	0	0
国外	Abroad	人	person	0	3
(二)外出地区类型	Type of Migrant Areas	人	person	2641	3683
1.直辖市	Municipality	人	person	331	359
2.省会城市	City of Provincial Capital	人	person	570	435
3.地级市	Prefectural-Level City	人	person	960	784
4.县市城区	County-Level City	人	person	575	687
5.建制镇	Designated Town	人	person	171	191
6.村委会	Village	人	person	14	30
7.其他地区	Other Area	人	person	20	36
(三)外出方式	Kind of Working outside	人	person	2641	2522
1.政府(单位)组织	Organized by Government or Unit	人	person	23	25
2.中介组织介绍	Introduced by Intermediary Organization	人	person	24	17
3.亲朋好友介绍	Introduced by Kith and Kin	人	person	1113	651
4.自发	Spontaneously	人	person	1389	1735
5.其他	Others	人	person	92	94

5-1 续表 3 continued

(全省抽样调查样本数) (Sample Size of Anhui Province)

指　标	Item	单位	Unit	2022	2023
(四)本年度从事主要行业	Industries Engaged	人	person	2641	2522
1.第一产业	Primary Industry	人	person	17	32
(1)农、林、牧、渔业	Agriculture, Forestry, Animal Husbandry and Fishery	人	person	17	32
2.第二产业	Secondary Industry	人	person	1364	1343
(2)采矿业	Mining	人	person	21	12
(3)制造业	Manufacturing	人	person	654	629
(4)电力、热力、燃气及水的生产和供应业	Production and Supply of Electricity, Heating, Gas and Water	人	person	34	35
(5)建筑业	Construction	人	person	655	667
3.第三产业	Tertiary Industry	人	person	1260	1147
(6)批发和零售业	Wholesale and Retail Trades	人	person	207	193
(7)交通运输、仓储和邮政业	Transport, Storage and Post	人	person	219	171
(8)住宿和餐饮业	Hotels and Catering Services	人	person	202	200
(9)信息传输、软件和信息技术服务业	Information Transmission, Software and Information Technology Services	人	person	79	82
(10)金融业	Financial Intermediation	人	person	23	26
(11)房地产业	Real Estate	人	person	30	26
(12)租赁和商务服务业	Leasing and Business Services	人	person	22	22
(13)科学研究和技术服务	Scientific Research, Technical Services and Geological Prospecting	人	person	8	10
(14)水利、环境和公共设施管理业	Management of Water Conservancy, Environment and Public Facilities	人	person	21	12
(15)居民服务、修理和其他服务业	Services to Households, Repair and Other	人	person	322	311
(16)教育	Education	人	person	53	39
(17)卫生、社会工作	Health, Social Securities and Social Welfare	人	person	32	28
(18)文化、体育和娱乐业	Culture, Sports and Entertainment	人	person	19	18
(19)公共管理、社会保障和社会组织	Public Management, Social Security and Social Organization	人	person	23	9
(20)国际组织	International Organizations	人	person	0	0
(五)本年度从事主要职业	Profession Engaged	人	person	2641	2522
1.国家机关、党群组织、企业、事业单位负责人	Responsible Persons of State Organs, Party Mass Organizations, Enterprises and Institutions	人	person	2	3
2.专业技术人员	Professional and Technical Personnel	人	person	299	303
3.办事人员和有关人员	Clerk and Related Workers	人	person	298	175
4.商业、服务业人员	Business, Services Workers	人	person	893	976
5.农、林、牧、渔、水利业生产人员	Agriculture, Forestry, Animal Husbandry, Fishery and Water Conservancy	人	person	32	37

5-1 续表 4 continued

(全省抽样调查样本数) (Sample Size of Anhui Province)

指　标	Item	单位	Unit	2022	2023
6.生产、运输设备操作人员及有关人员	Operators of Production and Transport Equipment and Related Workers	人	person	876	757
7.军人	Solider	人	person	1	0
8.不便分类的其他从业人员	Others	人	person	240	271
(六)外出从业住所类型	Type of Accommodation	人	person	2641	2522
1.单位宿舍	Dormitory of the Unit	人	person	677	534
2.工地工棚	Site Hut	人	person	244	226
3.生产经营场所	Production or Business Place	人	person	47	48
4.与人合租住房	Flat-share Housing	人	person	285	231
5.独立租赁住房	Rental Housing Oneself	人	person	680	789
6.务工地自购房	Purchasing House in the Migrant Areas	人	person	113	150
7.乡外从业但回家居住(老家)	Living at Home while Working Outside the Town	人	person	526	527
8.其他	Others	人	person	69	17
(七)外出从业时间	Time of Outside Employment				
1.每月平均工作的天数(合计)	Average Working Days in One Month	天	day	66715	62285
其中：15天以下	Less than 15 Days	人	person	17	44
15-22天	15-22 Days	人	person	458	541
22-26天	22-26 Days	人	person	1359	1349
26天以上	More than 26 Days	人	person	807	588
2.每天平均工作的小时数(合计)	Average Working Hours in a Day	小时	hour	23386	22234.3
其中：6小时以下	Less than 6 Hours	人	person	7	19
6-8小时	6-8 Hours	人	person	41	57
8-10小时	8-10 Hours	人	person	1686	1661
其中：8小时	8 Hours	人	person	1361	1304
10-12小时	10-12 Hours	人	person	823	661
12小时及以上	12 Hours and over	人	person	84	124
(八)外出月收支情况	Income and Expenditure				
每月平均收入(合计)	Average Monthly Income	元	yuan	16731058	15054730
其中：800元以下	Less than 800 yuan	人	person	1	1
800-1000元	800-1000 yuan	人	person	0	1
1000-1500元	1000-1500 yuan	人	person	8	10
1500-2000元	1500-2000 yuan	人	person	16	18
2000-3000元	2000-3000 yuan	人	person	100	119
3000-5000元	3000-5000 yuan	人	person	703	717
5000元及以上	5000 yuan and over	人	person	1813	1655
#明确收入水平的人数	People that Knowing Their Income	人	person	2641	2521
#不清楚收入水平的人数	People that not Knowing Their Income	人	person	0	1
(九)社会保障与福利情况	Welfare and Social Security				

5-1 续表 5 continued

(全省抽样调查样本数) (Sample Size of Anhui Province)

指　　标	Item	单位	Unit	2022	2023
1.外出从业的劳动关系	Employment Relations	人	person	2641	2522
①无固定期限劳动合同工	Labor Contracts without a Fixed Period	人	person	226	309
②一年及以上劳动合同工	Labor Contracts of One-year and over	人	person	609	698
③一年以下劳动合同工	Labor Contracts less than One-year	人	person	143	96
④没有劳动合同	Without Labor Contracts	人	person	1295	1147
⑤自营	Self-employed	人	person	281	264
⑥其他	Others	人	person	87	8
2.单位或雇主提供伙食情况	Meals Supplied by Employer or Unit	人	person	2273	2250
①每天提供三顿	Three Meals Everyday	人	person	277	272
②每天提供两顿	Two Meals Everyday	人	person	367	305
③每天提供一顿	One Meal Everyday	人	person	605	544
④不提供，但补贴部分伙食费	No Meals, but Having Food Allowance	人	person	122	129
⑤不提供，也没有补贴	Neither Meals nor Food Allowance	人	person	902	1000
3.单位或雇主提供住宿情况	Accommodation Supplied by Employer or Unit	人	person	2273	2250
①提供住宿	Accommodation Supplied	人	person	1009	880
②不提供住宿，但住房有补贴	No Accommodation, but Having Allowance	人	person	123	80
③不提供住宿，也没有住房补贴	Neither Accommodation nor Allowance	人	person	1141	1290
4.单位或雇主拖欠工资情况	Arrears of Wages				
①被拖欠工资人数	Number of Employees Unpaid	人	person	0	12
②被拖欠工资的金额(合计)	Total Amount of Wages Unpaid	元	yuan	0	118460
5.五险一金缴纳情况	Effecting Insurance and Funds for Workers	人	person	2641	2522
①缴纳养老保险	Employer or Unit Effecting Endowment Insurance for Workers	人	person	538	615
②缴纳工伤保险	Employer or Unit Effecting Work-Related Injury Insurances for Workers	人	person	886	918
③缴纳医疗保险	Employer or Unit Effecting Medical Insurances for Workers	人	person	560	629
④缴纳失业保险	Employer or Unit Effecting Unemployment Insurances for Workers	人	person	484	549
⑤缴纳生育保险	Employer or Unit Effecting Maternity Insurances for Workers	人	person	405	493
⑥缴纳住房公积金	Employer or Unit Paying Housing Funds	人	person	280	333
三.本地非农务工农民工情况	**Conditions of Nonfarm Working Locally**				
(一)本年度非农务工主要行业	Industries Engaged	人	person	1606	1327
1.第一产业	Primary Industry	人	person	2	0
(1)农、林、牧、渔业	Agriculture, Forestry, Animal Husbandry and Fishery	人	person	2	0
2.第二产业	Secondary Industry	人	person	904	711

5-1 续表 6 continued

(全省抽样调查样本数) (Sample Size of Anhui Province)

指　标	Item	单位	Unit	2022	2023
(2)采矿业	Mining	人	person	34	19
(3)制造业	Manufacturing	人	person	483	359
(4)电力、热力、燃气及水的生产和供应业	Production and Supply of Electricity, Heating, Gas and Water	人	person	22	25
(5)建筑业	Construction	人	person	365	308
3.第三产业	Tertiary Industry	人	person	700	616
(6)批发和零售业	Wholesale and Retail Trades	人	person	78	58
(7)交通运输、仓储和邮政业	Transport, Storage and Post	人	person	72	47
(8)住宿和餐饮业	Hotels and Catering Services	人	person	65	57
(9)信息传输、软件和信息技术服务业	Information Transmission, Software and Information Technology Services	人	person	12	8
(10)金融业	Financial Intermediation	人	person	9	3
(11)房地产业	Real Estate	人	person	6	6
(12)租赁和商务服务业	Leasing and Business Services	人	person	8	3
(13)科学研究和技术服务	Scientific Research, Technical Services and Geological Prospecting	人	person	0	0
(14)水利、环境和公共设施管理业	Management of Water Conservancy, Environment and Public Facilities	人	person	18	14
(15)居民服务、修理和其他服务业	Services to Households, Repair and Other Services	人	person	211	233
(16)教育	Education	人	person	35	34
(17)卫生、社会工作	Health, Social Securities and Social Welfare	人	person	61	54
(18)文化、体育和娱乐业	Culture, Sports and Entertainment	人	person	6	7
(19)公共管理、社会保障和社会组织	Public Management, Social Security and Social Organization	人	person	119	92
(20)国际组织	International Organizations	人	person	0	0
(二)本年度从事主要职业	Profession Engaged	人	person	1606	1327
1.国家机关、党群组织、企业、事业单位负责人	Responsible Persons of State Organs, Party Mass Organizations, Enterprises and Institutions	人	person	9	8
2.专业技术人员	Professional and Technical Personnel	人	person	160	128
3.办事人员和有关人员	Clerk and Related Workers	人	person	230	177
4.商业、服务业人员	Business, Services Workers	人	person	469	450
5.农、林、牧、渔、水利业生产人员	Agriculture, Forestry, Animal Husbandry, Fishery and Water Conservancy	人	person	13	6
6.生产、运输设备操作人员及有关人员	Operators of Production and Transport Equipment and Related Workers	人	person	569	411
7.军人	Solider	人	person	0	0
8.不便分类的其他从业人员	Others	人	person	156	147

5-1 续表 7 continued

(全省抽样调查样本数) (Sample Size of Anhui Province)

指　　标	Item	单位	Unit	2022	2023
(三)非农务工从业时间	Time Spent on Nonfarm Working				
1.每月平均工作的天数	Average Working Days in One Month				
其中：15天以下	Less than 15 Days	人	person	46	81
15-22天	15-22 Days	人	person	378	376
22-26天	22-26 Days	人	person	762	614
26天以上	More than 26 Days	人	person	420	256
2.每天平均工作的小时数	Average Working Hours in a Day				
其中：6小时以下	Less than 6 Hours	人	person	40	49
6-8小时	6-8 Hours	人	person	96	93
8-10小时	8-10 Hours	人	person	1091	980
其中：8小时	8 Hours	人	person	891	815
10-12小时	10-12 Hours	人	person	345	177
12小时及以上	More than 12 Hours	人	person	34	28
(四)非农务工月收支情况	Income and Expenditure				
每月平均收入	Monthly Income				
其中：500元以下	Less than 500 yuan	人	person	2	9
500-1000元	500-1000 yuan	人	person	35	38
1000-1500元	1000-1500 yuan	人	person	69	62
1500-2000元	1500-2000 yuan	人	person	99	80
2000-3000元	2000-3000 yuan	人	person	320	246
3000元及以上	3000 yuan and over	人	person	1081	892
#明确收入水平的人数	People that Knowing Their Income	人	person	1606	1327
#不清楚收入水平的人数	People that not Knowing Their Income	人	person	0	35
(五)社会保障与福利情况	Welfare and Social Security				
1.本地就业的劳动关系	Employment Relations Working Locally	人	person	1606	1327
①无固定期限劳动合同工	Labor Contracts without a Fixed Period	人	person	158	189
②一年及以上劳动合同工	Labor Contracts of One-year and over	人	person	279	290
③一年以下劳动合同工	Labor Contracts less than One-year	人	person	38	60
④没有劳动合同	Without Labor Contracts	人	person	1040	728
⑤其他	Others	人	person	91	60
2.单位或雇主提供伙食情况	Meals Supplied by Employer or Unit				
①每天提供三顿	Three Meals Everyday	人	person	53	35
②每天提供两顿	Two Meals Everyday	人	person	112	58
③每天提供一顿	One Meal Everyday	人	person	461	343
④不提供，但补贴部分伙食费	No Meals, but Having Food Allowance	人	person	43	36
⑤不提供，也没有补贴	Neither Meals nor Food Allowance	人	person	936	855
3.单位或雇主提供住宿情况	Accommodation Supplied by Employer or Unit				
①提供住宿	Accommodation Supplied	人	person	90	73

5-1 续表 8 continued

(全省抽样调查样本数) (Sample Size of Anhui Province)

指　　标	Item	单位	Unit	2022	2023
②不提供住宿，但住房有补贴	No Accommodation, but Having Allowance	人	person	21	21
③不提供住宿，也没有住房补贴	Neither Accommodation nor Allowance	人	person	1495	1233
4.单位或雇主拖欠工资情况	Arrears of Wages				
①被拖欠工资人数	Number of Employees Unpaid	人	person	1	2
②被拖欠工资的金额(合计)	Amount of Wages Unpaid	元	yuan	25500	5400
5.五险一金缴纳情况	Effecting Insurance and Funds for Workers				
①缴纳养老保险	Employer or Unit Effecting Endowment Insurance for Workers	人	person	287	271
②缴纳工伤保险	Employer or Unit Effecting Work-Related Injury Insurances for Workers	人	person	418	393
③缴纳医疗保险	Employer or Unit Effecting Medical Insurances for Workers	人	person	264	247
④缴纳失业保险	Employer or Unit Effecting Unemployment Insurances for Workers	人	person	224	200
⑤缴纳生育保险	Employer or Unit Effecting Maternity Insurances for Workers	人	person	173	191
⑥缴纳住房公积金	Employer or Unit Paying Housing Funds	人	person	99	123
四.本地非农自营农民工情况	**Conditions of Nonfarm Self-employed Locally**				
(一)本年度非农自营主要行业	Industries Engaged				
1.第一产业	Primary Industry	人	person	4	8
(1)农、林、牧、渔业	Agriculture, Forestry, Animal Husbandry and Fishery	人	person	4	8
2.第二产业	Secondary Industry	人	person	109	68
(2)采矿业	Mining	人	person	1	0
(3)制造业	Manufacturing	人	person	64	43
(4)电力、热力、燃气及水的生产和供应业	Production and Supply of Electricity, Heating, Gas and Water	人	person	1	1
(5)建筑业	Construction	人	person	43	24
3.第三产业	Tertiary Industry	人	person	571	442
(6)批发和零售业	Wholesale and Retail Trades	人	person	352	293
(7)交通运输、仓储和邮政业	Transport, Storage and Post	人	person	58	40
(8)住宿和餐饮业	Hotels and Catering Services	人	person	70	52
(9)信息传输、软件和信息技术服务业	Information Transmission, Software and Information Technology Services	人	person	1	3
(10)金融业	Financial Intermediation	人	person	0	0
(11)房地产业	Real Estate	人	person	0	0
(12)租赁和商务服务业	Leasing and Business Services	人	person	3	3

5-1 续表 9 continued

(全省抽样调查样本数) (Sample Size of Anhui Province)

指　标	Item	单位	Unit	2022	2023
(13)科学研究和技术服务	Scientific Research, Technical Services and Geological Prospecting	人	person	0	0
(14)水利、环境和公共设施管理业	Management of Water Conservancy, Environment and Public Facilities	人	person	0	0
(15)居民服务、修理和其他服务业	Services to Households, Repair and Other Services	人	person	81	48
(16)教育	Education	人	person	0	0
(17)卫生、社会工作	Health, Social Securities and Social Welfare	人	person	1	1
(18)文化、体育和娱乐业	Culture, Sports and Entertainment	人	person	5	2
(19)公共管理、社会保障和社会组织	Public Management, Social Security and Social Organization	人	person	0	0
(20)国际组织	International Organizations	人	person	0	0
(二)非农自营活动性质	Nature of Nonfarm Self-employed Activities				
1.注册企业	Registered Enterprise	人	person	16	19
2.个体经营	Individual Operation	人	person	446	319
3.小摊小贩	Vendor	人	person	43	43
(三)雇工人数	Number of Employees				
1.没有雇工	None	人	person	626	448
2.3人以下	Less than 3 Employees	人	person	38	40
3.4-9人	4-9 Employees	人	person	13	20
4.10-19人	10-19 Employees	人	person	2	8
5.20-49人	20-49 Employees	人	person	3	2
6.50人及以上	50 Employees and over	人	person	2	0
(四)初始资金来源	Initial Source of Funds				
1.全部自筹	Self-raised	人	person	488	370
2.与其他人合伙	Forming a Partnership with Others	人	person	14	8
3.金融机构贷款	Loans by Financial Institutions	人	person	6	6
4.其他	Others	人	person	19	22
(五)初始投资是否得到政府支持	Having the Support of Government or not				
1.是	Yes	人	person	31	50
2.否	No	人	person	499	360
(六)希望政府给予的支持	The Government's Support Wanted				
1.贷款	Loan	人	person	56	49
2.税收优惠	Tax Incentives	人	person	24	24
3.生产技术指导	Technical Direction	人	person	23	13
4.销售服务	Marketing Service	人	person	103	70
5.不需要	Unwanted	人	person	324	254

主要指标解释

农民工 是指户籍仍在农村，在本地从事非农产业或外出从业 6 个月及以上的农村劳动力；还包括举家外出的农村劳动力。

本地农民工：指在户籍所在乡镇地域以内从业的农民工。

外出农民工：指在户籍所在乡镇地域外从业的农民工。

举家外出：指农村劳动力及家人离开原居住地，到户籍所在乡镇以外的区域居住。